westermann

9

Differenzierende
Ausgabe **B**

P.A.U.L. D.

Arbeitsheft

Herausgegeben von:	Frank Radke
Erarbeitet von:	Juliane Auffenberg
	Patricia Drewes
	Anne Gasch-Sigge
	Frank Radke
	Manuel Rahmann
	Wolfgang Sprink
	Katja Wiertz
	Martin Zurwehme
	u. a.

Liebe Schülerinnen und Schüler,

in den Arbeitsheften von P.A.U.L. D. findet ihr folgende Symbole und Hilfen:

1. Mit den grünen Aufgaben übt ihr die einzelnen Themen grundlegend mithilfe von konkreten Anleitungen ein.

2. Mit den blauen Aufgaben könnt ihr an einem Thema weiterarbeiten und üben. Ihr erhaltet dabei Hilfestellungen, damit ihr sie lösen könnt.

3. Wenn ihr euch bei einem Thema sicher fühlt, könnt ihr die roten Aufgaben bearbeiten. Sie sind etwas schwieriger und ihr erhaltet hier nur wenige Hilfen.

 Wenn ihr mit dem Arbeitsheft in der Schule arbeitet, achtet auf dieses Symbol. Diese Übungen bieten sich besonders dafür an, dass ihr sie gemeinsam mit einem oder zwei Mitschülern löst.

 Dieses Symbol bedeutet, dass ihr die Lösung der Übung in eure Hefte schreiben sollt.

 In der Lernbox am Anfang eines Kapitels findet ihr alle Informationen und Regeln, die ihr braucht, um die Übungen zu bearbeiten. Hier könnt ihr immer wieder nachlesen, wenn ihr bei einer Übung Hilfe braucht.

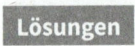 In dem beiliegenden Lösungsheft findet ihr zu allen Übungen die Lösungen. Wenn es möglich ist, solltet ihr eure Lösungen mit einem Lernpartner zusammen kontrollieren.

 Diese Symbole zeigen dir an, welche Rechtschreibstrategie du jeweils anwenden kannst, um Fehler zu vermeiden.

Viel Spaß beim Lernen und Üben mit den Arbeitsheften wünscht euch euer P.A.U.L. D.-Team!

Die Lösungen zu den Übungen befinden sich in der separaten Beilage.

© 2019 Bildungshaus Schulbuchverlage
Westermann Schroedel Diesterweg Schöningh Winklers GmbH,
Georg-Westermann-Allee 66, 38104 Braunschweig
www.westermann.de

Die Seiten dieses Produkts bestehen zu 100 % aus Altpapier.

Damit tragen wir dazu bei, dass Wald geschützt wird, Ressourcen geschont werden und der Einsatz von Chemikalien reduziert wird. Die Produktion eines Klassensatzes unserer Arbeitshefte aus reinem Altpapier spart durchschnittlich 12 Kilogramm Holz und 178 Liter Wasser, sie vermeidet 7 Kilogramm Abfall und reduziert den Ausstoß von Kohlendioxid im Vergleich zu einem Klassensatz aus Frischfaserpapier. Unser Recyclingpapier ist nach den Richtlinien des Blauen Engels zertifiziert.

Illustrationen: Reinhild Kassing, Kassel/Matthias Berghahn, Bielefeld
Umschlagfotos: iStockphoto.com/Drazen Lovric (v. l.), alamy images/
Johann Hinrichs (v. r.), alamy images/Shotshop GmbH (h.)
Druck und Bindung: Westermann Druck GmbH, Georg-Westermann-Allee 66,
38104 Braunschweig

Das Arbeitsheft ist in zwei Varianten erhältlich:

Arbeitsheft
ISBN 978-3-14-**028150**-8
Druck A⁶ / Jahr 2025

Arbeitsheft mit interaktiven Übungen
ISBN 978-3-14-**145097**-2
Druck A¹ / Jahr 2023

Alle Drucke der Serie A sind im Unterricht parallel verwendbar.

Inhaltsverzeichnis

Unsichtbare Beifahrer – einem Sachtext Informationen entnehmen

Das musst du wissen

- **Überfliege** den Text. Achte besonders auf **Bilder, Überschriften, Untertitel** oder **auffällige Textelemente** wie z. B. fett gedruckte Textstellen.
- **Lies** dir den Text nun **aufmerksam** durch.
- Suche dir **unbekannte Wörter** heraus. Versuche, ihre **Bedeutung aus dem Textzusammenhang** zu erschließen. Schlage möglicherweise in einem Wörterbuch nach.
- **Gliedere** den Text in **Sinnabschnitte** und gib jedem Abschnitt eine passende **Überschrift**.
- Hebe **das Wichtigste farblich** hervor. Unterstreiche Zusatzinformationen mit einem feinen schwarzen Stift oder mit einem Bleistift.
- Notiere unter den Überschriften die **wichtigsten Informationen** der einzelnen Textabschnitte **in Stichworten am Textrand**.

„Unsichtbare Beifahrer"

Eine Autobahn irgendwo in Deutschland: Ein Stau hat sich gebildet. Und zwar direkt hinter einer Kurve. Die nachfolgenden Fahrer können deshalb das Ende des Staus nicht sehen und fahren mit hohem Tempo auf die Gefahr zu. Jetzt müsste es eine Mög-
5 lichkeit geben, sie zu warnen – damit sie rechtzeitig den Fuß vom Gaspedal nehmen! Genau das sollen die „intelligenten Autos" der Zukunft bieten: Dann senden die Fahrzeuge im Stau per Funk ein Warnsignal an die Wagen, die sich der Gefahrenstelle nähern – und schon wissen die Fahrer Bescheid, dass sie langsam
10 fahren müssen ...

Sie sind so etwas wie „unsichtbare Beifahrer": die sogenannten Fahrerassistenzsysteme. Sie bestehen aus Sensoren und „schlauer" Computersoftware und sollen das Autofahren künftig noch sicherer machen. Denn der Straßenverkehr wird immer dichter und verlangt von den
15 Fahrern immer mehr Aufmerksamkeit.

Und gerade da liegt das Problem: Die meisten Unfälle werden nämlich durch den Menschen verursacht – und nur ganz selten durch technische

Fehler. Oft wird einfach zu schnell gefahren oder der Abstand zum Vordermann nicht eingehalten. Oder man ist einen kurzen Moment unauf-
20 merksam. Ganz häufig ist der Fahrer also die „Schwachstelle". Will man
die Sicherheit im Straßenverkehr erhöhen, muss man daher vor allem
auch den Fahrer im Blick haben: Wie kann man ihn noch besser unterstützen und auf Gefahrensituationen aufmerksam machen?

Schon heute gibt es viele Hilfsmittel, die man vor einigen Jahren noch
25 gar nicht kannte: Da geben Autos Pieptöne von sich, wenn man beispielsweise die Fahrbahnmarkierung überfährt und so von der Straße
abzukommen droht. Oder wenn man zu wenig Sicherheitsabstand hält.
Und auch beim Rückwärtseinparken helfen Abstandsmesser. Selbst der
Reifendruck wird inzwischen in vielen Autos automatisch gemessen.
30 Inzwischen werden sogar Autos entwickelt, die miteinander „sprechen".
Wie das anfangs erwähnte Beispiel mit dem Stau zeigt, könnten solche
„intelligenten Autos" in Zukunft viele schwere Unfälle verhindern. Sie
tauschen automatisch Daten aus und versorgen den Fahrer so mit allen
wichtigen Informationen.

35 Doch die Sache ist nicht ganz so einfach: Verlässt sich ein Fahrer dann
vielleicht zu sehr auf all die schlauen „Bordcomputer"? Vertraut man
dann der Technik so sehr, dass genau das Gegenteil passiert und der
Fahrer weniger aufmerksam wird? Überfordern uns am Ende all die
vielen Instrumente? Ein Auto ist schließlich kein Flugzeug-Cockpit.
40 Und wie leicht sind die einzelnen Geräte zu bedienen, ohne dass man
viele Knöpfe drücken muss und dadurch vom Blick auf die Straße abgelenkt wird? Wenn Menschen mit Maschinen – oder eben solchen Instrumenten – arbeiten, sprechen Fachleute oft von der „Mensch-Maschine-Schnittstelle". Damit da alles funktioniert, müssen viele Experten
45 zusammenarbeiten: Ingenieure, Informationstechniker und sogar Psychologen.

Mit anderen Worten: Wenn man solche Systeme entwickelt, kann man sie nicht einfach in Autos einbauen – nach dem Motto: Mal sehen, ob's hilft. Vielmehr muss man sie erst einmal gründlich testen. Dazu dienen
50 Fahrzeug-Simulatoren. Ein solcher Simulator ist im DLR[1]-Standort Braunschweig in einer Halle aufgebaut. Da steht dann ein Auto mit den neuen Instrumenten ausgerüstet auf einer großen Plattform, die sich hin und her bewegt: Als Fahrer hat man dabei das Gefühl, wirklich durch eine Kurve oder bergauf zu fahren. Und auch der Blick auf die
55 Straße ist ganz realistisch – auch wenn sie nur aus einer großen „Kino-Leinwand" besteht: Darauf wird das gesamte Verkehrsgeschehen projiziert – fast wie im wirklichen Leben. Erst wenn ein neues Fahrerassistenzsystem dann den Test bestanden hat, darf es auf die „echte" Straße. Und zwar zunächst noch in Testfahrzeugen. Erst ganz am Ende dieser
100 Erprobungsphase wird es dann zur Serienproduktion zugelassen.

---

[1] DLR: Abkürzung für **D**eutsches Zentrum für **L**uft- und **R**aumfahrt

---

1. Schreibe neben jeden Textabschnitt eine Zwischenüberschrift aus dem Kasten, die zeigt, wovon der jeweilige Abschnitt handelt.

> - Autos, die „sprechen"
> - Tests auf der virtuellen Straße
> - Der Mensch, die „Schwachstelle" im Straßenverkehr
> - Fahrerassistenzsysteme für sichereres Autofahren
> - Zusammenarbeit zwischen Mensch und Maschine

2. Erkläre, welche Funktion der fett gedruckte Vorspann des Textes für den Gesamttext hat.

_____

_____

_____

_____

_____

3. Bearbeite den weiteren Sachtext mit Markierungen und Unterstreichungen. Mache dir auch Stichworte am Rand des Textes.

4. Gebt den Inhalt des Textes wieder, indem ihr jeden Textabschnitt in eigenen Worten zusammenfasst. Orientiert euch hierfür an euren Randnotizen, die ihr zu dem Text gemacht habt.

1. Absatz: _____

_____

_____

2. Absatz: _____

_____

_____

3. Absatz: _____

_____

_____

4. Absatz: _____

_____

_____

5. Absatz: _____

_____

_____

5. Erläutere, auf welchen Inhalt des Sachtextes sich das nebenstehende Bild bezieht.

_____

_____

_____

_____

Ständig unter Strom – einen Sachtext zusammenfassen

Franziska Kaindl
Emissionsfreies Fahren
Wasserstoffautos: Ist Elektro gar nicht die Zukunft?

Elektroautos gelten als die umweltfreundliche Alternative zu Verbrennungsmotoren – doch gibt es eine noch bessere Option? […] Manche Forscher sind sich sicher: Wasserstoffautos sind die Zukunft der Autoindustrie. Denn im Gegensatz zu Verbrennern und Elektroautos fahren die
5 „Brennstoffzellen-Autos", wie sie auch genannt werden, völlig emissionsfrei. Doch bisher befahren nur 210 Stück davon die deutschen Straßen – woran fehlt es? Wasserstoffautos können im weitesten Sinn als Elektroauto gesehen werden, da sie ebenfalls mit einem Elektromotor ausgestattet sind. Doch anstatt einer Batterie wird dieser von einer Brennstoffzelle angetrie-
10 ben. Innerhalb der Brennstoffzelle sorgt eine chemische Reaktion zwischen Wasserstoff und Sauerstoff für die Entstehung von Strom. Dieser wird wiederum an den Motor weitergeleitet und treibt das Fahrzeug an. Der große Vorteil: Es treten keine Emissionen, sondern nur Wasserdampf aus. Somit wäre das Wasserstoffauto im Gebrauch das umweltfreundlichste Auto.
15 Doch das Gefährt hat auch seine Schattenseiten. Wasserstoff kommt nicht in reiner Form in der Natur vor. Deshalb müsste es teuer aus Wasser und Erdgas hergestellt werden. Zusammen mit der Lagerung und dem Transport kommt außerdem ein hoher Verbrauch an Energie hinzu. Die Lösung:

„Wasserstoff ist ein sauberer Kraftstoff, der noch zu 70 Prozent aus Erdgas,
20 in Zukunft aber komplett aus erneuerbaren Energien hergestellt wird", erklärt Dr. Jörg Adolf, Chefvolkswirt bei Shell Deutschland, diesbezüglich
[…]. Im Januar 2017 gründeten Autohersteller wie BMW und Daimler zusammen mit Industriekonzernen (u. a. Shell, Linde) eine Wasserstoffallianz,
um mehr Forschung und Geld in den alternativen Antrieb zu stecken. Mehr
25 als 1,4 Milliarden Euro wollen die Bündnispartner in die Wasserstofftechnologie investieren. Auch Bundesverkehrsminister Alexander Dobrindt
kündigte Anfang des Jahres an, 250 Millionen Euro an Förderung bereitzustellen. Neben emissionsfreiem Fahren bieten Wasserstoffautos auch noch
andere Vorteile: „70 Prozent der Energie wird auf Langstrecken und im
30 Transportsektor verbraucht. Genau dort ist Wasserstoff durch die schnelle
Betankung dem klassischen Elektroantrieb weit überlegen", sagt Werner
Diwald, Experte für erneuerbare Energien. Wasserstoff lasse sich innerhalb
von drei bis fünf Minuten tanken und stelle außerdem eine höhere Reichweite bereit als E-Autos. Über 500 Kilometer seien da der Standard, erklärt
35 Dr. Jörg Adolf. Doch im Kontrast dazu stehen die wenigen Wasserstoff-
tankstellen, die in Deutschland zur Verfügung stehen. Nur 35 davon gibt es
landesweit – ein Problem, das auch dem Experten bekannt ist: „Wir brauchen attraktive und bezahlbare Autos und ein flächendeckendes Tanknetz."
2012 erklärte Toyota, dass ein Brennstoffzellen-Auto mit dem damaligen
40 Stand der Dinge 100 000 Euro kosten müsste – für den Durchschnittsautofahrer eine unmögliche Summe. Außerdem besteht immer noch das Problem, dass Wasserstoff extrem leicht entzündlich ist. Trotzdem soll sich in
Zukunft einiges in Sachen Wasserstoffautos tun: In Deutschland sind 15
neue H2-Tankstellen in Bau, außerdem kündigten Mercedes und Honda
45 noch für dieses Jahr neue Brennstoffzellen-Autos an.

(Aus: Tageszeitung München auf www.tz.de vom 15.04.2019, in: https://www.tz.de/auto/wasserstoffautos-elektro-
nicht-zukunft-zr-9426483.html; letzter Zugriff 17.05.2019)

1. Erschließt den Sachtext, indem ihr
- ihn in sechs Abschnitte gliedert und jedem Abschnitt eine Überschrift gebt,
- wichtige Wörter und Textstellen farbig markiert,
- Zusatzinformationen mit Bleistift unterstreicht und
- das Wichtigste mithilfe von Stichworten neben den entsprechenden Textabschnitten am
  Textrand festhaltet.

2. Halte das Thema des Textes fest, indem du aufschreibst, worum es in dem Text geht.

_____

_____

_____

3. Ergänze die Angaben, die du für deine Einleitung benötigst.

Titel des Textes: _____

Autor/in: _____

Textsorte: _____

Erscheinungsjahr: _____

Publikationsorgan: _____

4. Verschaffe dir einen genauen Überblick über den Inhalt und die Aufgaben der Äußerungen, um den Hauptteil der Textzusammenfassung vorzubereiten. Fülle hierfür die folgende Tabelle aus.

Textabschnitt	Inhalt – Was wird gesagt?	Welche Aufgabe hat die Aussage?
Z. 1–7 Was ist die beste Alternative zu Fahrzeugen mit Verbrennungsmotoren?	– Wasserstoffautos gelten als die bessere Alternative zu Verbrennungs- und Elektrofahrzeuge. – Bisher sind aber nur wenige in Betrieb. Die Autorin stellt sich deshalb die Frage: Warum ist das so?	Einführung des Lesers in den Stand der Diskussion um die Frage, welche Alternativen es zu Verbrennungsmotoren zukünftig geben könnte
Z. 7–…		

Textabschnitt	Inhalt – Was wird gesagt?	Welche Aufgabe hat die Aussage?

5. Verfasse nun mithilfe deiner Tabelle eine Zusammenfassung des Textes „Emissionsfreies Fahren". Beginne deine Textzusammenfassung mit einer Einleitung und schreibe dann den Hauptteil.

Der erste Schritt ... – sich einen Überblick verschaffen

Erich Junge (geb. 1919)
Der Sieger (1958)

Vielleicht hatte er erwartet, als er uns jetzt herausfordernd der Reihe nach anblickte, dass wir über seine Niederlage in lauten Jubel ausbrechen würden? – Aber wir taten ihm den Gefallen nicht; wir hatten uns alle gut in der Gewalt, denn es war gefährlich, ihn zu reizen.

Wir mochten ihn nicht, diesen Kraftprotz, der, wenn er einmal den Mund aufmachte, was höchst
5 selten geschah, von nichts anderem sprach als von seinen Kräften, vom Expanderziehen[1], Gewichtheben, Ringen und Boxen.

Diese Niederlage hatte er verdient und es gab wohl keinen von uns, der sie ihm nicht von Herzen gönnte.

Es herrschte eine Art Spannung, die jeder spürte und die doch jeder zu ignorieren versuchte und
10 von der man nicht wusste, wie sie sich lösen würde; aber es war klar, dass dies hier nur der Anfang war, dazu kannten wir ihn zu genau. Wir hatten vor allem etwas Angst um Bert, der so unbeschwert glücklich war, weil er den Fünfkampf[2] gewonnen hatte und an nichts anderes mehr denken konnte.

Erst als Dr. Brenner vom unteren Ende des Platzes heraufkam (er hatte sich von dem letzten,
15 entscheidenden Wurf Berts persönlich überzeugt), wirkten alle ein bisschen gelöster. „Großartig", sagte er, „Riedel, das haben Sie großartig gemacht", und er schüttelte Bert die Hand.

Und dann gingen wir alle hin und schüttelten ihm die Hand, klopften ihm auf die Schulter und sagten „prima" oder „fabelhaft hast du das hingekriegt, alter Junge", wie man das so sagt mit siebzehn, achtzehn.

20 „Dannwitz", sagte Dr. Brenner, „gehen Sie hin und gratulieren Sie ihm!"

Dannwitz blieb stehen und rührte sich nicht, den kräftigen, muskulösen Oberkörper nach vorn geneigt, mit unruhig hin und her pendelnden Armen stand er da und rührte sich nicht, tat keinen Schritt, und als Bert von sich aus auf ihn zuging, drehte er sich um, zeigte sein breites Kreuz und zog sich umständlich die Trainingsjacke über den Kopf.

25 Vielleicht hatte der Lehrer es nicht bemerkt; er tat jedenfalls so, zog den Notizblock hervor und rechnete die Punkte noch einmal zusammen. Außerdem hatte er es eilig, er musste die Siegerurkunden ausschreiben, denn heute Abend war Schulfest und da sollten sie verteilt werden.

Wir hatten geduscht und fühlten uns wunderbar erfrischt und dachten im Augenblick an nichts anderes mehr als an den kommenden Abend. Wir gingen über den sonnenbeschienenen Platz,

---

[1] Expander: Fitnessgerät, z.B. aus zwei Griffen und einer Zugfeder
[2] Fünfkampf: Wettkampfart in der Leichtathletik, die aus fünf Einzelwettkämpfen besteht

30 hatten die Trainingsblusen[1] über dem Arm und Bert ging in der Mitte, zwischen Bruno und mir.

„Wie hast du das nur gemacht?", fragte Bruno.

„Es war Technik", sagte Bert, „ich habe viel geübt und vor allem habe ich mir genau angesehen, wie es die Diskus- und Speerwerfer machen. Jeder von euch kann das ebenso gut."

„Na, na", sagte Bruno, „und Dannwitz, hast du den gesehen?"

35 „Der ist viel stärker als ich", sagte Bert, „aber er macht es eben nur mit der rohen Kraft, wenn der noch die richtige Technik beherrschte, wäre er nicht zu schlagen."

Die Straßen waren kühl und mittagsleer, aber wir gingen am Rande der Stadt entlang, den Fluss hinunter, den Weg, der von Büschen und einem hüfthohen Zaun umsäumt war und über den Ameisen und blitzende kleine Käfer liefen. Wir hatten es gar nicht bemerkt, dass er uns gefolgt

40 war, denn wir sprachen über den Abend und über das Fest und über das Mädchen, das jeder von uns eingeladen hatte. Mit einem Mal war er plötzlich da. Sein Schatten lag breit und gefährlich vor unseren Füßen. Wir standen wie auf Kommando still. Sein Atem ging keuchend und wir froren, als wir ihm ins Gesicht sahen.

Der Weg lief hier in eine Wiese hinein, durch die ein kleines Gewässer plätschernd zum Fluss

45 hinunterglitt. Eine Ziege lag in der Wiese, starr, wie ein weißer Fleck.

Bert hatte gerade gesagt: „Sie hat mir versprochen, dass sie kommt."

Dannwitz' Adamsapfel ging auf und nieder; sein Gesicht war schweißnass und die Haare hingen ihm wie Fransen in die Stirn.

„Ihr seid doch drei", sagte er kaum hörbar, „kommt, ihr seid doch drei ..." Niemand antwortete.

50 Nach einer Weile sagte Bert: „Geht man, geht nach Hause, ich will nicht, dass ihr da hineingezogen werdet."

Er schob uns zur Seite und stellte sich mit hängenden Armen hin. „Nun fang an", sagte er flüsternd. „Ich wehre mich nicht einmal, ich weiß, dass es keinen Zweck hat, sich zu wehren, also, fang an ..."

55 Die Glocken der Michaeliskirche läuteten plötzlich über den Mittag hin. Die Ziege erhob sich träge und kam langsam an den Weg heran.

Dannwitz stand da, mit geballten Fäusten und einem flackernden Licht in den Augen, das aber langsam erlosch. Sein Unterkiefer fiel herab, was seinem Gesicht einen merkwürdig hilflosen Ausdruck verlieh, seine breiten Schultern sackten zusammen, die Fäuste lösten sich und wahr-

60 haftig, er weinte.

Wir sahen es fassungslos.

Und dann, so plötzlich, wie er gekommen war, drehte er sich auf dem Absatz herum und trabte davon mit schwankenden Schritten, wie ein großer, verwundeter Bär.

„Er hat geweint", sagte ich zu Hause bei Tisch. „Nie hätten wir so etwas für möglich gehalten."

65 „Seit wann ist er bei euch?", fragte der Vater.

„Ich glaube, seit anderthalb Jahren, aber wir mochten ihn nicht, von Anfang an mochten wir ihn nicht, ganz besonders nicht, als er anfing, seine Kräfte auszuspielen."

„Womit hätte er euch sonst imponieren[2] sollen?"

„Imponieren?"

70 „Na ja, was sonst", sagte Vater. „Ihr seid doch eine Clique, nicht wahr, ihr kennt euch seit zehn und mehr Jahren. Er kam dazu, ein Fremder, einer, der neu war, ist es nicht so?" Ich schwieg.

Es war Abend und der Abend war mild und weich. Wir hatten bunte Lampions[3] aufgehängt, die Musiker waren schon da und ich freute mich auf jeden und auf alles.

---

[1] Trainingsbluse: Trainingsjacke
[2] imponieren: beeindrucken
[3] Lampion: Papierlaterne

75 Und da sah ich ihn stehen, er stand unter den Buchen, nicht vom Licht des Festplatzes getroffen, er stand da, wesenlos, wie ein Schatten, und ich erkannte nur die Konturen[1] seines Gesichtes. Ich ging
80 schweigend an ihm vorbei, aber mein Herz schlug mir bis zum Halse. Hatte ich etwa Angst? Nein, Angst war es nicht, was mir die Kehle zuschnürte. Bert rief mich an. „Die Mädchen sind da",
85 sagte er. Die anderen kamen hinzu, der Kreis war geschlossen. Ich blickte verstohlen zu den dunklen Buchen hin. Ich ging fort und setzte mich an einen Tisch, über dem ein roter Mond baumelte.
90 Ich stieß den Mond mit dem Finger an und er schaukelte hin und her. „Was ist?", fragte Bert und setzte sich neben mich.

Ich zuckte mit den Schultern. „Er steht da", sagte ich nach einer Weile und wies mit dem Kopf in
95 die Richtung der Buchen. „Du kannst seinen Schatten sehen, mehr nicht, er steht da, als ob er nicht zu uns gehörte."

Wir schwiegen beide. Der Mond über uns schwang hin und her.

„Ich würde es versuchen", sagte ich dann, „aber ich kann es nicht, deinetwegen."

„Was soll ich denn tun?"

100 „Hör zu, Bert, wir haben ihm niemals eine Chance gegeben, niemals, ich glaube, das ist es!"

„Gut", sagte Bert und stand auf.

„Falls du es vergessen haben solltest", rief ich ihm nach, „er heißt Werner."

Ich weiß nicht, was sie miteinander gesprochen haben, ich will es auch nicht wissen. Aber sie kamen zusammen zwischen den Bäumen hervor, lässig gingen sie nebeneinander, als sei es
105 schon immer so gewesen, und ich dachte, wer von ihnen hat nun eigentlich heute gewonnen? Der Mond über mir stand still. Ich gab ihm noch einen kräftigen Schubs. Als wir zu dritt den Festplatz erreichten, begann die Musik zu spielen.

―――――――

[1] Kontur: Umriss

 1. Gliedert den Text nach seinen Schauplätzen und notiert in der rechten Spalte die wichtigsten inhaltlichen Aussagen.

Schauplatz	Inhalt (in Stichworten)
1. Sportplatz	– Sportwettkampf (Fünfkampf)
	– Dannwitz verliert unerwartet
	– Bert Riedel gewinnt
	– Mitschüler freuen sich darüber
	– Dannwitz ist ihnen unsympathisch
	– Kraftprotz
	– Dannwitz gratuliert Bert nicht, obwohl der Lehrer ihn dazu auffordert

Schauplatz	Inhalt (in Stichworten)
2.	
3.	
4.	

Schauplatz	Inhalt (in Stichworten)
2.	

Der zweite Schritt ... – die Kurzgeschichte untersuchen

Das musst du wissen

Nachdem du dir einen Überblick über die Handlung und den Inhalt verschafft hast, untersuche die Kurzgeschichte nun genauer. Meistens findest du in der Aufgabe dazu passende Fragestellungen. Diese beziehen sich in der Regel auf folgende Aspekte:

- Entwicklung der Figuren und ihrer Beziehungen
- Wendepunkte des erzählten Geschehens und der Handlung
- sprachliche Mittel und ihre Wirkung und Bedeutung (z. B. Sprachbilder)
- Merkmale der Kurzgeschichte

1. Die Figurenkonstellation am Textanfang könnte man mit folgender Skizze darstellen. Schreibe die Namen der Schüler hinein, die in dem Text vorkommen.

2. Zeichne die Figurenkonstellation, wie sie am Ende des Textes aussehen könnte.

3. Untersuche, wie sich die Figuren entwickeln, indem du die angegebenen Textstellen noch
einmal liest und wichtige Aussagen zu den Figuren notierst.

Dannwitz	
Z. 1:	Er blickt die Klassenkameraden herausfordernd der Reihe nach an.
Z. 5/6:	
Z. 23:	
Z. 49:	
Z. 59/60:	
Z. 62/63:	
Z. 77/78:	
Z. 103/ 104:	

Bert, Bruno und der Ich-Erzähler	
Z. 3:	Sie finden es gefährlich, Dannwitz zu reizen.
Z. 4:	
Z. 7/8:	
Z. 42/43:	
Z. 52–54	
Z. 66/67:	
Z. 79–81:	
Z. 86/87:	
Z. 98:	
Z. 100:	
Z. 102:	
Z. 103– 104:	

4. Markiere die Stellen in den Tabellen, an denen sich die Wende im Verhältnis der Jungen ab-
zeichnet.

Der dritte Schritt … – die Textanalyse verfassen

Das musst du wissen

Um die Ergebnisse deiner Textarbeit in Form einer Analyse schriftlich darzustellen, gehst du so vor:

- Beginne mit einer **Einleitung**. Nenne hier den *Autor*, die *Textsorte*, den *Titel* und – soweit bekannt – das *Entstehungsjahr*. Erkläre dann **kurz, worum es inhaltlich** geht.
- Gib als Nächstes das erzählte Geschehen zusammengefasst in Form einer **Inhaltsangabe** wieder.
- Lege dann im **Hauptteil** die **Ergebnisse deiner Textuntersuchung** (z. B. zu der Entwicklung der Figuren und ihrer Beziehungen) dar.
- **Nimm zum Schluss** zu einer konkreten Textstelle oder zu einem Aspekt der Kurzgeschichte **Stellung**. Formuliere dazu deine eigene Meinung und begründe sie. Häufig erhältst du z. B. bei Klassenarbeiten eine passende Aufgabenstellung, die sich auf die Textaussage oder ein grundlegendes Problem im Text bezieht.
- Belege wichtige Aussagen mit entsprechenden **Textverweisen und Zitaten**.
- Schreibe im **Präsens** und formuliere **sachlich**. Verwende **keine wörtliche** (direkte) **Rede**, sondern gib sie durch die indirekte Rede oder Umschreibungen wieder.

1. Dieser Einleitungssatz für eine Textanalyse ist nicht so gut gelungen. Überarbeite ihn.

> In dem Text „Der Sieger" von Erich Junge wird von einem Jungen erzählt, der einen Sportwettkampf verliert und darüber ziemlich sauer ist.

_____

_____

_____

_____

2. Formuliere eine vollständige Einleitung und gib dann das erzählte Geschehen kurz in Form einer Inhaltsangabe wieder.

3. Schreibe mithilfe deiner Vorarbeiten eine Analyse der Kurzgeschichte „Der Sieger":
- Lege dar, wie sich die Figuren Dannwitz auf der einen und die Figuren Bruno, Bert und der Ich-Erzähler auf der anderen Seite entwickeln. Erläutere dabei, wie sich ihre Beziehung verändert. Arbeite dazu insbesondere den Wendepunkt in den Figurenbeziehungen heraus.
- Nimm zum Abschluss deiner Textanalyse begründet Stellung zu der Frage, die der Ich-Erzähler am Ende stellt: „[…] wer von ihnen hat nun eigentlich heute gewonnen?" (Z. 105)

„Die Wälder schweigen" – den Inhalt eines Gedichts erschließen

Erich Kästner (1899 – 1974)

Die Wälder schweigen

Die Jahreszeiten wandern durch die Wälder.
Man sieht es nicht. Man liest es nur im Blatt[1].
Die Jahreszeiten strolchen[2] durch die Felder.
Man zählt die Tage. Und man zählt die Gelder.
5 Man sehnt sich fort aus dem Geschrei der Stadt.

Das Dächermeer schlägt ziegelrote Wellen.
Die Luft ist dick und wie aus grauem Tuch.
Man träumt von Äckern und von Pferdeställen.
Man träumt von grünen Teichen und Forellen.
10 Und möchte in die Stille zu Besuch.

Man flieht aus den Büros und den Fabriken.
Wohin, ist gleich! Die Erde ist ja rund!
Dort, wo die Gräser wie Bekannte nicken
und wo Spinnen seidne[3] Strümpfe stricken,
15 wird man gesund.

Die Seele wird vom Pflastertreten[4] krumm.
Mit Bäumen kann man wie mit Brüdern reden
und tauscht bei ihnen seine Seele um.
Die Wälder schweigen. Doch sie sind nicht stumm.
20 Und wer auch kommen mag, sie trösten jeden.

(1936)

---

[1] im Blatt: hier: in der Zeitung
[2] strolchen: (ziellos) herumlaufen
[3] seidne: aus Seide, seidene
[4] Pflastertreten: längere Zeit durch die Straßen einer Stadt laufen

1. Erkläre, welche Vorstellungen das Bild und der Titel des Gedichts bei dir hervorrufen.

_____

_____

_____

2. Vergleiche diese Vorstellungen mit deinen Eindrücken nach dem ersten Lesen des Gedichts.

_____

_____

_____

3. Untersuche die erste Strophe des Gedichts genauer, indem du die folgenden Fragen beantwortest:

a) Welche Gefühle und Tätigkeiten verbindet das lyrische Ich mit dem Leben in der Stadt?

_____

_____

_____

b) Welche Gefühle und Tätigkeiten verbindet das lyrische Ich mit der Natur?

_____

_____

_____

4. Vervollständige die Tabelle, indem du Beispiele aus den Strophen 2 und 3, die zeigen, wie das lyrische Ich das Leben in der Stadt erlebt, heraussuchst und erläuterst.

Strophe	Beispiel aus dem Text	Erläuterung
2	„Die Luft ist dick und wie aus grauem Tuch." (V. 7)	Abgase, lyrisches Ich fühlt sich unwohl

3		

5. Vervollständige die Tabelle, indem du Beispiele aus den Strophen 2 und 3, die zeigen, wie das lyrische Ich das Leben in der Natur darstellt, heraussuchst und erläuterst.

Strophe	Beispiel aus dem Text	Erläuterung
2		
3		

6. Vergleicht eure Ergebnisse zu den Aufgaben 3, 4 und 5 und fasst mit einem Lernpartner zusammen, wie das lyrische Ich das Leben in der Stadt und in der Natur darstellt.

_____

_____

_____

_____

7. Erkläre, welche Folgen des Stadtlebens das lyrische Ich mit der Aussage „Die Seele wird vom Pflastertreten krumm" (V. 16) beschreibt.

_____

_____

_____

8. Nenne die positiven Eigenschaften, die das lyrische Ich den Bäumen und Wäldern in der letzten Strophe zuschreibt.

_____

_____

_____

_____

9. Warum beginnt das lyrische Ich den vorletzten Satz mit dem Wort „Doch" (V. 19)?

_____

_____

_____

_____

10. Fasse in zwei bis drei Sätzen zusammen, welche Aussage das Gedicht für dich über den Vergleich von Stadt und Natur macht.

_____

_____

_____

_____

_____

_____

_____

_____

Strophe, Vers, Reim – den äußeren Aufbau eines Gedichts beschreiben

Das musst du wissen

Zur Analyse (= Beschreibung und Deutung) eines Gedichts gehört, dass du die **äußere Form des Gedichts** beschreibst.

- Hierbei ist es wichtig, auf die **Zahl der Strophen** und der **Verse je Strophe** einzugehen sowie das **Reimschema** des Gedichts zu kennzeichnen.
- Zur **Kennzeichnung des Reimschemas** benutzt man **kleine Buchstaben** (a, b, c, d). Reimen sich zwei Verse, kennzeichnet man sie mit demselben Buchstaben. Die wichtigsten Reimschemata sind:
  - **Kreuzreim** (abab),
  - **Paarreim** (aabb),
  - **umarmender Reim** (abba).

1. Vervollständige die folgenden Aussagen zu dem Gedicht „Die Wälder schweigen".

Das Gedicht besteht aus _____ Strophen. Jede dieser Strophen umfasst

_____ Verse, sodass das Gedicht insgesamt _____ Verse hat.

2. Vervollständige die Tabelle zum Reimschema des Gedichts „Die Wälder schweigen".

Strophe	Vers	Reimwort	Kennzeichnung des Reims
1	1	Wälder	a
	2	Blatt	b
		Felder	a
		Gelder	
		Stadt	b
2	6		c
		Tuch	d
		Ställen	c

Strophe	Vers	Reimwort	Kennzeichnung des Reims
		rund	f
		gesund	f

3. Kreuze an, welche Aussagen zum Reimschema auf Erich Kästners Gedicht zutreffen.

☐ Das Reimschema ist nur in den ersten zwei Strophen dasselbe.

☐ Das Reimschema ist in allen Strophen gleich.

☐ Es reimen sich jeweils der erste, dritte und vierte Vers in einer Strophe.

☐ Es reimen sich jeweils der erste und der letzte Vers einer Strophe.

☐ Es reimen sich jeweils der zweite und der fünfte Vers einer Strophe.

☐ Es gibt kein einheitliches Reimschema.

4. Unterstreiche in den folgenden Gedichtstrophen die Reimwörter. Kennzeichne die Reime mit Kleinbuchstaben und bestimme die Reimschemata.

Christian Morgenstern: Sieh nicht, was andre tun (1. Strophe)		
	Kennzeichnung des Reims	Reimschema
Sieh nicht, was andre tun,		
der andern sind so viel,		
du kommst nur in ein Spiel,		
das nimmermehr wird ruhn.		

Clemens Brentano: Abendständchen

	Kennzeichnung des Reims	Reimschema
Hör, es klagt die Flöte wieder,		
Und die kühlen Brunnen rauschen,		
Golden wehn die Töne nieder –		
Stille, stille, lass uns lauschen!		

Joachim Ringelnatz: Die Ameisen

	Kennzeichnung des Reims	Reimschema
In Hamburg lebten zwei Ameisen,		
Die wollten nach Australien reisen.		
Bei Altona auf der Chaussee		
Da taten ihnen die Füße weh		
Und da verzichteten sie weise		
Dann auf den letzten Teil der Reise.		

5. Fasse deine Ergebnisse aus Aufgabe 4 in jeweils einem Satz zusammen. Vervollständige dazu die folgenden Sätze.

Das Reimschema des Gedichts „Sieh nicht, was andre tun" von Christian Morgenstern ist

ein _____ (a_____).

In dem Gedicht „Abendständchen" von Clemens Brentano werden die Verse durch

einen _____ (_____) verbunden.

In Joachim Ringelnatz' Gedicht „Die Ameisen" liegt ein _____

(_____) vor. Dabei reimen sich die _____ Verse, die direkt aufeinanderfolgen.

„Die Jahreszeiten wandern" – sprachliche Bilder untersuchen

Das musst du wissen

Sprachliche Bilder tragen dazu bei, beim Leser eines Gedichts bestimmte Vorstellungen und Gefühle auszulösen. Solche sprachlichen Bilder sind:

- **Vergleiche**, die mit bestimmten Vergleichswörtern (*wie, so wie, als ob*) eingeleitet werden (z. B.: *Er kämpft wie ein Löwe.*)
- **Metaphern**, durch die ein Ausdruck dadurch eine neue Bedeutung erhält, dass man ihn aus seinem ursprünglichen Bereich in einen neuen überträgt. Oft wird die Metapher als verkürzter Vergleich bezeichnet, weil ein Vergleichswort (z. B. *wie*) fehlt (z. B.: *Frühlingslaune*).
- **Personifikationen**, in denen unbelebte Dinge menschliche Eigenschaften oder Fähigkeiten erhalten (z. B.: *Der Frühling lacht.*)
- **Symbole**, bei denen ein konkreter Gegenstand neben seiner offensichtlichen eigentlichen Bedeutung noch eine weitere, übertragene Bedeutung hat (z. B.: *Herz* für *Liebe*)

Wichtig ist, dass du die einzelnen sprachlichen Bilder nicht nur benennst, sondern möglichst auch ihre Wirkung und Bedeutung im Zusammenhang des Gedichts erklärst.

1. Suche aus der ersten Strophe des Gedichts „Die Wälder schweigen" von Erich Kästner (S. 21) die Personifikationen heraus und erkläre kurz, was mit ihnen gemeint sein könnte.

V. 1: _____

Erklärung: _____

_____

V. 3: _____

Erklärung: _____

_____

V. 5: _____

Erklärung: _____

_____

2. Bestimme, welche Art von sprachlichem Bild das lyrische Ich mit dem Vers „Das Dächermeer schlägt ziegelrote Wellen" (V. 6) verwendet.

_____

3. Stelle dir eine größere Stadt vor und erkläre das sprachliche Bild aus Aufgabe 2.

_____

_____

_____

_____

4. Bestimmt und deutet die sprachlichen Bilder, die in der Tabelle angegeben sind.

Beispiel aus dem Text	Art des sprachlichen Bildes	Bedeutung
„wie aus grauem Tuch" (V. 7)		
„wie Bekannte" (V. 13)		
„Gräser [...] nicken" (V. 13)		
„Spinnen [...] stricken" (V. 14)		

„Mit Bäumen ... mit Brüdern" – sprachliche Gestaltungsmittel bestimmen und deuten

Das musst du wissen

In Gedichten findest du neben sprachlichen Bildern auch andere **sprachliche Gestaltungsmittel**, die zur Wirkung des Gedichts beitragen. Wichtige sprachliche Gestaltungsmittel sind z. B.:

- **Alliteration** (mehrere Wörter beginnen mit dem gleichen Laut),
- **Anapher** (mehrere Sätze, Satzteile oder Verse beginnen mit dem gleichen Wort bzw. den gleichen Wörtern),
- **Ellipse** (Auslassung von eigentlich notwendigen Satzgliedern, die man gedanklich leicht ergänzen kann),
- **Parallelismus** (mehrere Sätze oder Satzteile haben einen parallelen Satzbau),
- **Parataxe** (Reihung von Hauptsätzen).

1. Das lyrische Ich beginnt in den ersten beiden Strophen des Gedichts „Die Wälder schweigen" (S. 21) mehrere Sätze und Verse mit dem Wort „Man". Benenne das sprachliche Mittel, das das lyrische Ich hier benutzt.

_____

2. Erkläre, welche Wirkung das lyrische Ich dadurch erreicht, dass es von „Man" spricht.

_____

3. Vervollständigt die Tabelle zu den sprachlichen Gestaltungsmitteln des Gedichts.

Beispiele aus dem Text	Sprachliches Mittel	Wirkung/Deutung
„Man zählt die Tage. Und man zählt die Gelder." (V. 4)		
„Man träumt […]./Man träumt […]." (V. 8–9)		
„Und möchte in die Stille zu Besuch." (V. 10)		
„Mit Bäumen […] mit Brüdern […]" (V. 17)		

„Die Wälder schweigen" – eine Gedichtanalyse verfassen

Das musst du wissen

Du kannst die **schriftliche Beschreibung und Deutung** eines Gedichts so aufbauen:

- In der **Einleitung** nennst du wichtige Angaben zum Text (**Textart, Titel, Autor, Erscheinungs-jahr**) und zum **Thema** des Gedichts (worum es geht bzw. was dargestellt wird).
- Im **Hauptteil** beschreibst du die **äußere Form** des Gedichts Strophe für Strophe (Strophen- und Verszahl, Reimschema). Dann gibst du den **Inhalt Strophe für Strophe** wieder (z. B.: Wie verändert sich die Situation des lyrischen Ichs? Welche Atmosphäre wird ausgedrückt? Wie verändern sich Stimmung und Atmosphäre? Was geschieht?). Dabei solltest du **sprachliche Bilder** und andere **sprachliche Gestaltungsmittel** sowie ihre Wirkung einbeziehen.
- Im **Schlussteil** fasst du die wichtigsten Ergebnisse zusammen. Du nennst mögliche **Aussage-absichten** des Gedichts. Abschließend nimmst du eine **persönliche Bewertung** des Gedichts vor, die du erläuterst und begründest.
- Schreibe **sachlich** und belege deine Aussagen mithilfe von **Textverweisen** und **Zitaten**.
- Benutze für die Gedichtanalyse das **Präsens**.

---

1. Vervollständige den Einleitungssatz zu einer Analyse des Gedichts „Die Wälder schweigen" auf

S. 21.

Das Gedicht „Die Wälder _____ " wurde von _____

_____ verfasst und ist _____ zum ersten Mal erschienen.

2. Kreuze den Satz an, der das Thema des Gedichts am besten kennzeichnet.

☐ Das Thema des Gedichts ist die Schönheit der Natur.

☐ Das Gedicht handelt von den negativen Seiten des Stadtlebens, dem die Natur als positiv

gegenübergestellt wird.

☐ In dem Gedicht wird das Leben eines Stadtmenschen dem eines Landbewohners gegen-

übergestellt.

☐ In dem Gedicht geht es darum, dass die Jahreszeiten schnell aufeinanderfolgen.

3. Schreibe den Hauptteil einer Analyse des Gedichts „Die Wälder schweigen" in dein Heft. Orientiere dich dabei an den folgenden Hinweisen:

- Beschreibe den äußeren Aufbau des Gedichts (Zahl der Strophen und Verse, Reimschema).
- Beschreibe und deute, wie das lyrische Ich das Leben in der Stadt und in der Natur darstellt. Gehe dabei Strophe für Strophe vor.
- Besonders gut wird deine Analyse, wenn du die sprachlichen Gestaltungsmittel, auch die sprachlichen Bilder, in deine Beschreibung und Deutung mit einbeziehst.

4. Überprüfe den Hauptteil deiner Gedichtanalyse mithilfe der folgenden Checkliste. Kreuze die Punkte an, die du berücksichtigt hast. Ergänze oder korrigiere diejenigen, die in deinem Text noch fehlen.

Ich habe als Zeitform das Präsens benutzt.	
Ich habe sachlich geschrieben.	
Ich habe Textverweise und Zitate benutzt.	
Ich habe den äußeren Aufbau beschrieben.	
Ich habe alle vier Strophen berücksichtigt.	
Ich bin auf die Darstellung der Stadt und der Natur eingegangen.	
Ich habe sprachliche Bilder und andere sprachliche Gestaltungsmittel einbezogen.	

5. Fasse in einem Schlussteil eine mögliche Aussageabsicht des Gedichts zusammen und nimm eine begründete persönliche Bewertung des Textes vor. Vervollständige dazu die folgenden Satzanfänge.

- Das lyrische Ich möchte mit diesem Gedicht zeigen, _____

_____

_____

- Das Gedicht spricht mich (nicht) an, weil _____

_____

_____

- An dem Gedicht gefällt mir (nicht), dass _____

_____

_____

Meine Erwartungen an das Praktikum – sich Ziele setzen

Das musst du wissen

- Damit du dich nach dem Praktikum besser damit auseinandersetzen kannst, was dir der Einblick in das Berufsleben gebracht hat, ist es sinnvoll, dass du dir zunächst Gedanken darüber machst, was du von dem Praktikum erwartest.
- Dazu gehört, dass du dir klar darüber wirst, was für dich wichtig bzw. unwichtig ist.

1. In der Auflistung findest du mögliche Erwartungen, die du an dein Praktikum haben kannst. Lies sie sorgfältig durch und ordne sie nach deinen Vorstellungen in die unten stehende Tabelle ein.

- Unterschiede zwischen Schule und Praktikum kennenlernen
- möglichst schnell wieder zu Hause sein
- Spaß an der Arbeit haben
- nicht ausgenutzt werden
- verschiedene Arbeitsabläufe und ggf. Arbeitsorte kennenlernen
- das Praktikum mit einem Mitschüler zusammen machen
- nicht nur zuschauen, sondern auch mitarbeiten können und dürfen
- erkennen, ob man für den Beruf geeignet ist
- von den Mitarbeitern gut behandelt werden

Das ist mir sehr wichtig:	Das ist mir wichtig:	Das ist für mich unwichtig:

2. Ergänze jede der Spalten der Tabelle mit weiteren eigenen Erwartungen.

Was wird erwartet? – Praktikumsanforderungen kennenlernen

Das musst du wissen
- Nicht nur du hast Erwartungen an das Praktikum, sondern dein Praktikumsbetrieb hat auch Erwartungen an dich.
- Damit du deine Erfahrungen und Fähigkeiten im Praktikum sinnvoll erweitern kannst, ist es wichtig, dass du diese Erwartungen erfüllst.

1. In der Tabelle sind Anforderungen aufgeführt, die von dir während deines Praktikums erwartet werden. Verbinde die einzelnen Erwartungen jeweils mit ihren Beschreibungen.

Pünktlichkeit		Einhalten von Arbeitsanweisungen, Vorschriften und Sicherheitshinweisen
Leistungsbereitschaft		vertrauenswürdig gegenüber Chef, Mitarbeiter und Kunden handeln
Disziplin		ordentliches und systematisches Arbeiten
Sauberkeit/Ordnung		bereit sein, seine Arbeit gründlich zu erledigen
Ehrlichkeit		Einsatzbereitschaft auch bei monotonen Arbeiten
Ausdauer		genaue Einhaltung von Terminen

2. Ordne den folgenden Arbeitssituationen die verschiedenen Fähigkeiten zu.

a) Fabian arbeitet als Kassierer in einem Lebensmitteldiscounter. Als ein Kunde das Wechselgeld liegen lässt, ruft er dem Kunden hinterher und steckt es nicht selbst ein.

_____

b) Kurz vor Feierabend sortiert Frau Brandts alle Unterlagen und Arbeitsutensilien in die vorgegebenen Fächer ein, damit Frau Kleine in der nächsten Schicht ohne Zeitverlust weiterarbeiten kann. _____

c) Wenn Maler- und Lackierermeister Müller mit seinen Mitarbeitern auf dem Weg zu einem Kunden ist, dann sorgt er dafür, dass er rechtzeitig bei seinem Auftraggeber ankommt.

_____

d) Obwohl Herr Baumann an diesem Wochenende frei hat, bietet er dem Restaurantchef an, aufgrund der unvorhersehbaren Vorbestellungen im Restaurant trotzdem an diesem Wochenende zu arbeiten. _____

e) Auch wenn es auf der Baustelle schon sehr spät geworden ist und der Elektromeister Bruns nach Hause möchte, muss er sich noch konzentrieren, damit er beim Anschließen der Elektroleitungen im Sicherungskasten keine Fehler macht.

_____

f) Emma macht ein Praktikum in einem Bekleidungsgeschäft. Das lange Stehen macht ihr schon viele Stunden vor Feierabend Probleme, trotzdem beklagt sie sich nicht, beißt die Zähne zusammen und hält durch. _____

3. Finde für jede der Erwartungen weitere Beispiele und schreibe sie auf.

• *Pünktlichkeit:* _____

_____

_____

_____

_____

_____

_____

_____

_____

_____

_____

_____

Wie merke ich mir das alles? – Einen Stichwortzettel anfertigen

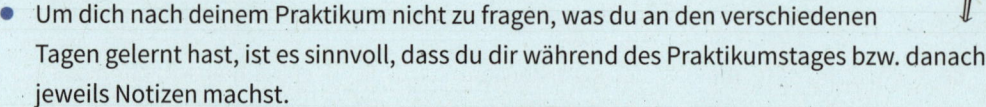

Das musst du wissen

- Um dich nach deinem Praktikum nicht zu fragen, was du an den verschiedenen Tagen gelernt hast, ist es sinnvoll, dass du dir während des Praktikumstages bzw. danach jeweils Notizen machst.
- Je genauer du deine Erfahrungen und Eindrücke festhältst, desto leichter fällt es dir im Nachhinein, deine Tages- und Wochenberichte zu schreiben.

Chiara probiert während ihres Praktikums bei einer Physiotherapeutin unterschiedliche Arten von Stichwortzetteln aus, die sie nach ihrem Praktikum für das genaue Schreiben der Tages- und Wochenberichte nutzen kann.

A **1. Praktikumstag, Mo. 20.5.20..**

- Begrüßung durch den Chef
- Kennenlernen der Arbeitsräume und Mitarbeiter
- Zuschauen bei einer Behandlung (Nachbehandlung Kreuzbandriss)
- Pause
- Erklärung und Test verschiedener Sportgeräte

B **3. Praktikumstag (8.00 – 13.00 Uhr)**

vormittags:

- Kennenlernen der Arbeitsabläufe am Empfang:
  - Begrüßung von Patienten
  - Terminvergabe
  - Säuberung der Behandlungsräume nach der Behandlung

nachmittags:

- Praxis geschlossen (frei)

C **7. Praktikumstag, Mi. 28.5.20 .. – Beginn: 09.00 Uhr, Ende: 17.00 Uhr (Fangotag)**

Uhrzeit	Tätigkeit	Anmerkung
09.00 – 10.00	Anrühren der Fangomasse[1] (siehe Infos) Vorbereitung des Behandlungsraums	sieht aus wie Matsch und riecht komisch
10.00 – 13.00	Zuschauen und Unterstützung bei Fango-Behandlungen	
13.00 – 13.30	Mittagspause	
13.30 – 17.00	Begleitung eines Physiotherapeuten bei Hausbesuchen	viele ältere Menschen, langweilig, aber nette Patienten
	– Fahrt mit dem Firmenwagen zu versch. Patienten, Behandlung zu Hause (können nicht zur Praxis kommen)	
	Behandlungen:	
	– Übungen für das Gehen nach Beinbruch	
	– Massage	
	– Übungen zur Stärkung der Rückenmuskulatur	

[1] Fango: Heilschlamm, der bei einer Reihe von Erkrankungen eingesetzt wird

1. Vergleicht die verschiedenen Stichwortzettel miteinander und begründet, welche Vor- und
Nachteile die einzelnen Methoden haben.

Stichwortzettel A

Vorteile: _____

_____

_____

Nachteile: _____

_____

_____

Stichwortzettel B

Vorteile: _____

_____

_____

Nachteile: _____

_____

_____

Stichwortzettel C

Vorteile: _____

_____

_____

Nachteile: _____

_____

_____

Das habe ich heute gemacht – Tagesberichte verfassen

Das musst du wissen

In einem **Tagesbericht** gibst du die **Tätigkeiten**, die du im Laufe eines Praktikumstages ausgeführt hast, **ausführlich, genau** und **chronologisch** wieder. Achte darauf, dass du die einzelnen Tätigkeiten und Erfahrungen zwar präzise, aber **ohne unnötige Details** und Ausschmückungen darlegst.

Folgende Fragen sollte dein Tagesbericht beantworten:

- Welche Tätigkeiten hast du wann im Laufe des Arbeitstages ausgeführt?
- Wie wurden die Arbeiten erledigt?
- Welche Vorbereitungen mussten dafür getroffen werden?
- Sind Probleme bei den Arbeiten aufgetreten bzw. was musste dabei besonders beachtet werden?
- Warum mussten diese Arbeiten durchgeführt werden?

Verwende dabei die entsprechenden **Fachbegriffe** und benutze als Tempus das **Präteritum oder Perfekt**.

Chiara hat folgenden Tagesbericht verfasst:

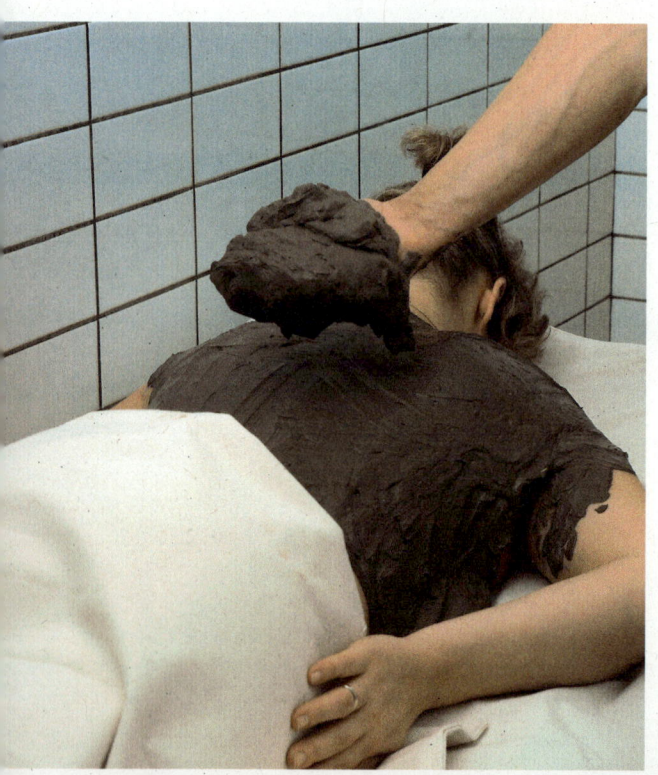

Tagesbericht: 7. Praktikumstag

Heute ist der 28.5.20.. und es ist ein Spitzentag, ich musste erst um 9.00 Uhr in der Praxis sein. Ich habe voll Bock auf die Arbeit, weil heute Fangotag ist. Für den Fangotag musste
5 ich erst einmal mit einem Mitarbeiter eine Menge komisch riechenden Matsch anrühren. Dann haben wir die Behandlungsräume vorbereitet. Als dann die Patienten kamen, durfte ich bei der Behandlung zuschauen. Das war schon etwas ekelig und mir wurde langweilig. Dann war Mittags-
10 pause, allerdings nur eine halbe Stunde, da blieb mir nur kurz Zeit, mir etwas vom Bäcker zu holen.
Dann am Nachmittag standen Hausbesuche an. Das bedeutet, dass ich mit einem Mitarbeiter von einem Patient zum anderen fahre. Diesen Teil der Arbeit fand ich besser als den
15 Teil am Morgen. Wir sind auf unseren Besuchen vielen älteren Menschen begegnet, die alle sehr nett waren. Piet, der Physiotherapeut, behandelte die Patienten, während ich oft gelangweilt auf dem Sofa sitzen konnte und Kekse angeboten bekam. Cool war auch, dass ich an diesem Tag
20 bis nach Hause gebracht wurde, da wir auf dem Weg vom Patienten dort vorbeikamen. So endete um 17.00 Uhr mein Arbeitstag.

1. Überarbeite den Tagesbericht, indem du

- abwechslungsreiche Satzanfänge benutzt,
- Gefühle und Meinungen weglässt,
- umgangssprachliche Formulierungen austauschst und
- die Tätigkeiten genau beschreibst.

Timo hat während seines Praktikums in einer Gärtnerei folgenden Stichwortzettel angelegt:

---

4. Praktikumstag, 18.6.20.. – Beginn: 8.00 Uhr, Ende: 16.00 Uhr (Gärtnerei „Schnittblume")

Uhrzeit	Tätigkeit	Anmerkungen
8.00 – 9.00	Warenanlieferung: Versorgung von gelieferter Ware: – vorsichtig auspacken – Stiele anschneiden – im Verkaufsraum aufstellen Säuberung des Verkaufsraums	ist schwerer als es aussieht, man braucht viel Kraft und Ausdauer
9.00 – 10.00	Anleitung beim Binden eines Blumenstraußes: – Auswahl von Blättern, Blumen und Deko – Binden des Blumenstraußes	– man muss vieles beachten – Farbkonzept – nicht locker, sehr eng binden – häufige Unterbrechung der Arbeit durch Kunden
10.00 – 10.30	Frühstückspause	
10.30 – 11.00	Auslieferung von drei Blumensträußen für einen 80. Geburtstag	– unangenehm, mein T-Shirt war dreckig
11.00 – 12.30	Unterstützung beim Bedienen von Kunden	– Wissen der letzten Tage angewandt
12.30 – 14.00	Mittagspause (Geschäft geschlossen)	
14.00 – 16.30	Umgestaltung des Ausstellungsraumes – Reinigung der Ausstellungsflächen – Pflege von Blumen (verwelkte Blüten abknipsen) – Aussortieren von nicht mehr verkäuflichen Blumen – Aufstellung von frischen Blumen und neuen Dekomaterialien	– interessante Arbeit – konnte eigene Ideen einbringen
16.30 – 17.00	Ausfegen und Ausräumen der Werkstatt → Feierabend	

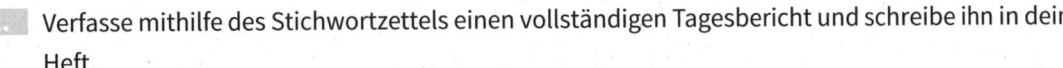

2. Verfasse mithilfe des Stichwortzettels einen vollständigen Tagesbericht und schreibe ihn in dein Heft.

„Einmal Haare waschen, bitte!" – Einen Vorgang mithilfe von Stichwörtern beschreiben

Das musst du wissen

Eine Vorgangsbeschreibung stellt einen **Vorgang** in seinem **Ablauf** so dar, dass der Leser mithilfe der Beschreibung diesen Vorgang selbst ausüben könnte. Achte beim Verfassen auf folgende Punkte:

- Formuliere eine **Überschrift**, die klarmacht, welchen Vorgang du beschreibst.

- Gib an, welche **Werkzeuge, Materialien** oder **Zutaten** benötigt werden.

- Beschreibe und erläutere die **einzelnen Schritte des Vorgangs** vollständig und in einer **sinnvollen Reihenfolge**.

- Formuliere **sachlich** und im **Präsens**.

- Verwende **Fachbegriffe**, wenn sie dabei helfen, eine Sache genauer zu beschreiben.

- Weise auf die Dinge hin, die man besonders beachten muss.

Sergej macht ein Praktikum in einem Friseursalon. Für seinen Praktikumsbericht möchte er den Vorgang „Haare waschen" möglichst genau beschreiben. Darum schaut er einer Friseurin bei ihrer Arbeit zu und macht sich folgende Stichpunkte:

- Waschhandschuhe, wasserdichter Umhang, passendes Shampoo, Handtücher, Kamm, Bürste
- Umhang und Handtuch umlegen
- Umhang muss richtig angelegt werden
- Waschbecken heranziehen
- Waschbecken und Sitz passend einstellen
- Wasser auf Hauttemperatur einstellen
- Haare mit Handbrause anfeuchten
- Haare shampoonieren
- Wassertemperatur kontrollieren
- nachfragen, ob für Kunden alles angenehm ist
- Shampoo ausspülen (Stirn zu Hinterkopf)
- Wasser abstellen
- Haare leicht ausdrücken
- Handtuch um Kopf des Kunden wickeln
- Waschbecken wegschieben
- Beckenrand muss Nacken umschließen
- Shampoo gründlich ausspülen
- nasse Handtücher zur Schmutzwäsche

1. Erstellt mithilfe der Stichpunkte einen Schreibplan für eine Vorgangsbeschreibung. Sortiert dazu die Stichpunkte nach den folgenden Punkten:

Bezeichnung des Arbeitsvorgangs:

_____

Benötigte Materialien:

_____

_____

Reihenfolge der einzelnen Arbeitsschritte:

_____

_____

_____

_____

_____

_____

Besonders zu beachtende Punkte bei diesem Arbeitsvorgang:

_____

_____

_____

_____

2. Verfasse mithilfe deines Schreibplans eine schriftliche Vorgangsbeschreibung. Nimm dazu Formulierungen aus dem Wortspeicher zu Hilfe.

> zunächst ● nachdem ● anschließend ● daraufhin ● sobald ● danach ● dabei ● dann ● nun
> ● es ist wichtig ● wenn ● es ist darauf zu achten ● es darf nicht vergessen werden ● zum
> Schluss ● schließlich ● jetzt ● später ● außerdem

Einen Reifen flicken – einen Vorgang mithilfe von Skizzen beschreiben

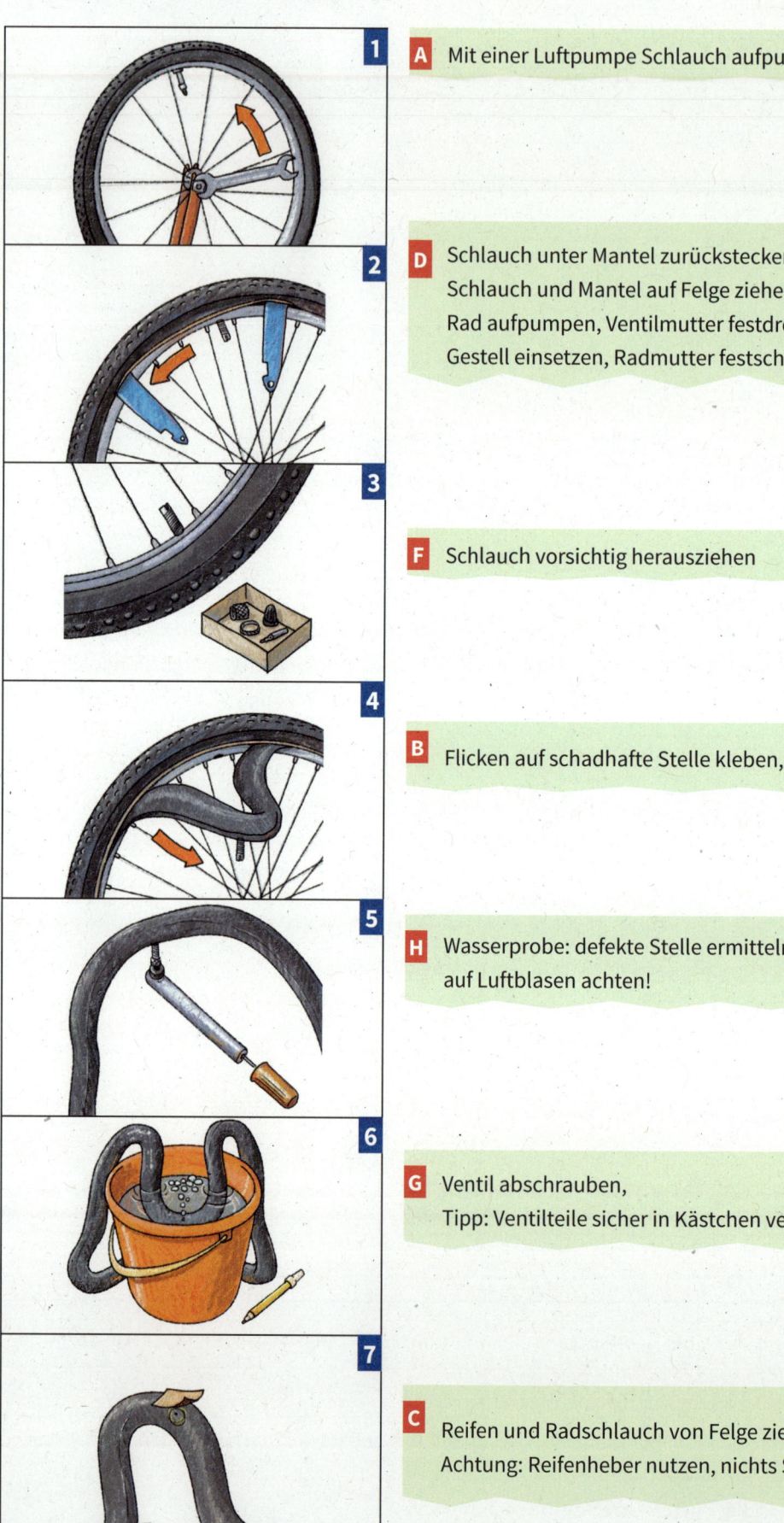

1

A Mit einer Luftpumpe Schlauch aufpumpen

2

D Schlauch unter Mantel zurückstecken,
Schlauch und Mantel auf Felge ziehen,
Rad aufpumpen, Ventilmutter festdrehen, Rad in
Gestell einsetzen, Radmutter festschrauben

3

F Schlauch vorsichtig herausziehen

4

B Flicken auf schadhafte Stelle kleben, glatt streichen

5

H Wasserprobe: defekte Stelle ermitteln,
auf Luftblasen achten!

6

G Ventil abschrauben,
Tipp: Ventilteile sicher in Kästchen verstauen

7

C Reifen und Radschlauch von Felge ziehen,
Achtung: Reifenheber nutzen, nichts Spitzes!

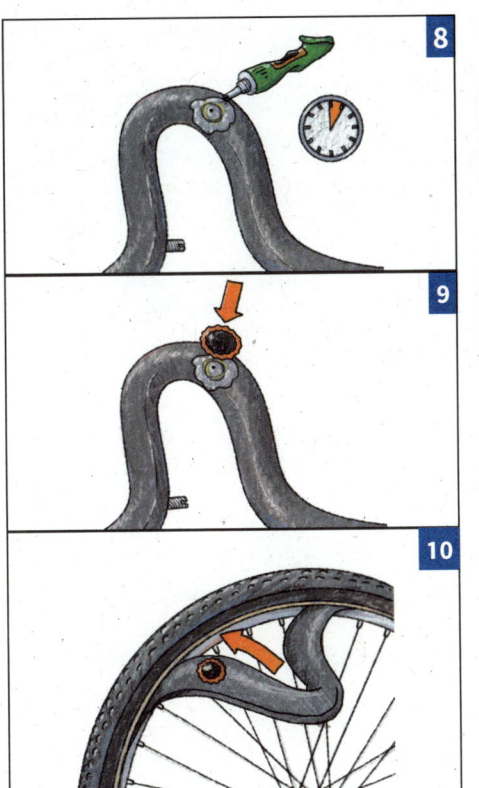

8 | **I** Gummikleber auftragen,
wichtig: 5 Minuten antrocknen lassen

9 | **E** Fahrrad umdrehen,
Radmuttern mit Schraubenschlüssel lösen,
Rad abnehmen

10 | **J** Mit Schmirgelpapier schadhafte Stelle anrauen

1. Die Stichpunktzettel zu den einzelnen Zeichnungen sind durcheinandergeraten. Bringe sie wieder in die richtige Reihenfolge, indem du den Zahlen der Zeichnungen die richtigen Buchstaben der Stichpunktzettel zuordnest.

1-E, 2-

2. Verfasse mithilfe der Zeichnungen und der richtig sortierten Stichpunkte eine schriftliche Vorgangsbeschreibung. Übernimm dazu den folgenden Anfang einer Vorgangsbeschreibung in dein Heft und vervollständige sie.

Einen Fahrradreifen flicken

Benötigte Materialien:

…

Reihenfolge der einzelnen Arbeitsschritte:

Zunächst wird das Fahrrad umgedreht und auf Sattel und Lenkergabel gestellt. Mit einem Schraubenschlüssel werden die Radmuttern in der Mitte gelöst. Anschließend kann das Rad abgenommen werden. Mithilfe eines Reifenhebers …

Besonders zu beachten ist dabei:

…

Dafür und dagegen – Argumente sammeln

Das musst du wissen

- Im Hauptteil einer Erörterung werden zu einem strittigen Thema die **Argumente**, die **für oder gegen einen Standpunkt** sprechen, dargelegt.
- Um seinen eigenen Standpunkt begründen zu können, sollte man zunächst möglichst viele **Argumente** nach **Pro und Kontra geordnet** zu dem strittigen Thema oder der Problemfrage **sammeln**.

Die Schüler der 9a diskutieren im Rahmen ihrer Praktikumsvorbereitung, inwieweit ein zweiwöchiges schulisches Betriebspraktikum in der neunten Klasse wirklich sinnvoll ist. Dabei haben sie folgende Argumente gesammelt:

Ist ein zweiwöchiges Betriebspraktikum in der neunten Klasse wirklich sinnvoll?	Pro: Das Betriebspraktikum ist sinnvoll.	Kontra: Das Betriebspraktikum ist nur wenig sinnvoll.
A: Durch die Praktikumszeit geht wichtige Schulzeit verloren, in der man für Klassenarbeiten üben könnte.		
B: Man lernt seinen Traumberuf besser kennen.		
C: Es ist möglich, erste Kontakte zu knüpfen, um später eine bessere Chance bei einer Bewerbung zu haben.		
D: Die Betriebe haben oft keine sinnvollen Aufgaben, die ein Praktikant ohne Ausbildung ausüben kann.		
E: Die Erfahrungen helfen bei der Entscheidung für oder gegen einen Beruf.		
F: Die Praktikumsberichte für die Schule stellen einen zu hohen Arbeitsaufwand dar.		
G: Die Schüler sind zu jung, um über ihre Berufswahl entscheiden zu können.		
H: Die Praktikumszeit ist zu kurz, um den Beruf wirklich kennenlernen zu können.		

1. Sieh dir die Sammlung von Argumenten an. Kreuze an, ob es sich um ein Argument für (= Pro-Argument) oder gegen (= Kontra-Argument) ein zweiwöchiges schulisches Betriebspraktikum in der neunten Klasse handelt.

2. Übernimm die Argumente nach Pro und Kontra geordnet in dein Heft.

3. Ergänzt diese Sammlung um möglichst viele weitere Pro- und Kontra-Argumente.

In das Thema einführen – die Einleitung zu einer Erörterung überarbeiten

Das musst du wissen

Bevor du deinen Standpunkt zu einer Problemfrage darlegst, musst du den Leser in der **Einleitung** in das zu erörternde **Thema einführen**. Als Hinführung kann z. B. dienen:

- ein **persönliches Erlebnis**
- eine **aktuelle Diskussion** aus den Nachrichten und Medien
- eine **Tatsache** (z. B. Umfragen oder Statistiken)
- eine **Begriffserklärung** (z. B. schulisches Betriebspraktikum)
- eine beobachtbare **aktuelle Tendenz** (z. B. Unsicherheit vieler Jugendlicher am Ende der Schulzeit in Bezug auf ihre berufliche Zukunft)
- eine **Behauptung**, ein Zitat, eine Redewendung, ein Sprichwort oder Ähnliches
- ein **Vergleich zwischen früher und heute**

1. Überarbeite die folgende Einleitung zum Thema „Ist ein zweiwöchiges Betriebspraktikum in der neunten Klasse sinnvoll?".

> Die Berufswahl ist eine schwierige Entscheidung. Man muss dann ewig in dem Beruf arbeiten. Deshalb muss man sich fragen, ob ein zweiwöchiges Betriebspraktikum in der neunten Klasse sinnvoll ist.

Mein Onkel berichtet, dass … – Argumente ausbauen

Das musst du wissen

Deinen **Standpunkt begründest** du mit **Argumenten**, die für diesen Standpunkt sprechen.

- Ein Argument besteht in der Regel aus einer **Behauptung**. Diese Behauptung stützt du durch **Begründungen**, mit denen du zeigst, weshalb sie zutreffend ist.
- Deine Argumente wirken noch überzeugender, wenn du sie mit **Belegen und Beispielen** veranschaulichst und absicherst. Solche Belege können sein:
  - eigene Erfahrungen und Erlebnisse
  - Fallbeispiele
  - Tatsachen
  - allgemein anerkannte Werte und Normen
  - Berufung auf anerkannte Fachleute

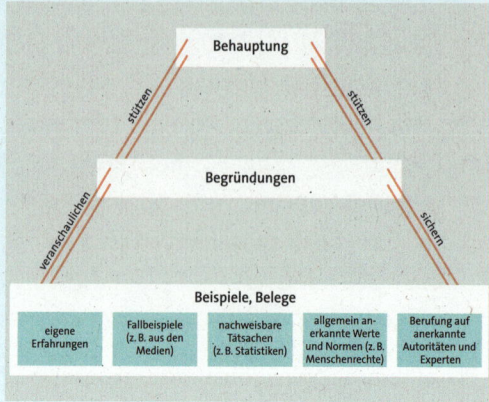

1. Untersucht die folgenden Argumente mithilfe der Informationen und des Schaubildes in der Lernbox.

- Markiert die einzelnen Bausteine der Argumente mit verschiedenen Farben.
- Schreibt auf die Linie, ob es sich um ein Argument für (= Pro-Argument) oder gegen (= Kontra-Argument) ein zweiwöchiges Betriebspraktikum im neunten Jahrgang handelt.

Die Erfahrungen, die man während des Betriebspraktikums sammelt, helfen bei der Entscheidung für oder gegen einen Beruf. Die meisten Menschen wissen schon nach wenigen Tagen in einem Betrieb, ob eine Tätigkeit etwas für sie ist oder nicht. Mein Onkel ist Zahntechniker. Er hat mir erzählt, ihm sei durch das Praktikum in der neunten Klasse klar geworden, dass sein
5 damaliger Traumberuf Tierpfleger doch nichts für ihn war. Nach dem Praktikum als Tierpfleger sei er sich ganz sicher gewesen, dass er lieber etwas Handwerkliches machen wollte.

Das Betriebspraktikum während der Schulzeit kostet vor allem Zeit zum Lernen. Wenn die Schüler in den Ferien ein Praktikum machen würden, könnte man sich besser auf die Klassenarbeiten und Abschlussprüfungen vorbereiten. In der Karl-Marx-Schule hat man das Betriebsprak-
10 tikum während der Schulzeit abgeschafft, um mehr Zeit zu haben, die Schüler auf die Abschlussprüfungen vorzubereiten. Meine Freunde, die ich dort habe, sind mit dem Vorgehen sehr zufrieden.

Die Praktikumsmappe geht nur zu einem sehr geringen Teil in die Note für die Fächer Deutsch und Wirtschaft ein. So stellen die Praktikumsberichte für die Schule einfach einen zu hohen
15 Arbeitsaufwand dar, der sich nicht lohnt. Die Zehntklässler, die letztes Jahr ihr Betriebsprakti-kum absolviert haben, haben uns erzählt, dass sie jeden Abend noch Notizen über den Arbeits-tag anfertigen mussten und ein ganzes Wochenende für das Ausformulieren der Praktikumsbe-richte benötigt haben.

_____

2. Baue die folgenden zwei Argumente für ein zweiwöchiges schulisches Betriebspraktikum im neunten Jahrgang so aus, wie es in der Lernbox auf S. 46 beschrieben wird.

Man lernt seinen Traumberuf besser kennen.

_____

_____

_____

_____

_____

Man kann erste Kontakte knüpfen, um später bessere Chancen bei einer Bewerbung zu haben.

_____

_____

_____

_____

_____

_____

_____

„Linear" oder „antithetisch"? – Den Hauptteil einer Erörterung aufbauen

Das musst du wissen

Eine Erörterung kannst du **linear** oder **antithetisch** ausgestalten.

● Den **Hauptteil einer linearen Erörterung** kannst du folgendermaßen aufbauen:

Darlegung des eigenen Standpunktes (= These)

Argument 1   schwächstes Argument
Argument 2
Argument 3
…   stärkstes Argument

Tipp: Du solltest die **Argumente** für deinen Standpunkt **vom schwächsten zum stärksten** gesteigert ausführen.

● Der **Hauptteil einer antithetischen Erörterung** sollte folgendermaßen aufgebaut sein:

Darlegung des Gegen-
standpunktes (= Antithese)

Kontra-Argument 1
Kontra-Argument 2
Kontra-Argument 3
…

Überleitung vom Gegenstandpunkt zum eigenen Standpunkt

Darlegung des eigenen Standpunktes (=These)

Pro-Argument 1
Pro-Argument 2
Pro-Argument 3
…

Tipp: Du solltest die Kontra- und Pro-Argumente nach dem **Sanduhr-Prinzip** anordnen. Beginne nach der Antithese mit dem überzeugendsten Kontra-Argument und führe danach die immer weniger überzeugenden Kontra-Argumente aus. Nach der Darlegung deines Standpunktes führe die Argumente dafür, wie bei der linearen Erörterung, vom schwächsten zum stärksten gesteigert aus.

Ein Schüler der 9a hat folgende Gliederung als Schreibplan für eine antithetische Erörterung erstellt:

Ist ein zweiwöchiges schulisches Betriebspraktikum in der neunten Klasse wirklich sinnvoll?

1	Einleitung
2	Hauptteil
2.1	Antithese: *Ein Praktikum ist sinnvoll, um einen ersten Einblick in die Berufswelt zu bekommen.*
2.1.1	Kontra-Argument 1: …
2.1.2	Kontra-Argument 2: …
2.1.3	Kontra-Argument 3: *Es ist möglich, während des Praktikums erste Kontakte zu knüpfen.*
2.2	Überleitung
2.3	These: …
2.3.1	Pro-Argument 1: *Die Praktikumsberichte stellen einen zu hohen Arbeitsaufwand dar.*
2.3.2	Pro-Argument 2: …
2.3.3	Pro-Argument 3: …
3	Schluss: Abwägung und eigene Entscheidung

1. Welchen Standpunkt vertritt der Schüler zu der Problemfrage? Begründe deine Meinung schriftlich.

2. Übernimm die Gliederung in dein Heft und vervollständige sie mithilfe der Argumente in diesem Kapitel und deiner eigenen Sammlung von Argumenten zu der Problemfrage (s. S. 44, Aufgaben 1 und 2).

3. Entscheide dich, ob du zu der Problemfrage „Ist ein zweiwöchiges schulisches Betriebspraktikum in der neunten Klasse wirklich sinnvoll?" in Form einer linearen oder antithetischen Erörterung Stellung nehmen möchtest. Erstelle dann in Form einer Gliederung einen Schreibplan für deine Erörterung.

Ist ein zweiwöchiges schulisches Betriebspraktikum in der neunten Klasse wirklich sinnvoll?

1 Einleitung

2 Hauptteil

3 Schluss

Dagegen spricht ... Außerdem ... – Argumente verbinden

Das musst du wissen

Beim Schreiben eines Hauptteils einer Erörterung ist es wichtig, dass du sinnvolle Ein- und Überleitungen bzw. gedankliche Verknüpfungen formulierst, wie z. B.:

- *weil, denn, daher, deshalb, aus diesem Grund ...*
- *außerdem, darüber hinaus, schließlich, zum Ersten, vor allem, besonders wichtig ist, auch ...*
- *aber, jedoch, auf der anderen Seite, einerseits, andererseits, nicht nur ...*
- *also, folglich, demzufolge, sonst, andernfalls, wenn, insofern ...*
- *tatsächlich, wirklich, umso wichtiger ist, ausschlaggebender ist ...*

1. Ergänze folgende Auszüge aus einer Erörterung, indem du die im Speicher stehenden Wörter und Ausdrücke sinnvoll einsetzt.

_____ spricht der erhöhte Arbeitsaufwand für die Schülerinnen und

Schüler gegen ein Praktikum in der Schulzeit. Neben der normalen Arbeitszeit in einem Betrieb

müssen Notizen für einen Praktikumsbericht erstellt werden. _____

müssen Schülerinnen und Schüler theoretisch sogar mehr arbeiten als die Angestellten des

Betriebs. Dies wurde mir auch von einem Freund bestätigt, der in der Zeit seines Schulprakti-

kums in der neunten Klasse keine Zeit für seine Hobbys mehr aufbringen konnte und

_____ auch nicht an einem wichtigen Handballturnier teilnehmen konnte.

> demzufolge • zum einen • deshalb

_____ lässt sich die Zeit des Praktikums auch viel besser in der Schule

nutzen. _____ soll gerade in der Schule der Grundstein für den späteren

Traumberuf gelegt werden, indem man ein breites Allgemeinwissen erlernt, das einem in jedem

Beruf weiterhelfen kann. _____ könnte man in den zwei Wochen des

Praktikums auch gut für die nächste Mathematik- oder Englischarbeit lernen und bekäme

_____ auch bessere Chancen bei möglichen Einstellungstests.

> aus diesem Grund • darüber hinaus • außerdem • schließlich

Deshalb bin ich der Meinung ... – den Schluss einer Erörterung überarbeiten

Das musst du wissen

- Im **Schluss einer Erörterung** nimmst du zusammenfassend Stellung zu dem erörternden Problem und verdeutlichst deine **eigene Meinung**. Dazu kannst du ein **Fazit** ziehen, indem du z. B. das Wichtigste der dargelegten Argumente zusammenfasst oder die Pro- und Kontra-Argumente zusammenfassend gegeneinander abwägst. Dabei sollten die Argumente des Hauptteils aber nicht wiederholt oder ergänzt werden.
- Oft bietet es sich an, die Erörterung mit einem **Ausblick** (z. B. auf die mögliche Entwicklung des Problems) oder mit einem **Appell an den Leser** zu beenden.

1. Überarbeite den Schlussteil. Ergänze ihn auch durch einen Ausblick oder einen Appell.

> Am Ende sieht man, dass ein Praktikum während der Schulzeit nur dann sinnvoll ist, wenn man schon einen bestimmten Berufswunsch hat. Praktikumsberichte sind insgesamt zu anstrengend und bedeuten mehr Arbeit. Ich bin also gegen Praktika in der Schulzeit.

_____

_____

_____

_____

_____

_____

_____

_____

_____

2. Verfasse nun auf der Grundlage deiner bisherigen Vorarbeiten eine vollständige lineare oder antithetische Erörterung zu dem Thema „Ist ein zweiwöchiges schulisches Betriebspraktikum in der neunten Klasse wirklich sinnvoll?".

Besonders fällt auf ... – Bausteine einer Werbeanzeige erkennen

Das musst du wissen

Wenn du eine Werbeanzeige untersuchst, musst du die einzelnen Bausteine, aus denen sie sich zusammensetzt, berücksichtigen. Dazu gehören **Bilder, Headlines** (= großgedruckte Textteile), ein **Slogan** (= einprägsamer Spruch als Markenzeichen des Produkts), ein **Copy-Text** (= Text der Werbeanzeige) und in der Regel auch ein **Logo** (Marken- oder Firmenzeichen).

1)

2)

3)

11)

4)

5)

10)

6)

9)

8)

7)

Entwurf einer Werbeanzeige

1.   Ordne die Fachbegriffe aus der Infobox der Werbeanzeige zu.

A) Bild 1 (= Blickfang)	B) Bild 2: Abbildung des Produkts
C) Bildhintergrund	D) Copytext (= Fließtext)
E) Produktname	F) Firmenlogo 1: Blickfang
G) Firmenlogo 2	H) Hinweis auf Verkaufsstellen
I) Zusatzhinweise	J) Hinweis auf rechtliche Informationen
K) Slogan	

Anglizismen und Superlative – Strategien der Werbung untersuchen

Das musst du wissen

In der Werbung werden unterschiedliche Strategien, mit denen die Kunden von einem Produkt überzeugt werden sollen, verwendet. Oft findest du folgende Strategien:

- Verknüpfung von positiven Vorstellungen mit dem Produkt,
- Appelle an Gefühle oder Bedürfnisse,
- direkte oder indirekte Aufforderungen,
- Darlegung von Argumenten,
- Versprechungen,
- sachliche Informationen.

1. Untersucht die Slogans und Textteile der Werbeanzeige auf S. 52 genauer:
   - Bestimmt dazu mithilfe der folgenden Übersicht die Besonderheiten der sprachlichen Gestaltung.
   - Notiert dann, welche Strategien oder Wirkung mit diesen Besonderheiten verbunden ist.

Rhetorische Figur (= sprachliches Mittel)	Erklärung	Beispiel
Anglizismen/Formulierungen	Verwendung englischer Ausdrücke und Sprache	Jobbörse/The futur is yours.
Antithese	Gegenüberstellung von gegensätzlichen Begriffen	<u>Kleine</u> Preise und <u>große</u> Qualität.
Steigerung (= Klimax)	nach dem Prinzip der Steigerung aufgebauter mehrgliedriger Ausdruck	Gut. Praktisch. Preiswert.
Rhetorische Frage	Scheinfrage/unechte Frage	Wollen Sie das nicht auch?
Superlativ	höchste Steigerungsstufe	<u>Modernstes</u> Design.
Metapher	bildliche/übertragene Verbindung zweier Bereiche	Wohlfühlsamstag
direkte Anrede	Ansprache des Lesers	<u>Du</u> willst es doch auch. <u>Sei</u> dabei.

Text der Werbeanzeige	Besonderheiten der sprachlichen Gestaltung und ihre Wirkung
Giga-Pass	
Ready?	

Text der Werbeanzeige	Besonderheiten der sprachlichen Gestaltung und ihre Wirkung
Wähle zwischen Chat-, Social-, Music- und Videopass	
Deine Lieblings-Apps	
Nutze deine Lieblings-Apps	
The futur is exciting.	
Red- und Young-Tarife.	

2. Sieh dir noch einmal den Bildteil der Werbeanzeige an. Notiere in Stichworten, welche positiven Vorstellungen hier mit dem Produkt verbunden und welche Versprechungen dem Kunden gemacht werden.

Mit dem Produkt positiv verbundene Vorstellungen:

_____

_____

_____

_____

Versprechungen an den Kunden:

_____

_____

_____

_____

In der Werbeanzeige ... – eine Werbeanzeige beschreiben und deuten

Das musst du wissen

Beachte Folgendes, wenn du eine Werbeanzeige beschreibst und deutest:

- Benenne in der **Einleitung** das **Produkt**, für das geworben wird, und beschreibe kurz den **Gesamteindruck** der Werbung.
- Beschreibe dann im **Hauptteil** die **einzelnen Elemente** (Bilder, Headline, Slogan, Copy-Text, Logo) und erkläre, welcher **Zusammenhang zwischen ihnen** besteht. Erläutere dabei, auf **welche Weise für das Produkt geworben** wird. Dazu solltest du folgende Frage beantworten:
  - Welche Besonderheiten und Vorteile des Produkts werden auf welche Art und Weise herausgestellt (z. B. durch Strategien wie Versprechungen oder Besonderheiten der sprachlichen Gestaltung wie Superlative)?
- Im **Schlussteil** kannst du die wichtigsten **Ergebnisse** deiner Untersuchung **zusammenfassen** und/oder die **Werbeanzeige bewerten** (z. B. durch einen Vergleich der Werbebotschaft mit deinen eigenen Erfahrungen).

1. Übernehmt den folgenden Schreibplan in eure Hefte und vervollständigt ihn auf der Grundlage eurer bisherigen Untersuchung der Werbeanzeige von S. 52.

Schreibplan zur Untersuchung einer Werbeanzeige	
Werbung für:	spezielle Handytarife für Jugendliche (Red- und Young-Tarife)
Werbung von:	Vodafone
Blickfang (Bild 1):	junger Mann auf einem Skateboard/Selfieaufnahme/Logo umrahmt ihn
Produktabbildung (Bild 2):	rot-weiße Gutscheinkarte von Vodafone mit den vier Tarifen (Chat-/Social-/Music-/Videopass)
Hintergrund:	...
Slogans:	...
Copytext	...
...	

2. Verfasse jetzt eine vollständige Beschreibung und Deutung der Werbeanzeige von S. 52.

„Natürlich von hier" – das Analysieren von Werbeanzeigen üben

1. Kreuzt an, ob die folgenden Aussagen auf die Werbeanzeige zutreffen oder nicht zutreffen.
   Erläutert, warum die richtigen Aussagen zutreffen. Korrigiert die falschen Aussagen.

		trifft zu	trifft nicht zu
1	Die Anzeige betont, dass die Milch besonders natürlich und gesund ist.		
2	Die Abbildung der Kühe soll zeigen, dass sich die Tiere wohl fühlen.		
3	Der Name der Firma wird bewusst nicht genannt.		
4	Die Art und Weise der Herstellung der Milch wird besonders hervorgehoben.		
5	Das Bild der Kuh und die Abbildung der Milchpackungen sollen nur zufällig den Blick auf sich ziehen.		
6	Die Abbildungen und die Textteile stehen in keinem Zusammenhang.		
7	Die Farben sollen den Eindruck des Natürlichen verstärken.		
8	Bei dem Slogan „Natürlich von hier." unter dem Firmenlogo handelt es sich um ein Wortspiel.		
9	Die Werbung richtet sich besonders an Jugendliche.		

10	Der Hinweis neben den Milchpackungen in dem grünen Viereck ist für die Wirkung der Werbung unwichtig.		
11	Die Blickfänge der Werbung befinden sich zentral in der Mitte der Anzeige.		
12	Die Bezeichnung der Milch als „Unsere Weidemilch" ist eine Metapher, die besonders wichtig für die Wirkung der Werbung ist.		

2. Notiert euch drei zentrale Botschaften und Aussagen der Werbung an den Betrachter, die ihn von dem Produkt überzeugen sollen.

Zentrale Botschaften und Aussagen der Werbung über das Produkt
A
B
C

3. Verfasse eine vollständige Beschreibung und Deutung der Werbeanzeige. Lese dazu auch noch einmal die Hinweise in der Lernbox 55.

_____

_____

_____

_____

_____

_____

_____

_____

_____

_____

Es ist nur vorgestellt oder gewünscht – Konjunktiv II

Das musst du wissen

- Durch den **Modus** (= Aussageweise eines Verbs) kann der Sprecher unterschiedliche Einstellungen und Beurteilungen zum Ausdruck bringen, z. B.:
  - **Indikativ** (= Wirklichkeitsform): Etwas ist wirklich so (*Wir **haben** das Spiel gewonnen*).
  - **Konjunktiv II** (= Form der Nichtwirklichkeit): Der Sprecher drückt aus, dass etwas nur gewünscht oder vorgestellt ist (*Wir **hätten** das Spiel gerne gewonnen*).
- Der **Konjunktiv II** wird von den **Präteritumformen** des Verbs **abgeleitet**.
  Beispiel:　　　*er läuft　–　er **lief**　–　Wenn er schneller **liefe** …*
  　　　　　　　　(Präsens)　(Präteritum)　　　(Konjunktiv II)
- Den Konjunktiv II kann man auch mit einer **Form von *würde* + Infinitiv** bilden. Da sich viele Konjunktiv II-Formen ungewohnt anhören, wird der Konjunktiv II heute immer öfter mit *würde* + Infinitiv umschrieben.
  Beispiel:　　　*er fuhr　–　er **führe**　/　er **würde** fahren*
  　　　　　　　(Präteritum)　(Konjunktiv II) (Umschreibung mit *würde* + Infinitiv)

1. Vervollständige die folgende Tabelle.

Indikativ Präsens	Indikativ Präteritum	Konjunktiv II abgeleitet vom Präteritum
ich komme	ich kam	ich käme
er ruft an	er rief an	
du gibst	du gabst	
sie heben		
es reißt		
er liest		
		ich liefe
	sie gruben	
du sprichst		
		sie dächten
sie sitzt		
	ihr kamt	
		er schriebe

2. Wenn die einfachen Formen des Konjunktivs II ungewohnt klingen oder den Formen des Präteritums entsprechen, kann man den Konjunktiv II auch mit einer Form von *würde* + Infinitiv umschreiben.
Vervollständigt die folgende Tabelle.

Indikativ Präsens	Indikativ Präteritum	Konjunktiv II abgeleitet vom Präteritum	Umschreibung mit *würde* + Infinitiv
es regnet	es regnete	es regnete	es würde regnen
sie leben	sie lebten	sie lebten	
er putzt			
sie fliehen			
wir geben			
sie findet			
du brauchst			
ich singe			
wir verbieten			
er sitzt			
ihr findet			
sie schwimmt			
wir trinken			
du singst			

3. Vervollständige die folgenden Sätze mithilfe der Ausdrücke in den Klammern. Entscheide bei den einzelnen Sätzen, ob die einfache Konjunktiv II-Form oder die Umschreibung mit *würde* + Infinitiv eher deinem Sprachgefühl entspricht.

Was wäre, wenn ...

- es im Sommer nicht mehr **regnete/regnen würde**? (regnen)

- ich im Lotto _____? (gewinnen)

- du in einem Hollywoodfilm die Hauptrolle _____? (spielen)

- es für alle Menschen auf der Welt genug zu essen _____? (geben)

- die große Pause eine Stunde _____? (dauern)

- ich mit meinem Goldfisch an der Leine spazieren _____? (gehen)

- ich dreimal im Jahr Geburtstag _____? (feiern)

- er morgen um die ganze Welt _____? (fliegen)

- ich morgen Johnny Depp _____? (treffen)

- er ein paar Kilos _____? (abnehmen)

- mir jemand jeden Tag meine schwere Schultasche _____? (tragen)

- mich der amerikanische Präsident gleich _____? (anrufen)

- meine Geschwister sich nicht dauernd _____? (streiten)

- sich das dreckige Geschirr heute von selbst _____? (abwaschen)

- mein Lieblingsverein heute die gegnerische Mannschaft _____? (schlagen)

 4. Du wirst als Mitglied eines irdischen Forschungsteams auf einem fremden Planeten gefangen genommen. Man sperrt dich in einen Käfig ein. Nun kommt es darauf an, so schnell wie möglich zu beweisen, dass du zu den intelligenten Lebewesen zu rechnen bist. Aber wie zeigst du fremden Wesen, die du nicht kennst, dass du intelligent bist? Formuliere mindestens acht Möglichkeiten und verwende dabei die Formen des Konjunktivs II.

Z. B.: Ich versuchte (würde versuchen), ein Feuer anzuzünden.

Malina berichtet, Alex habe … – Konjunktiv I in der indirekten Rede

Das musst du wissen

In der indirekten Rede verwendest du vor allem den **Konjunktiv I**. Du verdeutlichst damit, dass du die Äußerung eines anderen wiedergibst (*Der Trainer sagte in der Pressekonferenz, der Stürmer **sei** wieder fit*).

- Wenn die **direkte Rede im Präsens** steht, kannst du den Konjunktiv I in der Regel von den Tempusformen des Präsens ableiten (*er **geh**-t → er **geh**-e/du **bring**-st → du **bring**-est*).
- Wenn die direkte Rede in einem Tempus der Vergangenheit steht, musst du bei der Wiedergabe den **Konjunktiv I der Vergangenheit** wählen. Den Konjunktiv I bildest du in der Vergangenheit aus dem **Konjunktiv I von *haben* oder *sein*** und dem **Partizip II** des Verbs (*Paul sagt: „Ich **war** gestern beim Training. Vorher **hatte** ich noch ein Treffen mit Kim." → Paul sagt, er **sei** gestern beim Training **gewesen**. Vorher **habe** er noch ein Treffen mit Kim **gehabt***).
- Steht die direkte Rede in der Zukunft (Futur), musst du in der indirekten Rede den **Konjunktiv I der Zukunft** wählen. Dieser wird gebildet aus dem **Konjunktiv I von *werden*** und dem *Infinitiv des Verbes* (*Paul meint: „Bayern **wird** wieder das Triple **holen**." → Paul meint, Bayern **werde** wieder das Triple **holen***).

1. Bildet zu den folgenden Verbformen auf dieser und der folgenden Seite den Konjunktiv I. Achtet auf das jeweilige Tempus.

Indikativ	Konjunktiv I
er ist gelaufen	*er sei gelaufen*
du sagst	
sie rief an	
sie wird winken	
er will helfen	
du gibst	
sie antwortete	
er liebt	
sie wird rennen	
sie sind	
er kam	
es wird gelingen	

du fährst	
er hatte gelesen	
es wird gut	

2. Gib die direkte Rede in dem rechten Kasten in der indirekten Rede wieder. Benutze dazu die Begleitsätze in dem linken Kasten. Achte auf das Komma zwischen Begleitsatz und indirekter Rede.

Alex meint, ...	Konstantin ist schon zum Training gegangen.
Kim verbreitet, ...	Ramona kommt heute nicht mit ins Kino.
Jana sagt, ...	Leon hat sich mit seiner Freundin gestritten.
Umut erzählt, ...	Kevin spielt für einen anderen Verein.
Aiysche hat gehört, ...	Maren hat sich mit Sergej getroffen.
Malina erzählt, ...	Marvin ist mir völlig gleichgültig.

Alex meint, Konstantin sei _____

_____

_____

_____

_____

_____

_____

_____

_____

_____

_____

Die Spieler glauben, sie hätten … Sie sagten, sie würden … – Konjunktiv II in der indirekten Rede

Das musst du wissen

Es kommt vor, dass die Formen des Indikativs in der direkten Rede mit denen des Konjunktivs I in der indirekten Rede übereinstimmen. Dann benutzt du in der indirekten Rede als **Ersatzform** den **Konjunktiv II** oder **die Umschreibung mit *würde* + Infinitiv**.

Die Schüler sagten: „Wir **haben** heute Unterricht."

Die Schüler sagten, sie **haben** heute Unterricht. (*= indirekte Rede: nicht vom Indikativ zu unterscheiden*)

→ Die Schüler sagten, sie **hätten** heute Unterricht. (*Ersatzform Konjunktiv II*)

Die Schüler sagten, sie **würden** heute Unterricht **haben**. (*Ersatzform: Umschreibung mit würde + Infinitiv*)

1. Forme die folgenden Sätze in die indirekte Rede um. Achte darauf, wann du anstelle des Konjunktivs I als Ersatzform den Konjunktiv II oder die Umschreibung mit *würde* + Infinitiv benutzen musst.

- Beatrice wandte ein: „Die Schüler haben diese Vorschläge bereits vor Wochen abgelehnt."

  _____

  _____

- Die Ärzte teilten mit: „Dem Patienten wird es morgen schon viel besser gehen."

  _____

  _____

- Timo erzählt: „Der Dackel der Nachbarin sauste mit schleifender Leine an mir vorbei. Ich war der Letzte, der ihn gesehen hat."

  _____

  _____

- Claudia befürchtet: „Ich habe morgen nichts zum Anziehen."

  _____

  _____

- Ina und Michelle sagten: „Wir kommen morgen und bringen das Buch mit."

_____

_____

- Die Kinder riefen: „Wir haben ein Gummiboot."

_____

_____

- Die Großmutter glaubt: „Meine Enkel haben meinen Geburtstag vergessen."

_____

_____

- Nina sagt: „Ich jogge gerne."

_____

_____

- Sabrina betont: „Wenn es nach mir geht, wird die Schule morgen erst um 9.00 Uhr beginnen."

_____

_____

- Marcel schwärmte: „Der Urlaub auf Langeoog war wirklich schön. Nächstes Jahr werden wir wieder hinfahren."

_____

_____

2. Forme die Aussagen der Sängerin Jenny L. in indirekte Rede um.

REPORTERIN: Jennifer, Sie sind Schauspielerin und Sängerin. Was gefällt Ihnen besser?

JENNY L.: Sängerin ist mein Traumberuf. Wenn ich auf der Bühne stehe, vergesse ich alles um mich herum und lebe mich total aus. Ich spiele jedoch auch gerne interessante Rollen in Kinofilmen.

REPORTERIN: Und was reizt Sie am Beruf einer Schauspielerin?

JENNY L.: Als Schauspielerin kann ich in die Rollen von Menschen schlüpfen, deren Leben sich grundlegend von meinem unterscheidet. Ich erfahre so sehr viel über andere, aber auch über mich. Das ist wirklich interessant und erhellend.

REPORTERIN: Sie gelten als besonders sexy.

JENNY L.: Viele Leute behaupten das. Ich kann das
nicht verstehen. Ich bin nicht sehr groß, habe
einen ziemlich großen Hintern und auch meine
Nase ist zu breit. Trotzdem schicken mir viele
Fans Liebesbriefe. Sie kommen körbeweise bei
mir an.

REPORTERIN: Können Sie alle Briefe Ihrer Fans
beantworten?

JENNY L.: Leider habe ich nicht genug Zeit dafür.
Aber ich bemühe mich doch, möglichst vielen
Menschen zu antworten.

Die Sängerin Jenny L. sagte, Sängerin sei ihr Traumberuf. Wenn sie …

Jeder muss wissen, wo er spielen will – Interview mit Jugendnationaltrainer Christian Ziege

netzathleten: Wir haben momentan eine Diskussion mit den Kulturen, dass Spieler mit Migrationshintergrund von anderen Nationen angesprochen werden, um in deren Teams zu spielen. Wie gehst du damit bei der Nationalmannschaft um?

Christian Ziege: Es gibt viele Leute, die versuchen, Einfluss auf die Spieler zu nehmen. Wenn
5 ein Spieler einen türkischen Vater und eine deutsche Mutter hat und in Deutschland aufgewachsen ist, dessen Wurzeln aber in der Türkei liegen und dessen Kultur auch türkisch ist, dann ist es für den Spieler entsprechend schwierig, sich zu entscheiden. Das Wichtigste ist, dass der- oder diejenige selber wissen muss, was seine Kultur und welches sein Land ist, für das
10 er spielen will.

netzathleten: Nehmen die Trainer beim DFB Einfluss auf diese Entscheidung?

Christian Ziege: Diese Entscheidung
15 muss jeder mit sich selber ausmachen. […]
Wenn jemand versucht, einen Spieler für ein anderes Land abzuwerben und der Spieler fühlt sich eigentlich da nicht wohl, macht es für mich keinen Sinn, weil der
20 Spieler es niemals mit hundertprozentiger Überzeugung machen wird.

(netzathleten magazin vom 07.06.2013, in: www.netzathleten.de,
Verf.: Christian Riedl, letzter Zugriff: 15.02.2019)

3. Gib auch das Interview in der indirekten Rede wieder. Beginne deinen Bericht so:

Jeder muss wissen, wo er spielen will – Interview mit Jugendnationaltrainer Christian Ziege
Zu der Frage, wie man bei der Nationalmannschaft damit umgehe, dass Spieler mit Migrationshintergrund von anderen Nationen angesprochen würden, gab der Jugendnationaltrainer Christian Ziege folgende Auskunft. Er sagte, es gebe viele Leute, die …

Schüler, der, reisen … – Wortarten kennen

Das musst du wissen

- **Nomen/Substantive** bezeichnen Lebewesen, Gegenstände, Vorgänge und Zustände und werden immer großgeschrieben *(Schüler, Zeugnis, Selbstständigkeit)*.
- **Artikel** *(der, die, das, ein, eine, ein)* sind Begleiter des Nomens/Substantivs und zeigen das Genus (grammatische Geschlecht) an.
- **Verben** bezeichnen Tätigkeiten *(reisen, arbeiten, betreuen)*.
- **Adjektive** bezeichnen Eigenschaften eines Nomens/Substantivs *(groß, rot, winzig)*.
- **Personalpronomen** *(ich, du, er/sie/es, wir, ihr, sie)* ersetzen Nomen/Substantive und bezeichnen meistens eine Person oder Sache.
- **Possessivpronomen** *(mein, dein, sein, euer)* begleiten fast immer Nomen/Substantive und zeigen den Besitz oder die Zugehörigkeit an.
- **Demonstrativpronomen** weisen auf eine Person, einen Gegenstand oder einen Sachverhalt hin *(dieser Schüler, jenes Zeugnis)*.
- **Präpositionen** geben an, in welchem Verhältnis Personen oder Gegenstände zueinander stehen *(auf, von, an, über, hinter)*.
- **Adverbien** erläutern einen Sachverhalt näher und geben an, wo, wann und wie etwas passiert ist *(dort, sofort, heute)*.
- **Konjunktionen** verbinden Wörter, Wortgruppen und Sätze miteinander *(und, oder, dass, weil, nachdem)*.

1. Markiere in dem Wortgitter zunächst die Bezeichnungen für die Wortarten farbig. Suche dann ein Beispiel für jede Wortart und kreise es ein.

2. Bilde aus dem Wörterquadrat möglichst viele Wörter, die zu unterschiedlichen Wortarten gehören, z. B. Riese (Nomen/Substantiv), reden (Verb), nie (Adverb) usw. Ordne sie in die entsprechende Zeile der Tabelle ein.

R	I	E
S	E	N
R	A	D

Nomen/Substantive:	*Riese*
Artikel:	
Verben:	
Adjektive:	
Personalpronomen:	
Possessivpronomen:	
Demonstrativpronomen:	
Präpositionen:	
Adverbien:	*nie*
Konjunktionen:	

3. Sucht selbst Wörter mit neun Buchstaben und füllt die Wörterquadrate aus. Bildet wieder möglichst viele Wörter zu den unterschiedlichen Wortarten und ordnet sie oben in die Tabelle ein.

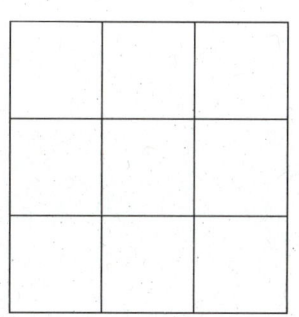

Präpositionen, Adverbien, Konjunktionen – unveränderliche Wortarten erkennen

Das musst du wissen

- Die **meisten Wortarten verändern sich** im Satzzusammenhang. **Nomen/Substantive** können im Singular und im Plural oder in verschiedenen Fällen stehen. **Verben** verändern sich, wenn sie in eine andere Zeitform gesetzt werden. **Adjektive** lassen sich meistens steigern.
- **Präpositionen, Adverbien** und **Konjunktionen verändern sich nicht**.

1. Setze passende Adverbien und Konjunktionen aus dem Wortspeicher in den Lückentext ein. Kennzeichne die Adverbien und Konjunktionen mit zwei verschiedenen Farben.

> schließlich ● und (4 x) ● ganz ● dass (2 x) ● noch ● aber ● auch ● als ● nur ● glücklicherweise ● ob ● vorher ● zuerst ● außerdem ● jetzt ● oder

Zum ersten Mal allein in den Urlaub

a) Carolin möchte nach ihrem mittleren Schulabschluss noch weiter zur Schule gehen,

_____ _____ plant sie eine Reise, um richtig abzuschalten _____

neue Kraft zu schöpfen.

b) Zum ersten Mal will sie ohne ihre Familie verreisen _____ _____ mit ihrer

Freundin Lili an einer Jugendreise teilnehmen.

c) Die Eltern waren _____ nicht begeistert von den Plänen ihrer Tochter.

d) Sie fanden, _____ sie _____ viel zu jung ist, um auf eigene Faust loszufahren.

e) _____ ließen sie sich überzeugen, _____ sie die Prospekte von einem

bekannten Reiseveranstalter lasen _____ erfuhren, _____ die Mädchen von

geschulten Betreuern und Betreuerinnen begleitet werden würden.

f) _____ kannte Carolins Tante eine befreundete Familie, deren Söhne

_____ an einer solchen Fahrt teilgenommen hatten.

g) Sowohl die Eltern als auch die Söhne waren _____ zufrieden gewesen.

Zukunft der Mobilität – mit Sachtexten umgehen

Seiten 8/9 `1./3.` „Unsichtbare Beifahrer"

Eine Autobahn irgendwo in Deutschland: Ein Stau hat sich gebildet. Und zwar direkt hinter einer Kurve. Die nachfolgenden Fahrer können deshalb das Ende des Staus nicht sehen und fahren mit hohem Tempo auf die Gefahr zu. Jetzt müsste es eine Möglichkeit geben, sie zu warnen – damit sie rechtzeitig den Fuß vom Gaspedal nehmen! Genau das sollen die „intelligenten Autos" der Zukunft bieten: Dann senden die Fahrzeuge im Stau per Funk ein Warnsignal an die Wagen, die sich der Gefahrenstelle nähern – und schon wissen die Fahrer Bescheid, dass sie langsam fahren müssen …

Sie sind so etwas wie „unsichtbare Beifahrer": die sogenannten Fahrerassistenzsysteme. Sie bestehen aus Sensoren und „schlauer" Computersoftware und sollen das Autofahren künftig noch sicherer machen. Denn der Straßenverkehr wird immer dichter und verlangt von den Fahrern immer mehr Aufmerksamkeit.

Und gerade da liegt das Problem: Die meisten Unfälle werden nämlich durch den Menschen verursacht – und nur ganz selten durch technische Fehler. Oft wird einfach zu schnell gefahren oder der Abstand zum Vordermann nicht eingehalten. Oder man ist einen kurzen Moment unaufmerksam. Ganz häufig ist der Fahrer also die „Schwachstelle". Will man die Sicherheit im Straßenverkehr erhöhen, muss man daher vor allem auch den Fahrer im Blick haben: Wie kann man ihn noch besser unterstützen und auf Gefahrensituationen aufmerksam machen?

Schon heute gibt es viele Hilfsmittel, die man vor einigen Jahren noch gar nicht kannte: Da geben Autos Pieptöne von sich, wenn man beispielsweise die Fahrbahnmarkierung überfährt und so von der Straße abzukommen droht. Oder wenn man zu wenig Sicherheitsabstand hält. Und auch beim Rückwärtseinparken helfen Abstandsmesser. Selbst der Reifendruck wird inzwischen in vielen Autos automatisch gemessen. Inzwischen werden sogar Autos entwickelt, die miteinander „sprechen". Wie das anfangs erwähnte Beispiel mit dem Stau zeigt, könnten solche „intelligenten Autos" in Zukunft viele schwere Unfälle verhindern. Sie tauschen automatisch Daten aus und versorgen den Fahrer so mit allen wichtigen Informationen.

Fahrerassistenzsysteme für sicheres Autofahren
Fahrerassistenzsysteme = Sensoren + Computersoftware
Ziel: zukünftig noch sichereres Autofahren

Der Mensch, die „Schwachstelle" im Straßenverkehr
Fehler des Menschen im Straßenverkehr:
- *überhöhte Geschwindigkeit*
- *fehlender Sicherheitsabstand*
- *kurze Unaufmerksamkeit*
→ Unfälle → Sicherheit muss erhöht werden

Autos, die „sprechen"
Bereits vorhandene Hilfsmittel:
- *Sensorik zur Erfassung der Fahrbahnmarkierung, des Sicherheitsabstandes*
- *Einparkhilfe*
- *Reifendruckkontrolle*
Zukünftige Möglichkeiten: „intelligente Autos", die automatisch untereinander Daten austauschen

Doch die Sache ist nicht ganz so einfach: Verlässt sich ein Fahrer dann vielleicht zu sehr auf all die schlauen „Bordcomputer"? Vertraut man dann der Technik so sehr, dass genau das Gegenteil passiert und der Fahrer weniger aufmerksam wird? Überfordern uns am Ende all die vielen Instrumente? Ein Auto ist schließlich kein Flugzeug-Cockpit. Und wie leicht sind die einzelnen Geräte zu bedienen, ohne dass man viele Knöpfe drücken muss und dadurch vom Blick auf die Straße abgelenkt wird? Wenn Menschen mit Maschinen – oder eben solchen Instrumenten – arbeiten, sprechen Fachleute oft von der „Mensch-Maschine-Schnittstelle". Damit da alles funktioniert, müssen viele Experten zusammenarbeiten: Ingenieure, Informationstechniker und sogar Psychologen.

Zusammenarbeit zwischen Mensch und Maschine
Gefahr, wenn der Mensch sich ausschließlich auf die Technik verlässt oder diese ihn ablenkt
→ Im Vorfeld arbeiten Experten intensiv daran, die Schnittstelle Mensch-Maschine möglichst störungsfrei zu machen.

Mit anderen Worten: Wenn man solche Systeme entwickelt, kann man sie nicht einfach in Autos einbauen – nach dem Motto: Mal sehen, ob's hilft. Vielmehr muss man sie erst einmal gründlich testen. Dazu dienen Fahrzeug-Simulatoren. Ein solcher Simulator ist im DLR[1]-Standort Braunschweig in einer Halle aufgebaut. Da steht dann ein Auto mit den neuen Instrumenten ausgerüstet auf einer großen Plattform, die sich hin und her bewegt: Als Fahrer hat man dabei das Gefühl, wirklich durch eine Kurve oder bergauf zu fahren. Und auch der Blick auf die Straße ist ganz realistisch – auch wenn sie nur aus einer großen „Kino-Leinwand" besteht: Darauf wird das gesamte Verkehrsgeschehen projiziert – fast wie im wirklichen Leben. Erst wenn ein neues Fahrerassistenzsystem dann den Test bestanden hat, darf es auf die „echte" Straße. Und zwar zunächst noch in Testfahrzeugen. Erst ganz am Ende dieser Erprobungsphase wird es dann zur Serienproduktion zugelassen.

Tests auf der virtuellen Straße
Test der Fahrerassistenzsysteme in Fahrzeug-Simulatoren (z. B. DLR Braunschweig)
→ Tests bestanden → Testfahrzeuge auf „echten" Straßen → dann Serienproduktion

---

[1] DLR: Abkürzung für **D**eutsches Zentrum für **L**uft- und **R**aumfahrt

Seite 8 2. Der Text beginnt mit einem fett gedruckten Vorspann, in dem das Thema, um das es im weiteren Verlauf des Textes geht, anschaulich (u. a. durch ein alltägliches Beispiel) dargestellt wird. Hiermit wird das Interesse des Lesers für das Thema geweckt und er wird dazu motiviert, weiterzulesen.

Seite 9 4. 1. Absatz: Fahrerassistenzsysteme bestehen aus Sensoren und Computersoftware. Ziel ist es, mit ihnen das Autofahren zukünftig noch sicherer zu machen.
2. Absatz: Die meisten Unfälle im Straßenverkehr ereignen sich durch menschliche Fehler, z. B. durch überhöhte Geschwindigkeit, fehlenden Sicherheitsabstand oder kurze Unaufmerksamkeit. Die Sicherheit der Fahrer soll durch die Entwicklung neuer Systeme erhöht werden.
3. Absatz: Es gibt bereits einige Hilfsmittel, die den Autofahrer unterstützen (z. B. Sensorik zur Erfassung der Fahrbahnmarkierung, des Sicherheitsabstandes, Einparkhilfe, Reifendruckkontrolle). Ziel ist es, dass demnächst Autos untereinander Daten austauschen können und so den Fahrer mit mehr Informationen versorgen können.
4. Absatz: Die Gefahr bei Bordcomputern besteht darin, dass sich die Fahrer möglicherweise zu sehr auf sie verlassen oder sich von ihnen ablenken lassen. Experten (Ingenieure, Informationstechniker, Psychologen) versuchen bereits bei der Entwicklung neuer

Systeme, die Schnittstelle zwischen Mensch und Maschine genau in den Blick zu nehmen und möglichst sicher zu machen.

5. Absatz: Neue Fahrerassistenzsysteme werden zunächst in Fahrzeug-Simulatoren (z. B. im DLR Braunschweig) intensiv getestet. Dann erst kommen die Testfahrzeuge auf die Straße, bevor sie in die Serienproduktion gehen.

Seite 9 **5.** Das Bild zeigt einen Fahrzeug-Simulator, wie er vom DLR in Braunschweig eingesetzt wird. Die Plattform bewegt den Wagen, sodass man als Testfahrer einen realistischen Eindruck erhält.

Seite 11 **1.** Mögliche Lösung

Franziska Kaindl
Emissionsfreies Fahren
Wasserstoffautos: Ist Elektro gar nicht die Zukunft?

Elektroautos gelten als die umweltfreundliche Alternative zu Verbrennungsmotoren.– doch gibt es eine noch bessere Option? […] Manche Forscher sind sich sicher: Wasserstoffautos sind die Zukunft der Autoindustrie. Denn im Gegensatz zu Verbrennern und Elektroautos fahren die „Brennstoffzellen-Autos", wie sie auch genannt werden, völlig emissionsfrei. Doch bisher befahren nur 210 Stück davon die deutschen Straßen – woran fehlt es?
Wasserstoffautos können im weitesten Sinn als Elektroauto gesehen werden, da sie ebenfalls mit einem Elektromotor ausgestattet sind. Doch anstatt einer Batterie wird dieser von einer Brennstoffzelle angetrieben. Innerhalb der Brennstoffzelle sorgt eine chemische Reaktion zwischen Wasserstoff und Sauerstoff für die Entstehung von Strom. Dieser wird wiederum an den Motor weitergeleitet und treibt das Fahrzeug an. Der große Vorteil: Es treten keine Emissionen, sondern nur Wasserdampf aus. Somit wäre das Wasserstoffauto im Gebrauch das umweltfreundlichste Auto.
Doch das Gefährt hat auch seine Schattenseiten. Wasserstoff kommt nicht in reiner Form in der Natur vor. Deshalb müsste es teuer aus Wasser und Erdgas hergestellt werden. Zusammen mit der Lagerung und dem Transport kommt außerdem ein hoher Verbrauch an Energie hinzu. Die Lösung: „Wasserstoff ist ein sauberer Kraftstoff, der noch zu 70 Prozent aus Erdgas, in Zukunft aber komplett aus erneuerbaren Energien hergestellt wird", erklärt Dr. Jörg Adolf, Chefvolkswirt bei Shell Deutschland, diesbezüglich […]. Im Januar 2017 gründeten Autohersteller wie BMW und Daimler zusammen mit Industriekonzernen (u. a. Shell, Linde) eine Wasserstoffallianz, um mehr Forschung und Geld in den alternativen Antrieb zu stecken. Mehr als 1,4 Milliarden Euro wollen die Bündnispartner in die Wasserstofftechnologie investieren. Auch Bundesverkehrsminister Alexander Dobrindt kündigte Anfang des Jahres an, 250 Millionen Euro an Förderung bereitzustellen.

Was ist die beste Alternative zu Fahrzeugen mit Verbrennungsmotoren? (Z. 1–7)
- Wasserstoffautos = beste Alternative zu Verbrennungs- und Elektrofahrzeugen
- bisher: nur wenige in Betrieb
→ Frage: Warum nicht mehr?

Wie funktionieren Wasserstoffmotoren? (Z. 7–14)
- Wasserstoffmotoren sind Elektromotoren
- aber: Brennstoffzellen statt Batterien
- chem. Reaktion zwischen Wasser- u. Sauerstoff = Strom
- aber: keine Emissionen – nur Wasserdampf
→ Wasserstoffauto = umweltfreundlichstes Auto

Welche Probleme gibt es bei der Gewinnung von Wasserstoff? (Z. 15–28)
- kein Vorkommen von Wasserstoff in reiner Form in der Natur
- Notwendigkeit der teuren Herstellung von Wasserstoff aus Wasser und Erdgas
- hohe Kosten für Transport, Lagerung und Energie bei der Wasserstoffherstellung
→ Lösungen:
  a) zukünftig Herstellung des Wasserstoffs aus erneuerbaren Energien und nicht aus Erdgas
  b) Förderung der Forschung mit Milliarden Euro

3

Neben emissionsfreiem Fahren bieten Wasserstoffautos auch noch andere Vorteile: „70 Prozent der Energie wird auf Langstrecken und im Transportsektor verbraucht. Genau dort ist Wasserstoff durch die schnelle Betankung dem klassischen Elektroantrieb weit überlegen", sagt Werner Diwald, Experte für erneuerbare Energien. Wasserstoff lasse sich innerhalb von drei bis fünf Minuten tanken und stelle außerdem eine höhere Reichweite bereit als E-Autos. Über 500 Kilometer seien da der Standard, erklärt Dr. Jörg Adolf.

Doch im Kontrast dazu stehen die wenigen Wasserstofftankstellen, die in Deutschland zur Verfügung stehen. Nur 35 davon gibt es landesweit – ein Problem, das auch dem Experten bekannt ist: „Wir brauchen attraktive und bezahlbare Autos und ein flächendeckendes Tanknetz. „2012 erklärte Toyota, dass ein Brennstoffzellen-Auto mit dem damaligen Stand der Dinge 100 000 Euro kosten müsste – für den Durchschnittsautofahrer eine unmögliche Summe. Außerdem besteht immer noch das Problem, dass Wasserstoff extrem leicht entzündlich ist.

Trotzdem soll sich in Zukunft einiges in Sachen Wasserstoffautos tun: In Deutschland sind 15 neue H2-Tankstellen in Bau, außerdem kündigten Mercedes und Honda noch für dieses Jahr neue Brennstoffzellen-Autos an

(Aus: Tageszeitung München auf www.tz.de vom 15.04.2019, in: https://www.tz.de/auto/wasserstoffautos-elektro-nicht-zukunft-zr-9426483.html; letzter Zugriff 17.05.2019)

Welche Vorteile haben Wasserstoffautos gegenüber E-Autos? (Z. 28 – 35)
1. emissionsfreies Fahren
2. Einsatz auf Langstrecken u. im Transportsektor
   - schnelle Betankung (3 – 5 Min.)
   - höhere Reichweite (über 500 km)

Welche Nachteile haben Wasserstoffautos zurzeit noch? (Z. 35 – 42)
1. wenige Wasserstofftankstellen
2. zu hoher Preis für den Durchschnittsautofahrer (mehr als 100 000 Euro)
3. extrem leichte Entzündlichkeit des Wasserstoffs

Welche Entwicklungen gibt es in Deutschland? (Z. 42 – 45)
- Bau neuer Wasserstoff-Tankstellen
- Entwicklung von neuen Wasserstoffautos (Mercedes u. Honda)

Seite 12 **2.** **Mögliche Lösung:** Die Autorin stellt Wasserstoffautos als die umweltfreundlichste Alternative zu Verbrennungs- und E-Autos vor. Der Leser wird dabei über die Vorteile der Wasserstofftechnik sowie über die Schwierigkeiten, die mit den Wasserstoffautos noch verbunden sind, informiert.

Titel des Textes:	Emissionsfreies Fahren. Wasserstoffautos: Ist Elektro gar nicht die Zukunft?
Autor/in:	Franziska Kaindl
Textsorte:	Zeitungsartikel (Online-Ausgabe)
Erscheinungsjahr:	2019
Publikationsorgan:	Tageszeitung München (Online-Ausgabe)

Seite 12 **4.**

Textabschnitt	Inhalt – Was wird gesagt?	Welche Aufgabe hat die Aussage?
Z. 1 – 7 Was ist die beste Alternative zu Fahrzeugen mit Verbrennungsmotoren?	Wasserstoffautos gelten als die bessere Alternative zu Verbrennungs- und Elektrofahrzeugen. Bisher sind aber nur wenige in Betrieb. Die Autorin stellt sich deshalb die Frage: Warum ist das so?	Einführung des Lesers in den Stand der Diskussion um die Frage, welche Alternativen es zu Verbrennungsmotoren zukünftig geben könnte

Z. 7 – 14 Wie funktionieren die Wasserstoffmotoren?	Wasserstoffmotoren sind Elektromotoren, die mit einer Brennstoffzelle und nicht mit einer Batterie arbeiten. Mithilfe einer chemischen Reaktion zwischen Sauer- und Wasserstoff wird der Strom erzeugt. Dabei entsteht nur Wasserdampf und keine Emissionen.	Information des Lesers über wissenschaftliche Grundlagen
Z. 15 – 28 Welche Probleme gibt es bei der Gewinnung von Wasserstoff?	Momentan ist die Herstellung von Wasserstoff sehr teuer und mit einem hohen Energieverbrauch verbunden. Zukünftig soll Wasserstoff mit erneuerbaren Energien und nicht mit fossilem Erdgas hergestellt werden. Dazu haben Autokonzerne und der Staat Forschungsgelder bereitgestellt.	Aufklärung des Lesers über die Probleme der Wasserstoffherstellung und Ansätze zu einer Lösung
Z. 28 – 35 Welche Vorteile haben Wasserstoffautos gegenüber E-Autos?	Wasserstoffautos sind nicht nur emissionsfrei. Sie ließen sich auch wegen ihrer schnellen Betankung und hohen Reichweite im Transportwesen und auf Langstrecken einsetzen.	Darstellung der Vorteile der Wasserstoffautos gegenüber der E-Auto-Technik
Z. 35 – 42 Welche Nachteile haben Wasserstoffautos zurzeit noch?	Momentan scheitert die flächendeckende Einführung der Wasserstoffautos noch am fehlenden H2-Tankstellennetz und den hohen Anschaffungskosten.	Erklärung, warum sich die Wasserstoffautos trotz ihrer Vorteile nicht durchsetzen konnten
Z. 42 – 45 Welche Entwicklungen gibt es in Deutschland?	Trotz der Schwierigkeiten wird in Deutschland auch an der Einführung des Wasserstoffautos gearbeitet. Es sind neue H2-Tankstellen im Bau und es kommen neue Modelle auf den Markt.	Ausblick auf die künftige Entwicklung der Einführung von Wasserstoffautos in Deutschland

Seite 13 **5.** **Individuelle Lösung** (s. Aufgabe 4)

„Der Sieger" – eine Kurzgeschichte beschreiben und deuten

Seite 16 **1.**

Schauplatz	Inhalt (in Stichworten)
1. Sportplatz, Z. 1 – 27	– Sportwettkampf (Fünfkampf) – Dannwitz verliert unerwartet – Bert Riedel gewinnt – Mitschüler freuen sich darüber – Dannwitz ist ihnen unsympathisch – Kraftprotz – Dannwitz gratuliert Bert nicht, obwohl der Lehrer ihn dazu auffordert

2. Nachhauseweg (Z. 28 – 63) über einen sonnenbeschienenen Platz (Z. 29), über die Straßen am Stadtrand (Z. 37 f.), den Fluss hinunter und über einen Weg, der von Büschen und einem Zaun um-säumt ist (Z. 38)	– Gespräch über den Wettkampf – Gespräch über die Mädchen, die eingeladen worden sind – Dannwitz taucht auf und fordert Bert und seine zwei Freunde zum Kampf – Bert schickt die Freunde nach Hause und stellt sich Dannwitz – Bert will nicht kämpfen – Dannwitz weint – die Jungen sehen dies fassungslos
3. Wohnung des Ich-Erzäh-lers (Z. 64 – 71)	– Gespräch des Ich-Erzählers mit dem Vater – Vater fragt, seit wann Dannwitz in der Klasse sei – Ich-Erzähler antwortet, seit anderthalb Jahren, und von Anfang an habe niemand ihn gemocht, weil er seine Kräfte ausgespielt habe – Vater fragt, womit er ihnen sonst habe imponieren können – Ich-Erzähler schweigt
4. Festplatz (Z. 72 – 107)	– Ich-Erzähler sieht Dannwitz allein stehen – Ich-Erzähler spricht mit Bert – er sagt, dass sie ihm nie eine Chance gegeben hätten – er sagt, er würde es versuchen, könne es aber Berts wegen nicht – Bert geht zu Dannwitz – Ich-Erzähler ruft ihm zu, Dannwitz heiße Werner – Bert spricht mit Dannwitz – sie kehren gemeinsam zu den anderen Jungen zurück – Ich-Erzähler denkt, wer denn heute gewonnen habe

Seite 18 1.

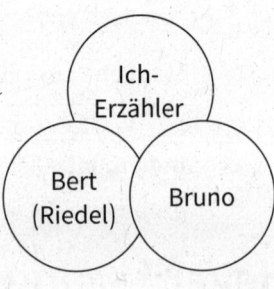

Seite 18 2.

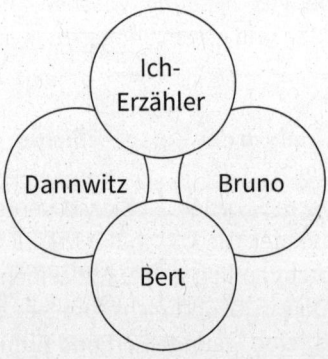

6

Dannwitz	
Z. 1:	Er blickt die Klassenkameraden herausfordernd der Reihe nach an.
Z. 5/6:	Er spricht von nichts anderem als von seinen Kräften.
Z. 23:	Er dreht sich weg, als Bert auf ihn zugeht.
Z. 49:	Er fordert drei Mitschüler gleichzeitig zum Kampf auf.
Z. 5960:	Er weint.
Z. 62/63:	Er trabt schwankend wie ein großer verwundeter Bär fort.
Z. 77/78:	Er steht wesenlos da wie ein Schatten.
Z. 103/ 104:	Er kommt zusammen mit Bert zwischen den Bäumen hervor, er geht lässig.

Bert, Bruno und der Ich-Erzähler	
Z. 3:	Sie finden es gefährlich, Dannwitz zu reizen.
Z. 4:	Sie mögen den Kraftprotz nicht.
Z. 7/8:	Sie gönnen ihm die Niederlage.
Z. 42/43:	Sie frieren, als sie ihm ins Gesicht sehen.
Z. 52 – 54:	Sie wollen nicht gegen ihn kämpfen.
Z. 66/67:	Sie mögen ihn von Anfang an nicht.
Z. 79 – 81:	Der Ich-Erzähler geht mit klopfendem Herzen an Dannwitz vorbei.
Z. 86/87:	Der Ich-Erzähler schaut verstohlen zu Dannwitz hin.
Z. 98:	Der Ich-Erzähler schlägt vor, mit Dannwitz zu sprechen.
Z. 100:	Sie erkennen, dass sie ihm nie eine Chance gaben.
Z. 102:	Der Ich-Erzähler nennt Dannwitz' Vornamen.
Z. 103– 104:	Bert spricht mit Dannwitz und kommt mit ihm zwischen den Bäumen hervor.

Seite 20 1. **Mögliche Lösung:**
In der Kurzgeschichte „Der Sieger", die von Erich Junge im Jahr 1958 verfasst wurde, geht es um die schwierige Beziehung zwischen einer Gruppe von langjährigen Freunden und Klassenkameraden und einem Jungen, der vor anderthalb Jahren neu in die Klasse gekommen ist.

Seite 20 2. *Einleitung:*
In der Kurzgeschichte „Der Sieger", die von Erich Junge im Jahr 1958 verfasst wurde, geht es um die schwierige Beziehung zwischen einer Gruppe von langjährigen Freunden und Klassenkameraden und einem Jungen, der vor anderthalb Jahren neu in die Klasse gekommen ist.

Seite 20 3. **Beispiel einer Analyse der Kurzgeschichte:**
● *Inhaltsangabe:*
Dannwitz, der beste Sportler der Klasse, verliert bei einem Fünfkampf gegen seinen Mitschüler Bert Riedel. Die Mitschüler freuen sich darüber, da ihnen Dannwitz unsympathisch ist. Er protzt nämlich immer mit seinen Kräften. Obwohl ihn der Lehrer dazu auffordert, gratuliert Dannwitz Bert nicht zum Sieg. Auf dem Nachhauseweg sprechen der Ich-Erzähler und seine Freunde Bert und Bruno über den Wettkampf und über die Mädchen, die sie zum Schulfest am Abend eingeladen haben. Plötzlich taucht Dannwitz auf und fordert die drei zum Kampf auf. Bert schickt seine Freunde weg und stellt sich, will aber nicht kämpfen, da es seiner Ansicht nach keinen Zweck habe, sich zu wehren. Der Heraus-

forderer ist viel stärker als er. Dannwitz weiß nicht mit dieser Situation umzugehen und weint. Seine Klassenkameraden sehen es fassungslos mit an.

Beim Essen erzählt der Ich-Erzähler seinem Vater von dem Wettkampf und dem Vorfall auf dem Nachhauseweg. In dem Gespräch wird deutlich, dass Dannwitz erst seit anderthalb Jahren in der Klasse ist und von den Mitschülern sofort abgelehnt worden ist, weil er immer auf seine Kräfte angespielt hat. Auf die Frage des Vaters, womit er den neuen Klassenkameraden sonst habe imponieren können, schweigt der Ich-Erzähler.

Beim Schulfest am Abend steht Dannwitz allein am Rand. Der Ich-Erzähler spricht mit seinem Freund Bert, dem Sieger des Wettkampfs, und sagt, dass sie Dannwitz nie eine Chance gegeben hätten. Aus Freundschaft zu Bert möchte der Ich-Erzähler aber nichts unternehmen. Deshalb geht Bert zu Dannwitz. Der Ich-Erzähler ruft ihm zuvor noch zu, dass Dannwitz Werner heiße. Schließlich kehrt Bert mit Werner zu den anderen Jungen zurück, als sei es immer schon so gewesen. Und der Ich-Erzähler fragt sich, wer denn heute der Sieger geworden sei.

- *Darstellung der Figurenentwicklung, ihrer Beziehungen und des Wendepunktes in den Figurenbeziehungen:*

Dannwitz ist stolz auf seine Kräfte und seine sportlichen Leistungen. Mit seinen Klassenkameraden spricht er über nichts anderes (vgl. Z. 4 – 6). Er kann aber nicht gut mit Niederlagen umgehen. Als ein Klassenkamerad ihn beim Fünfkampf schlägt, gratuliert er ihm nicht, sondern geht wortlos fort (vgl. Z. 21 – 24). Um sein Ansehen wiederherzustellen, fordert er auf dem Nachhauseweg den Sieger Bert und dessen Freunde, den Ich-Erzähler und Bruno, zum Kampf auf: „Ihr seid doch drei', sagte er kaum hörbar, ,kommt, ihr seid doch drei …'" (Z. 49). Doch Bert sieht den Konflikt als sein Problem an und schickt seine Freunde weg. Er selbst stellt sich zwar, macht aber klar, dass er nicht zu kämpfen gedenke, da es keinen Zweck habe, sich gegen den viel stärkeren Dannwitz zu wehren: „,Nun fang an', sagte er flüsternd. ,Ich wehre mich nicht einmal, ich weiß, dass es keinen Zweck hat, sich zu wehren, also, fang an …'" (Z. 52 – 54). Mit dieser Situation kann Dannwitz nicht umgehen, er beginnt zu weinen. Wie „ein großer verwundeter Bär" (Z. 63) trabt er schwankend davon. Die Klassenkameraden sehen es mit Fassungslosigkeit. Zugleich ist diese Situation für sie auch ein Zeitpunkt, um über die Beziehung zu dem Klassenkameraden Dannwitz nachzudenken. Ihnen wird zudem durch den Vater des Ich-Erzählers klargemacht, dass sie Dannwitz nie eine Chance gegeben haben. Sie sind seit Jahren miteinander befreundet und als Dannwitz vor anderthalb Jahren in die Klasse kam, lehnten sie ihn sofort ab. Sie mögen diesen Kraftprotz nicht, gönnen ihm die Niederlage beim Wettkampf, finden es gefährlich, ihn zu reizen (vgl. Z. 3 – 8). Deshalb wollen sie keinen Kontakt zu ihm. Doch die Schwäche des vermeintlich starken und gefährlichen Dannwitz („Sein Unterkiefer fiel herab, was seinem Gesicht einen merkwürdig hilflosen Ausdruck verlieh, seine breiten Schultern sackten zusammen, die Fäuste lösten sich und wahrhaftig, er weinte.", Z. 58 – 60) und die Worte des Vaters setzen ein Umdenken in Gang. Bert, der Sieger des Wettkampfs, ist es, der nach Anstößen durch den Ich-Erzähler auf Dannwitz zugeht. Und dieser ergreift die Chance und schließt sich den Jungen an: „Aber sie kamen zusammen zwischen den Bäumen hervor, lässig gingen sie nebeneinander, als sei es schon immer so gewesen, und ich dachte, wer von ihnen hat nun eigentlich heute gewonnen?" (Z. 103 – 105)

- *Stellungnahme:*

Und so lässt sich die Frage, „wer von ihnen […] nun eigentlich heute gewonnen" habe, nur mit „alle" beantworten. Dannwitz ist ein Sieger, weil er das erreicht hat, worum er sich anderthalb Jahre vergeblich bemühte – die Aufnahme in die Klassengemeinschaft. Dies ist ihm nicht mit Stärke, sondern mit einer Gefühlsäußerung gelungen.

Bert ist ein Sieger, nicht nur, weil er den Wettkampf gegen einen normalerweise überlegenen Gegner gewonnen hat, sondern weil er dessen Überlegenheit anerkennt und so eine unerwartete Gefühlsäußerung bei ihm auslöst. Außerdem lässt er sich nicht lange bitten, Dannwitz die Hand zu reichen.

Aber auch der Ich-Erzähler ist ein Sieger, denn er hat die Anregungen seines Vaters aufgegriffen und den ersten Schritt zur Versöhnung getan, indem er mit Bert gesprochen hat.

Strophe für Strophe – Gedichte beschreiben und deuten

Seite 22 **1./2.**   Individuelle Lösungen

Seite 22 **3a**   Zeitunglesen (V. 2), fern von der Natur (V. 2), wirtschaftliche Aktivitäten, Geld wird gezählt (V. 4), Lautstärke/Krach (V. 5), Unzufriedenheit (V. 5), geregeltes Leben („man zählt", V. 4)

Seite 22 **3b**   Ungebundene/freie Bewegung („wandern", V. 1, „strolchen", V. 3), Veränderung, Offenheit

Seite 22 **4.**

Strophe	Beispiel aus dem Text	Erläuterung
2	„Die Luft ist dick und wie aus grauem Tuch." (V. 7) „Man träumt" (V. 8, V. 9) „möchte in die Stille" (V. 10)	Abgase, lyrisches Ich fühlt sich unwohl Flucht aus dem Alltag in der Stadt Unzufriedenheit mit dem Lärm in der Stadt
3	„Man flieht aus den Büros und den Fabriken" (V. 11)	Unzufriedenheit mit Arbeitsalltag, Verlassen der Stadt erscheint wie Flucht

Seite 23 **5.**

Strophe	Beispiel aus dem Text	Erläuterung
2	„von Äckern und Pferdeställen" (V. 8) „Man träumt" (V. 8, V. 9) „Stille" (V. 10) „möchte […] zu Besuch" (V. 10)	Leben und Arbeiten auf dem Land erscheinen positiv lyrisches Ich wünscht sich fort aus der Stadt Natur/Land als Ort der Ruhe Wunsch, die Stadt zu verlassen
3	„Gräser wie Bekannte nicken" (V. 13) „Spinnen seidne Strümpfe stricken" (V. 14) „wird man gesund" (V. 15)	Gefühl der Vertrautheit, gleichmäßiges Leben, ohne Hektik Erscheinungen der Natur erscheinen schön Natur als Ort der Heilung

Seite 23 **6.**   Das lyrische Ich fühlt sich in der Stadt unwohl und ist mit dem Alltag und der Unruhe in der Stadt unzufrieden. Es fühlt sich eingeengt. Im Gegensatz dazu erscheint dem lyrischen Ich die Natur als ein Ort, an dem es sich wohlfühlen und erholen kann.

Seite 23 **7.**   Das lyrische Ich beschreibt das Leben in der Stadt mit diesem Bild negativ. Es sei körperlich und psychisch anstrengend und mache die Menschen krank.

Seite 24 **8.**   Vertrauen; Vertrautheit; Verständnis; Fähigkeit, zuzuhören; heilende Kräfte; Ruhe; spenden Trost; machen keine Unterschiede zwischen den Menschen

Seite 24 **9.**   Das Wort „Doch" kennzeichnet hier einen Einschnitt im Vers und deutet auf den scheinbaren Gegensatz zwischen „schweigen" und „nicht stumm" hin. Es verbindet die beiden Aussagen und macht deutlich, dass die Bäume zwar nicht mit Worten zu den Menschen sprechen, trotzdem aber einen positiven Einfluss auf sie haben können.

Seite 24 **10.**   **Mögliche Lösung:**

Aus Sicht des lyrischen Ichs bieten die Natur und das Leben auf dem Land die Möglichkeit zu einem freieren, ungebundenen Leben, das nicht von den Zwängen und negativen Merkmalen des Stadtlebens bestimmt ist.

Seite 25 1. Das Gedicht besteht aus **vier** Strophen. Jede dieser Strophen umfasst **fünf** Verse, sodass das Gedicht insgesamt **zwanzig** Verse hat.

Seite 25 2.

Strophe	Vers	Reimwort	Kennzeichnung des Reims
1	1	Wälder	a
	2	Blatt	b
	3	Felder	a
	4	Gelder	a
	5	Stadt	b
2	6	Wellen	c
	7	Tuch	d
	8	Ställen	c
	9	Forellen	c
	10	Besuch	d
3	11	Fabriken	e
	12	rund	f
	13	nicken	e
	14	stricken	e
	15	gesund	f
4	16	krumm	g
	17	reden	h
	18	um	g
	19	stumm	g
	20	jeden	h

Seite 26 3. Die richtigen Aussagen sind:
Das Reimschema ist in allen Strophen gleich.
Es reimen sich jeweils der erste, dritte und vierte Vers in einer Strophe.
Es reimen sich jeweils der zweite und der fünfte Vers einer Strophe.

Seite 26 4. Morgenstern: abba (umarmender Reim)
Brentano: abab (Kreuzreim)
Ringelnatz: aabbcc (Paarreim)

Seite 27 5. Das Reimschema des Gedichts „Sieh nicht, was andre tun" von Christian Morgenstern ist ein **umarmender Reim (abba)**.
In dem Gedicht „Abendständchen" von Clemens Brentano werden die Verse durch einen **Kreuzreim (abab)** verbunden.
In Joachim Ringelnatz' Gedicht „Die Ameisen" liegt ein **Paarreim (aabbcc)** vor. Dabei reimen sich die **zwei/beiden** Verse, die direkt aufeinanderfolgen.

Seite 28 1. V. 1: „Die Jahreszeiten <u>wandern</u> [...]"
Erklärung: Im Wald folgt regelmäßig eine Jahreszeit auf die andere.
V. 3: „Die Jahreszeiten <u>strolchen</u> [...]"
Erklärung: Auch an den Feldern erkennt man den Wechsel der Jahreszeiten; hier ist er aber unregelmäßiger.
V. 5: „Geschrei der Stadt"
Erklärung: Der unangenehme Lärm in der Stadt wird bildhaft dargestellt wie das Schreien von Menschen.

Seite 28 ▓2.▓	Das lyrische Ich verwendet eine Metapher.	

Seite 29 ▓3.▓ In der Stadt stehen die Häuser eng zusammen und wenn man über die Stadt blickt, bilden die Dächer eine große zusammenhängende Fläche. Diese Fläche ist allerdings nicht eben; durch die Giebel der Häuser sieht es aus wie Wellen.

Seite 29 ▓4.▓

Beispiel aus dem Text	Art des sprachlichen Bildes	Bedeutung
„wie aus grauem Tuch" (V. 7)	Vergleich	zusammenhängende Fläche, die die Stadt zudeckt
„wie Bekannte" (V. 13)	Vergleich	Gefühl der Vertrautheit mit der Natur, lyrisches Ich fühlt sich geborgen
„Gräser […] nicken" (V. 13)	Personifikation	das Nicken als menschliche Verhaltensweise, freundliche Geste, zeigt positive Atmosphäre und Vertrautheit
„Spinnen […] stricken" (V. 14)	Personifikation	Stricken als menschliche Fähigkeit, Spinnen werden vermenschlicht und wirken so dem Menschen näher

Seite 30 ▓1.▓ Anapher

Seite 30 ▓2.▓ Die Aussage wird verallgemeinert, sie betrifft viele Menschen.

Seite 30 ▓3.▓

Beispiele aus dem Text	Sprachliches Mittel	Wirkung/Deutung
„Man zählt die Tage. Und man zählt die Gelder." (V. 4)	Anapher, Parallelismus	Leben in der Stadt erscheint monoton
„Man träumt […]./Man träumt […]." (V. 8–9)	Anapher, Parallelismus	betont die Flucht des lyrischen Ichs aus dem Alltag in der Stadt
„Und möchte in die Stille zu Besuch." (V. 10)	Ellipse	Wunsch des lyrischen Ichs nach Ruhe, hervorgehoben durch die Verkürzung des Satzes
„Mit Bäumen […] mit Brüdern […]" (V. 17)	Alliteration	Natur („Bäume") und Menschen („Brüder") sind miteinander verbunden.

Seite 31 ▓1.▓ Das Gedicht „Die Wälder **schweigen**" wurde von **Erich Kästner** verfasst und ist **1936** zum ersten Mal erschienen.

Seite 31 ▓2.▓ Das Gedicht handelt von den negativen Seiten des Stadtlebens, dem die Natur als positiv gegenübergestellt wird.

Seite 32 ▓3.–5.▓ **Individuelle Lösungen**

Die ersten Schritte ins Berufsleben – das Praktikum vorbereiten

Seite 33 1./2. **Individuelle Lösungen**

Seite 34 1. Pünktlichkeit = genaue Einhaltung von Terminen
Leistungsbereitschaft = bereit sein, seine Arbeit gründlich zu erledigen
Disziplin = Einhalten von Arbeitsanweisungen, Vorschriften und Sicherheitshinweisen
Sauberkeit/Ordnung = ordentliches und systematisches Arbeiten
Ehrlichkeit = vertrauenswürdig gegenüber Chef, Mitarbeitern und Kunden handeln
Ausdauer = Einsatzbereitschaft auch bei monotonen Arbeiten

Seite 34 2. a) Ehrlichkeit
b) Sauberkeit/Ordnung
c) Pünktlichkeit
d) Leistungsbereitschaft
e) Disziplin/Ausdauer
f) Ausdauer/Disziplin

Seite 35 3. **Individuelle Lösung**

Seite 37 1. **Mögliche Lösung:**
Stichwortzettel A
Vorteile:
- Nennung des Praktikumstags
- Nennung des Datums

Nachteile:
- keine Unterteilung der Tätigkeiten nach Uhr- oder Tageszeit
- Ungenauigkeit der Tätigkeitsbeschreibung

Stichwortzettel B
Vorteile:
- Nennung des Praktikumstags
- Nennung der Arbeitszeit
- Unterteilung der einzelnen Tätigkeiten

Nachteile:
- Keine Unterteilung nach Uhrzeit

Stichwortzettel C
Vorteile:
- Nennung des Praktikumstags
- Nennung des Datums
- Nennung der Arbeitszeit
- besonderer Tageszusatz
- Unterteilung des Stichwortzettels in Uhrzeit, Tätigkeit und Anmerkung
- detaillierte Stichworte

Nachteil:
- noch genauere Beschreibung der Tätigkeiten insbesondere am Vormittag

Seite 39 1. **Mögliche Lösung:**
Tagesbericht vom 28.5.2013 (7. Praktikumstag)
Mein siebter Arbeitstag begann um 9.00 Uhr mit einer besonderen Aufgabe, der Vorbereitung der Behandlungsräume für den Fangotag. Dazu rührte ich unter Anleitung eines

Mitarbeiters die Fangomasse an. Sie sieht aus wie Matsch und riecht streng. In der Zeit von 10.00 – 13.00 Uhr schaute ich dann zu, wie Fangobehandlungen durchgeführt werden. Anschließend machte ich Mittagspause.

Die dauerte an diesem Tag nur ca. 30 Minuten, da ich einen Physiotherapeuten zu Hausbesuchen begleiten konnte. Dazu fuhren wir mit dem Firmenwagen zu verschiedenen Patienten, die zu Hause behandelt werden, weil sie aus unterschiedlichen Gründen (Alter, gebrochene Knochen etc.) nicht in die Praxis kommen konnten. Der Physiotherapeut arbeitete mit dem Patienten, indem er z. B. Gehübungen oder Übungen zur Stärkung der Rückenmuskulatur mit ihnen durchführte. Manche Patienten bekamen aber auch eine Massage. An diesem Tag behandelte er viele ältere Menschen, die sehr nett waren. Trotzdem wurde mir im Laufe des Nachmittags langweilig, da ich oft nur zuschauen konnte.

Seite 39 **2.** **Individuelle Lösung**

Schritt für Schritt – Vorgänge beschreiben

Seite 41 **1.** **Bezeichnung des Arbeitsvorgangs:**
Haare waschen

Benötigte Materialien:
Waschhandschuhe, wasserdichter Umhang, passendes Shampoo, Handtücher, Kamm, Bürste

Reihenfolge der einzelnen Handlungsschritte:
- Umhang und Handtuch umlegen
- Waschbecken heranziehen
- Waschbecken und Sitz passend einstellen
- Wasser auf Hauttemperatur einstellen
- Haare mit Handbrause anfeuchten
- Haare shampoonieren
- Shampoo ausspülen (Stirn zu Hinterkopf)
- Wasser abstellen
- Haare leicht ausdrücken
- Handtuch um Kopf des Kunden wickeln
- Waschbecken wegschieben

Besonders zu beachtende Punkte bei diesem Arbeitsvorgang:
- Umhang muss richtig angelegt werden
- Beckenrand muss Nacken umschließen
- Wassertemperatur fortlaufend kontrollieren
- nachfragen, ob für Kunden alles angenehm ist
- Shampoo gründlich ausspülen
- nasse Handtücher zur Schmutzwäsche

Seite 41 **2.** **Mögliche Lösung:**
Die Haarwäsche gehört zu den häufigsten Tätigkeiten eines Friseurs. Zur Vorbereitung der Haarwäsche sollten **zunächst** alle notwendigen Werkzeuge und Hilfsmittel bereitgelegt werden. **Dabei** handelt es sich um Waschhandschuhe, einen wasserdichten Umhang, passendes Shampoo, Handtücher, Kamm und Bürste.
Als Erstes legt man dem Kunden Umhang und Handtuch um. **Dabei ist darauf zu achten**, dass der Umhang richtig angelegt wird, da ansonsten die Kleidung des Kunden nass wird. **Nachdem** man das Waschbecken an den Kunden herangezogen und passend zur Sitzhöhe des Kunden eingestellt hat, stellt man das Wasser auf Hauttemperatur ein. **Wenn** die

Temperatur passend ist, feuchtet man die Haare mit der Handbrause an. **Danach** werden die Haare shampooniert. **Dabei darf nicht vergessen** werden, fortlaufend die Wassertemperatur zu kontrollieren. **Außerdem** sollte man den Kunden während des Vorgangs fragen, ob das Haarewaschen für ihn angenehm ist. Nach der gründlichen Haarwäsche kann das Shampoo von der Stirn zum Hinterkopf ausgespült werden. **Wichtig ist es** dabei, dass das Shampoo gründlich aus den Haaren gespült wird. **Zum Schluss** stellt man das Wasser aus, drückt die Haare des Kunden leicht aus, wickelt ihm ein trockenes Handtuch um den Kopf und schiebt das Waschbecken weg. Hierbei **ist darauf zu achten**, dass der Kunde von gegebenenfalls nass gewordenen Handtüchern befreit wird. Diese sollten jetzt in die Schmutzwäsche gebracht werden. **Anschließend** kann der Kunde weiterbehandelt werden.

Seite 43 　**1.** 　　1-E, 2-C, 3-G, 4-F, 5-A, 6-H, 7-J, 8-I, 9-B, 10-D

Seite 43 　**2.** 　　**Mögliche Lösung:**
Einen Fahrradreifen flicken

Benötigte Materialien:
Luftpumpe, Schmirgelpapier, Schraubenschlüssel, Reifenheber, ein Gefäß mit Wasser, Gummikleber, Flicken aus dem Fahrradladen, ein kleines Kästchen für die Ventilteile

Reihenfolge der einzelnen Arbeitsschritte:
Zunächst wird das Fahrrad umgedreht und auf Sattel und Lenkergabel gestellt. Mit einem Schraubenschlüssel werden die Radmuttern in der Mitte gelöst. Anschließend kann das Rad abgenommen werden. Mithilfe eines Reifenhebers zieht man den Reifen und den Radschlauch von der Felge. Nun kann das Ventil abgeschraubt werden. Der Schlauch kann jetzt vorsichtig von der Felge gezogen und mit einer Luftpumpe aufgepumpt werden. Um herauszufinden, wo der Schlauch defekt ist, macht man eine Wasserprobe: Dazu hält man den Schlauch Stück für Stück unter Wasser. Wenn Luftblasen aufsteigen, ist die defekte Stelle gefunden. Die schadhafte Stelle muss vor der Reparatur mit Schmirgelpapier angeraut werden, damit der Flicken besser hält. Anschließend kann der Gummikleber rund um die schadhafte Stelle verteilt werden. Er muss ca. fünf Minuten antrocknen. Nach dem Antrocknen des Klebers wird der Flicken unter festem und längerem Drücken auf die schadhafte Stelle geklebt. Nach einigen Minuten, in denen der Kleber nun vollständig trocknet und aushärtet, wird der Schlauch wieder unter den Mantel zurückgesteckt und Schlauch und Mantel wieder auf die Feige gezogen. Zum Schluss wird das Rad aufgepumpt und die Ventilmutter festgedreht. Wenn das Rad in das Gestell eingesetzt ist, wird die Radmutter mit dem Schraubenschlüssel wieder festgeschraubt.

Besonders zu beachten ist dabei:
Beim Abziehen des Reifens und des Radschlauchs von der Felge ist es wichtig, nichts Spitzes zu benutzen, damit Reifenmantel und Schlauch nicht beschädigt werden.
Nach dem Abschrauben der Radschrauben und des Ventils empfiehlt es sich, die Schrauben und die Ventilteile sicher in einem kleinen Kästchen zu verstauen, damit man sie später beim Zusammenbau griffbereit hat.
Es ist wichtig, beim Aufkleben des Flickens eventuelle Luftblasen unter dem Flicken vor dem endgültigen Trocknen und Aushärten des Klebers durch Glattstreichen zu entfernen.

Betriebspraktikum: Ja oder Nein? –
Argumentieren und Erörtern

Seite 44

Ist ein zweiwöchiges Betriebspraktikum in der neunten Klasse wirklich sinnvoll?	Pro: Das Betriebspraktikum ist sinnvoll.	Kontra: Das Betriebspraktikum ist nur wenig sinnvoll.
A: Durch die Praktikumszeit geht wichtige Schulzeit verloren, in der man für Klassenarbeiten üben könnte.		X
B: Man lernt seinen Traumberuf besser kennen.	X	
C: Es ist möglich, erste Kontakte zu knüpfen, um später eine bessere Chance bei einer Bewerbung zu haben.	X	
D: Die Betriebe haben oft hat keine sinnvollen Aufgaben, die ein Praktikant ohne Ausbildung ausüben kann.		X
E: Die Erfahrungen helfen bei der Entscheidung für oder gegen einen Beruf.	X	
F: Die Praktikumsberichte für die Schule stellen einen erhöhten Arbeitsaufwand dar.		X
G: Die Schüler sind zu jung, um über ihre Berufswahl entscheiden zu können.		X
H: Die Praktikumszeit ist zu kurz, um den Beruf wirklich kennenlernen zu können.		X

Seite 44 2./3.

Weitere mögliche Pro-Argumente:
- Gefällt einem die Arbeit im Praktikum nicht, kann man sich schon vor einer möglichen Ausbildung gegen den Beruf entscheiden.
- Man wird dadurch in der Schulzeit besser auf das spätere Berufsleben vorbereitet.
- Es ist wichtig, auch Lernorte außerhalb der Schule kennenzulernen, wie es in einem Praktikum geschieht.
- …

Weitere mögliche Kontra-Argumente:
- Viele Wunschbetriebe nehmen keine Praktikanten bei sich auf.
- Die Betriebe beschweren sich über die Menge an Praktikanten, die jedes Jahr ein Praktikum bei ihnen machen wollen.
- Die eigenständige Bewerbung als Praktikant erfordert Selbstbewusstsein und ist nicht für alle Schüler leicht.
- …

Seite 45 1. **Mögliche Lösung:**

Kfz-Mechanikerin, Industriekaufmann, Zahnarztassistentin oder noch gar keine Idee? Für viele Schüler ist die Berufswahl eine schwierige Entscheidung, schließlich wird man sein Leben lang in diesem Beruf arbeiten. Doch hilft ein zweiwöchiges Betriebspraktikum in der neunten Klasse tatsächlich, diese Entscheidung zu treffen, oder ist es nur eine willkommene Ablenkung zum Schulalltag? Ich selbst stelle mir diese Frage immer wieder. Auch die Diskussionen im Zusammenhang mit der Vorbereitung des Betriebspraktikums in unserer

Klasse zeigen, dass oft vielen Schülern der Sinn und Wert eines schulischen zweiwöchigen Betriebspraktikums in der neunten Klasse nicht klar ist. An diese Klassendiskussion anknüpfend werde ich im Folgenden die Frage erörtern, ob ein zweiwöchiges Betriebspraktikum in der neunten Klasse während der Schulzeit sinnvoll ist. Schließlich könnte man erste Berufserfahrungen ja auch in den Ferien sammeln, womit ein schulisches Betriebspraktikum während der Schulzeit überflüssig wäre.

Seite 46 **1.** *Behauptung:* Die Erfahrungen, die man während des Betriebspraktikums sammelt, helfen bei der Entscheidung für oder gegen einen Beruf.
Begründung: Die meisten Menschen wissen schon nach wenigen Tagen in einem Betrieb, ob eine Tätigkeit etwas für sie ist oder nicht.
Beispiel: Mein Onkel ist Zahntechniker. Er hat mir erzählt, ihm sei durch das Praktikum in der neunten Klasse klar geworden, dass sein damaliger Traumberuf Tierpfleger doch nichts für ihn war. Nach dem Praktikum als Tierpfleger sei er sich ganz sicher gewesen, dass er lieber etwas Handwerkliches machen wollte.
(Pro-Argument)

Behauptung: Das Betriebspraktikum während der Schulzeit kostet vor allem Zeit zum Lernen.
Begründung: Wenn die Schüler in den Ferien ein Praktikum machen würden, könnte man sich besser auf die Klassenarbeiten und Abschlussprüfungen vorbereiten.
Beispiel: In der Karl-Marx-Schule hat man das Betriebspraktikum während der Schulzeit abgeschafft, um mehr Zeit zu haben, die Schüler auf die Abschlussprüfungen vorzubereiten. Meine Freunde, die ich dort habe, sind mit dem Vorgehen sehr zufrieden.
(Kontra-Argument)

Behauptung: Die Praktikumsmappe geht nur zu einem sehr geringen Teil in die Note für die Fächer Deutsch und Wirtschaft ein.
Begründung: So stellen die Praktikumsberichte für die Schule einfach einen zu hohen Arbeitsaufwand dar, der sich nicht lohnt.
Beispiel: Die Zehntklässler, die letztes Jahr ihr Betriebspraktikum absolviert haben, haben uns erzählt, dass sie jeden Abend noch Notizen über den Arbeitstag anfertigen mussten und ein ganzes Wochenende für das Ausformulieren der Praktikumsberichte benötigt haben.
(Kontra-Argument)

Seite 47 **2.** **Mögliche Lösungen:**
Man lernt seinen Traumberuf besser kennen, weil man erste Erfahrungen sammeln und sich genau überlegen kann, ob dieser Beruf wirklich das Richtige für einen ist. Laut Siegfried Meier, dem Leiter der Agentur für Arbeit in Hannover, ist es gerade für Jugendliche besonders wichtig, möglichst viele Einblicke in die Berufswelt zu bekommen, da ihnen so auch bewusst wird, dass ihr Traumberuf möglicherweise gar nicht passend für sie ist.

Man kann erste Kontakte knüpfen, um später bessere Chancen bei einer Bewerbung zu haben. So haben sowohl die Schülerinnen und Schüler als auch die Betriebe die Möglichkeit, sich bereits vor einer angestrebten Ausbildung kennenzulernen. Ähnlich erging es auch meinem großen Bruder, der sein Praktikum in einem Betrieb gemacht und nun dort auch eine Ausbildungsstelle als Industriekaufmann bekommen hat. Zu mir sagte er, dass dies ohne die zuvor geknüpften Kontakte, bei 61 Bewerbern auf diesen Ausbildungsplatz, kaum möglich gewesen wäre.

Seite 49 **1.** Der Verfasser ist der Meinung, dass ein Praktikum als erster Einblick in die Berufswelt nicht sinnvoll ist. Er legt zunächst die Argumente, die gegen seinen Standpunkt sprechen, dar, um dann die Argumente zu entfalten, die für seinen Standpunkt sprechen. So führt er den Leser von dem Gegenstandpunkt weg zu seiner eigenen Meinung hin.

Seite 49 **2.** **Mögliche Lösung:**

Ist ein zweiwöchiges schulisches Betriebspraktikum in der neunten Klasse wirklich sinnvoll?

1 **Einleitung**

2 **Hauptteil**

2.1 **Antithese:** Ein Praktikum ist sinnvoll, um einen ersten Einblick in die Berufswelt zu bekommen.

2.1.1 **Kontra-Argument 1:** Man kann herausfinden, ob einem der Beruf wirklich gefällt.

2.1.2 **Kontra-Argument 2:** Betriebe lernen spätere Bewerber schon früh kennen.

2.1.3 **Kontra-Argument 3:** Es ist möglich, während des Praktikums erste Kontakte zu knüpfen.

2.2 **Überleitung** vom Gegenstandpunkt zum eigenen Standpunkt

2.3 **These:** Ein Praktikum kann keinen guten Einblick in die Berufswelt liefern und ist daher nicht sinnvoll.

2.3.1 **Pro-Argument 1:** Die Praktikumsberichte stellen einen zu hohen Arbeitsaufwand dar.

2.3.2 **Pro-Argument 2:** Es gibt Betriebe, die sich keine Mühe mit den Praktikanten geben.

2.3.3 **Pro-Argument 3:** Die Praktikumszeit lässt sich in der Schule besser nutzen.

3 **Schluss:** Abwägung und eigene Entscheidung

Seite 49 **3.** **Mögliche Lösung siehe Aufgabe 2**

Seite 50 **1.** Zum einen spricht der erhöhte Arbeitsaufwand für die Schülerinnen und Schüler gegen ein Praktikum in der Schulzeit. Neben der normalen Arbeitszeit in einem Betrieb müssen Notizen für einen Praktikumsbericht erstellt werden. Demzufolge müssen die Schülerinnen und Schüler theoretisch sogar mehr arbeiten als die Angestellten des Betriebs. Dies wurde mir auch von einem Freund bestätigt, der in der Zeit seines Schulpraktikums in der neunten Klasse keine Zeit für seine Hobbys mehr aufbringen konnte und deshalb auch nicht an einem wichtigen Handballturnier teilnehmen konnte.
Außerdem lässt sich die Zeit des Praktikums auch viel besser in der Schule nutzen. Schließlich soll gerade in der Schule der Grundstein für den späteren Traumberuf gelegt werden, indem man ein breites Allgemeinwissen erlernt, das einem in jedem Beruf weiterhelfen kann. Aus diesem Grund könnte man in den zwei Wochen des Praktikums auch gut für die nächste Mathematik- oder Englischarbeit lernen und bekäme darüber hinaus auch bessere Chancen bei möglichen Einstellungstests.

Seite 51 **1.** **Mögliche Lösung:**

Zusammenfassend lässt sich feststellen, dass ein zweiwöchiges Betriebspraktikum in der neunten Klasse während der Schulzeit nicht sinnvoll ist. Schüler erhalten zwar im Rahmen eines solchen Praktikums die Möglichkeit, erste Kontakte zu knüpfen und sich in einem Betrieb vorzustellen. Soweit dies in der kurzen Zeit möglich ist, können einige sicher auch herausfinden, ob ihnen der Beruf wirklich gefällt.
Weit wichtiger für die eigene Zukunft ist aber, dass man in der Schulzeit möglichst viel lernt, um sich auf das Berufsleben vorzubereiten. Dies ist jedoch in der Zeit des Praktikums nicht möglich. Ein großes Problem ist weiter, dass immer mehr Betriebe die Praktikanten lästig finden und sich deshalb nicht um sie kümmern.
Aus diesen Gründen bin ich für die Abschaffung des schulischen Betriebspraktikums in der neunten Klasse, da so die Zeit in der Schule für wirklich wichtige Lerninhalte genutzt werden kann. Dies hilft mir auch nach der Schule, möglichst viele Berufe ergreifen zu können. Das ist wichtiger, als in einem schulischen Betriebspraktikum, das fast die Arbeit des zweiten Halbjahres ausmacht, einen Beruf oberflächlich kennenzulernen, mit dem sowieso die meisten Schüler nach der Schule nichts zu tun haben werden.

Wir sollten uns als Klasse an die SV wenden, damit diese dafür sorgt, dass die Regeln bezüglich des schulischen Betriebspraktikums in der neunten Klasse an unserer Schule geändert werden.

Seite 51 `2.` **Individuelle Lösung**

Deine Lieblings-Apps – Werbung analysieren

Seite 52 `1.` Die richtige Zuordnung lautet:

1I: Zusatzhinweise	7/A: Bild 1: Blickfang
2/F: Firmenlogo 1: Blickfang	8/J: Hinweise auf rechtliche Informationen
3/C: Bildhintergrund	9/H: Hinweis auf Verkaufsstellen
4/E: Produktname	10/B: Bild 2: Abbildung des Produkts
5/D: Copytext (= Fließtext)	11/K: Slogan
6/G: Firmenlogo 2	

Seite 53 `1.`

Text der Werbe-anzeige	Besonderheiten der sprachlichen Gestaltung und ihre Wirkung
Giga-Pass	**Superlativ/Anglizismus** positive Vorstellungen des Tarifs: insbesondere besonders großzügiges und nicht auch bei intensiver Internetnutzung nicht zu verbrauchendes Datenvolumen/Eindruck von Modernität und Jugendlichkeit …
Ready?	**Verwendung englischer Sprache/rhetorische Frage** Eindruck von Modernität und Jugendlichkeit bzw. besonderer Nähe zur Jugend/Eindruck der Alternativlosigkeit zu anderen Angeboten …
Wähle zwischen Chat-, Social-, Music-und Videopass	**direkte Anrede/Anglizismen** Eindruck der Modernität und Jugendlichkeit/besondere Nähe zum Kunden/Eindruck von besonderen Wahlmöglichkeiten des Kunden bei den beworbenen Tarifen …
Deine Lieblings-Apps	**Anglizismen/Metapher/direkte Anrede** Eindruck der Modernität u. Nähe zum Kunden/Herausstellen eines besonderen Wohlgefühls und des Eindrucks einer besonderen nur auf den Kunden abgestimmten Leistung der Tarife bzw. des Eindrucks, dass die Nutzung dieser Apps mit anderen Anbietern nicht möglich sei.
Nutze deine Lieblings-Apps	siehe oben
The future is exciting.	**Verwendung der englischen Sprache** Eindruck von Modernität und bes. Nähe zur Welt der jüngeren in einer globalen Welt lebenden Generation/Eindruck, dass die Technik hinter den Tarifen besonders neu und hochentwickelt
Red- und Young-Tarife	**Anglizismen** Eindruck, dass es sich um Tarife handelt, die besonders für die Bedürfnisse von jungen Menschen abgestimmt sind/Erwecken des Eindrucks von besonderer Modernität und Internationalität bzw. Ansprechen eines globalen Lebengefühls

Seite 54 **2.** (mögliche Lösung) Mit dem Produkt positiv verbundene Vorstellung sind z. B: Modernität/ Freiheit! Unabhängigkeit/jugendlicher und moderner Lebensstil bzw. Style/unbeschwertes Leben insbesondere der Angehörigen der Generation bis 30 Jahre …

Dem Kunden erhält z. B. folgende Versprechen: besonders auf seine Kommunikations- und Userbedürfnisse abgestimmte Tarife/Erwerb des technisch Neuesten/Möglichkeit des besonders hohen Datenverbrauchs ohne Mehrkosten I Teilhabe an einen modern-digitalisierten Lebensstil/…

Seite 55 **1.** Ein möglicher Schreibplan könnte z. B. so aussehen:

Schreibplan zur Untersuchung einer Werbeanzeige	
Werbung für	spezielle Handykarte für Jugendliche (Red- und Young-Tarife)
Werbung von	Vodafone
Blickfang (Bild 1)	junger Mann auf einem Skateboard/Selfieaufnahme/Logo umrahmt ihn
Produktabbildung (Bild 2)	rot-weiße Gutscheinkarte von Vodafone mit vier Tarifen (Chat-/Social-/Music-/Videopass)
Hintergrund	sonnenbeschienenes Feld, Asphaltstraße, Stadt weit weg im Hintergrund (= Eindruck von Freiheit und Unabhängigkeit) / ländliche Umgebung = Skater kann Handy und Apps jedoch auch hier ohne Probleme nutzen
Slogans	z. T. englische Slogans/„Deine Lieblings-Apps ohne Datenverbrauch" neben dem Skater: Nutzung der Apps ohne Einschränkung durch Vodafone Tarife = unbeschwertes Leben genießen wie der Skater/„Neu in allen Red- und Young-Tarifen inklusive" = Angebot für junge Kunden u. Eindruck der Modernität
Copytext (Fließtext)	Kurze Appelle u. Ansprache, z. T. Englisch: „Wähle zwischen … zu verbrauchen", „The future is exciting." „Ready?" = Herausheben der Individualität und Modernität des Angebots, des uneingeschränkten Internetzugriffs und der Nähe zu den jugendlichen Kunden
Logo	Zweifacher Abdruck: Umrahmung des Skaters und unten rechts

Seite 55 **2.** Individuelle Lösungen auf der Grundlage der vorherigen Untersuchung der Werbeanzeige.

Seite 56 **1.** 1. **Trifft zu**: Insbesondere durch die Herausstellung, dass die Milch von frei weidenden Kühen hergestellt wird, wird die Natürlichkeit und Gesundheit des Produkt bzw. der Ammerländer Milch betont.

2. **Trifft zu:** Die Kühe werden in einer Sommerlandschaft auf einer grünen saftigen Wiese friedlich grasend abgebildet. Insbesondere haben sie auf der Weide viel Platz. Dies soll zeigen, dass diese Weidekühe sich im Gegensatz zu unter beengten Verhältnissen gehaltenen Stallkühen sich wohl fühlen.

3. **Trifft nicht zu:** Der Name der Firma Ammerländer wird in der Angabe der Internetadresse, auf den abgebildeten Milchtüten und rechts unten im Firmenlogo deutlich erkennbar dargestellt. Der Name erinnert an eine unberührte Berglandschaft oder Landschaft und betont so auch die Natürlichkeit des Produktes.

4. **Trifft nicht zu:** Dadurch, dass durch das Hauptbild und die Abbildungen auf den Milchverpackungen die weidenden Kühe gezeigt werden, wird die Art und Weise der Herstellung scheinbar herausgestellt. Der konkrete fabrikmäßige Produktionsvorgang bei der Milchherstellung wird dadurch aber gerade nicht gezeigt und so vom Betrachter hinter der dargestellten Idylle nicht mehr wahrgenommen.

5. **Trifft nicht zu:** Die Abbildungen lenken den Blick gerade auf die dargestellte Idylle und die naturbelassene Haltung der Kühe. Dies vermeidet gerade, dass der Betrachter sich

Gedanken darüber macht, dass auch diese Milch in einer Fabrik hergestellt und verpackt wird.

6. **Trifft nicht zu:** Die Textteile ergänzen die Aussagen der Bilder und betonen ebenfalls die Natürlichkeit und Gesundheit der Milch.

7. **Trifft zu:** Das Blau und Grün lassen ebenfalls an unberührte heile Natur sowie Weiden und Himmel denken. So wird die Gesamtaussage der Werbung durch die Farbgebung unterstützt.

8. **Trifft zu:** Das Wort kann in einem zweifachen Sinn verstanden werden: a) „Natürlich" kann verstanden werden als „Selbstverständlich von hier" oder als „Auf natürliche Weise produziert von hier" verstanden werden. So werden der Bezug des Produkts zur ländlichen Region wie auch seine Bio-Qualität in dem Wortspiel herausgestellt.

9. **Trifft nicht zu:** Die Werbung richtet sich an Erwachsene, die einen Haushalt zu versorgen haben und Wert auf gesunde Ernährung sowie ökologische Nachhaltigkeit von Produkten legen.

10. **Trifft nicht zu:** Der Hinweis „Ohne Gentechnik" ist wichtig. Er erhöht die Glaubwürdigkeit dass die Ammenländer Milch besonders natürlich ist.

11. **Trifft nicht zu:** Die zentralen Werbeelement sind um die Bildmitte angeordnet.

12. **Trifft zu:** Die Metapher lässt den Eindruck entstehen, als wenn die Milch direkt auf der Weide wie früher auf besonders ursprüngliche Art und Weise hergestellt wird.

Seite 57 **2.** **(mögliche Lösungen)**
Mögliche Lösungen und Versprechen der Werbung sind:
– Das Trinken der Ammenländer Milch ist besonders gesund.
– Mit dem Kauf der Milch tut der Kunde etwas Gutes für die Tiere und die Natur.
– Die Milch stammt aus einer ursprünglichen und deshalb besonders nachhaltigen Landwirtschaftsproduktion.
– ...

Seite 57 **3.** **Individuelle Lösungen**

Was wäre, wenn ... Er sagt, es sei ... – Konjunktiv

Seite 58 **1.**

Indikativ Präsens	Indikativ Präteritum	Konjunktiv II abgeleitet vom Präteritum
ich komme	ich kam	ich käme
er ruft an	er rief an	*er riefe an*
du gibst	du gabst	*du gäbest*
sie heben	*sie hoben*	*sie höben*
es reißt	*es riss*	*es risse*
er liest	*er las*	*er läse*
ich laufe	*ich lief*	ich liefe
sie graben	sie gruben	*sie grüben*
du sprichst	*du sprachst*	*du sprächest*
sie denken	*sie dachten*	sie dächten
sie sitzt	*sie saß*	*sie säße*
ihr kommt	ihr kamt	*ihr kämet*
er schreibt	*er schrieb*	er schriebe

Indikativ Präsens	Indikativ Präteritum	Konjunktiv II abgeleitet vom Präteritum	Umschreibung mit *würde* + Infinitiv
es regnet	es regnete	es regnete	*es würde regnen*
sie leben	sie lebten	sie lebten	*sie würden leben*
er putzt	*er putzte*	*er putzte*	*er würde putzen*
sie fliehen	*sie flohen*	*sie flöhen*	*sie würden fliehen*
wir geben	*wir gaben*	*wir gäben*	*wir würden geben*
sie findet	*sie fand*	*sie fände*	*sie würde finden*
du brauchst	*du brauchst*	*du bräuchtest*	*du würdest brauchen*
ich singe	*ich sang*	*ich sänge*	*ich würde singen*
wir verbieten	*wir verboten*	*wir verböten*	*wir würden verbieten*
er sitzt	*er saß*	*er säße*	*er würde sitzen*
ihr findet	*ihr fandet*	*ihr fändet*	*ihr würdet finden*
sie schwimmt	*sie schwamm*	*sie schwämme*	*sie würde schwimmen*
wir trinken	*wir tranken*	*wir tränken*	*wir würden trinken*
du singst	*du sangst*	*du sängest*	*du würdest singen*

Was wäre, wenn …
- es im Sommer nicht mehr *regnete/regnen würde?*
- ich im Lotto *gewänne/gewinnen würde?*
- du in einem Hollywoodfilm die Hauptrolle *spieltest/spielen würdest?*
- es für alle Menschen auf der Welt genug zu essen *gäbe/geben würde?*
- die große Pause eine Stunde *dauerte/dauern würde?*
- ich mit meinem Goldfisch an der Leine spazieren *ginge/gehen würde?*
- ich dreimal im Jahr Geburtstag *feierte/feiern würde?*
- er morgen um die ganze Welt *flöge/fliegen würde?*
- ich morgen Johnny Depp *träfe/treffen würde?*
- er ein paar Kilos *abnähme/abnehmen würde?*
- mir jemand jeden Tag meine schwere Schultasche *trüge/tragen würde?*
- mich der amerikanische Präsident gleich *anriefe/anrufen würde?*
- meine Geschwister sich nicht dauernd *stritten/streiten würden?*
- sich das dreckige Geschirr heute von selbst *abwüsche/abwaschen würde?*
- mein Lieblingsverein heute die gegnerische Mannschaft *schlüge/schlagen würde?*

Mögliche Lösungen:
- Ich rechnete eine komplizierte Mathematikaufgabe vor.
- Man könnte versuchen, sie davon zu überzeugen, dass ich friedlich sei.
- Ich würde das Alphabet aufschreiben.
- Ich malte die Sonne mit ihren Planeten auf.
- Ich würde mich mit Zeichensprache verständigen.
- …

Indikativ	Konjunktiv I
er ist gelaufen	*er sei gelaufen*
du sagst	*du sagest*
sie rief an	*sie habe angerufen*
sie wird winken	*sie werde winken*
er will helfen	*er wolle helfen*

du gibst	*du gebest*
sie antwortete	*sie habe geantwortet*
er liebt	*er liebe*
sie wird rennen	*sie werde rennen*
sie sind	*sie seien*
er kam	*er sei gekommen*
es wird gelingen	*es werde gelingen*
du fährst	*du fahrest*
er hatte gelesen	*er habe gelesen*
es wird gut	*es werde gut*

Seite 62 **2.** **Mögliche Lösungen:**

- Alex meint, Konstantin **sei** schon zum Training **gegangen**.
- Kim verbreitet, Ramona **komme** heute nicht mit ins Kino.
- Jana sagt, Leon **habe sich** mit seiner Freundin **gestritten**.
- Umut erzählt, Kevin **spiele** für einen anderen Verein.
- Aiysche hat gehört, Maren **habe sich** mit Sergej **getroffen**.
- Melina erzählt, Marvin **sei ihr** völlig gleichgültig.

Seite 63 **1.**

- Beatrice wandte ein, die Schüler **hätten** diese Vorschläge bereits vor Wochen **abgelehnt**.
- Die Ärzte teilten mit, dem Patienten **werde** es morgen schon viel **besser gehen**.
- Tim erzählt, der Dackel der Nachbarin **sei** mit schleifender Leine an ihm **vorbeigesaust**. Er **sei** der Letzte **gewesen**, der ihn **gesehen habe**.
- Claudia befürchtet, sie **hätte** morgen nichts zum Anziehen.
- Ina und Michelle sagten, sie **kämen** morgen (*würden kommen*) und **brächten** das Buch **mit** (*würden mitbringen*).
- Die Kinder riefen, sie **hätten** ein Gummiboot.
- Die Großmutter glaubt, ihre Enkel **hätten** ihren Geburtstag **vergessen**.
- Nina sagt, sie **würde** gerne **joggen**.
- Sabrina betont, wenn es nach ihr **ginge**, **werde** die Schule morgen erst um 9.00 Uhr **beginnen**.
- Marcel schwärmte, der Urlaub auf Langeoog **sei** wirklich schön **gewesen**. Nächstes Jahr **würden** sie wieder **hinfahren**.

Seite 64 **2.** Die Sängerin Jenny L. sagte, Sängerin sei ihr Traumberuf. Wenn sie auf der Bühne stehe, vergesse sie alles um sich herum und lebe sich total aus. Sie spiele jedoch auch gerne interessante Rollen in Kinofilmen.
Als Schauspielerin könne sie in die Rollen von Menschen schlüpfen, deren Leben sich grundlegend von ihrem unterscheide. Sie erfahre so sehr viel über andere, aber auch über sich. Das sei wirklich interessant und erhellend.
Viele Leute würden das behaupten. Sie könne das nicht verstehen. Sie sei nicht sehr groß, habe einen großen Hintern und auch ihre Nase sei zu breit. Trotzdem würden ihr viel Fans Liebesbriefe schicken. Sie kämen körbeweise bei ihr an.
Leider habe sie nicht genug Zeit dafür. Aber sie bemühe sich doch, möglichst vielen Menschen zu antworten.

Seite 65 **3.** **Jeder muss wissen, wo er spielen will – Interview mit Jugendnationaltrainer Christian Ziege**
Zu der Frage, wie man bei der Nationalmannschaft damit **umgehe**, dass Spieler mit Migrationshintergrund von anderen Nationen angesprochen würden, gab der Jugendnationaltrainer Christian Ziege folgende Auskunft. Er sagte, es **gebe** viele Leute, die **versuchen**

würden, Einfluss auf die Spieler zu nehmen. Er erklärte weiter, wenn ein Spieler einen türkischen Vater und eine deutsche Mutter **habe** und in Deutschland aufgewachsen **sei**, dessen Wurzeln aber in der Türkei **lägen (liegen würden)** und dessen Kultur auch türkisch **sei**, dann **sei** es für den Spieler entsprechend schwierig, sich zu entscheiden. Das Wichtigste **sei**, so Christian Ziege weiter, dass der- oder diejenige selber wissen **müsse**, was seine Kultur und welches sein Land **sei**, für das er spielen **wolle**.

Christian Ziege nahm auch zu der Frage Stellung, ob die Trainer des DFB auf diese Entscheidung Einfluss **nähmen (nehmen würden)**. Er erklärte, diese Entscheidung **müsse** jeder mit sich selber ausmachen. […] Wenn jemand **versuche**, so führte Christian Ziege weiter aus, einen Spieler für ein anderes Land abzuwerben, und der Spieler **fühle** sich eigentlich da nicht wohl, **mache** es für ihn keinen Sinn, weil der Spieler es niemals mit hundertprozentiger Überzeugung **machen werde**.

Nomen/Substantiv, Verb, Adjektiv … – Wortarten

Seite 66 1.

Q	A	D	J	E	K	T	I	V	E	Ö	N	F	P	L	E	S	E	N	Ü	O	S	W	B
H	I	I	R	C	O	K	I	O	Ä	M	B	V	Y	A	W	Ü	W	O	Q	U	R	E	A
A	D	E	M	O	N	S	T	R	A	T	I	V	P	R	O	N	O	M	E	N	L	D	L
M	U	U	F	D	J	M	C	H	J	P	A	L	R	B	R	K	E	E	W	S	Ö	S	D
K	E	A	H	D	U	W	A	J	Y	D	Z	L	G	T	E	M	U	N	T	E	R	I	L
P	E	R	S	O	N	A	L	P	R	O	N	O	M	E	N	H	B	D	U	R	Z	N	U
A	H	T	D	E	K	Q	S	T	N	R	P	A	K	X	Ü	S	S	L	A	F	J	R	B
U	Ö	I	M	B	T	N	T	F	P	T	S	L	O	W	D	E	S	Ä	D	I	E	S	E
S	K	K	B	L	I	F	E	J	F	J	D	M	T	I	K	I	F	U	V	P	R	E	V
E	B	E	I	P	O	S	S	E	S	S	I	V	P	R	O	N	O	M	E	N	F	G	O
G	L	L	O	N	N	D	Z	N	S	W	E	S	G	A	S	N	V	R	R	M	U	R	R
L	F	B	Z	V	E	R	B	E	N	G	N	E	M	Z	J	G	S	F	B	E	D	Ö	S
M	R	P	E	A	N	N	C	S	B	I	S	U	B	S	T	A	N	T	I	V	E	W	K
M	E	U	R	S	C	D	Ö	T	P	D	G	V	T	K	X	O	R	S	E	Ä	R	J	N
F	I	N	D	E	N	W	P	R	Ä	P	O	S	I	T	I	O	N	E	N	B	X	T	P

Seite 67 2.   **Mögliche Wortbildungen:**

Nomen/Substantive:	Riese, Rad, Eisen, Reis, Rasen, See, Reisen, Eid, Neid, Narr, Seide, Eis
Artikel:	der, die, das, ein, eine
Verben:	reden, reisen, irren, sirren, rasen, sein
Adjektive:	rein, irre
Personalpronomen:	er, es, sie
Possessivpronomen:	dein, sein
Demonstrativpronomen:	dies, diese, dieser
Präpositionen:	an, in
Adverbien:	nie
Konjunktionen:	da

3.   Individuelle Lösungen

1.   **Zum ersten Mal allein in den Urlaub**

a) Carolin möchte nach ihrem mittleren Schulabschluss noch weiter zur Schule gehen, **aber vorher** plant sie eine Reise, um richtig abzuschalten **und** neue Kraft zu schöpfen.

b) Zum ersten Mal will sie ohne ihre Familie verreisen **und nur** mit ihrer Freundin Lili an einer Jugendreise teilnehmen.

c) Die Eltern waren **zuerst** nicht begeistert von den Plänen ihrer Tochter.

d) Sie fanden, **dass** sie **noch** viel zu jung ist, um auf eigene Faust loszufahren.

e) **Glücklicherweise** ließen sie sich überzeugen, **als** sie die Prospekte von einem bekannten Reiseveranstalter lasen **und** erfuhren, **dass** die Mädchen von geschulten Betreuern und Betreuerinnen begleitet werden würden.

f) **Außerdem** kannte Carolins Tante eine befreundete Familie, deren Söhne **auch** an einer solchen Fahrt teilgenommen hatten.

g) Sowohl die Eltern als auch die Söhne waren **ganz** zufrieden gewesen.

h) Deshalb erhielten Carolin **und** Lili **schließlich** die Erlaubnis.

i) **Jetzt** überlegen sie, **ob** sie lieber in ein Jugendcamp am Mittelmeer **oder** in ein Jugendhotel an der Ostsee fahren wollen.

2.
1. Der Abfalleimer <u>über</u> dem Sonnenschirm, der ganz rechts steht, fehlt.
2. Eine Stange <u>unter</u> dem dritten Sonnenschirm am unteren Bildrand fehlt.
3. Ein Mauerstück <u>neben</u> der Treppe am linken Bildrand fehlt.
4. Palmblätter <u>in</u> der unteren rechten Bildecke fehlen.
5. Das kleine Fenster <u>in</u> der linken Hauswand ist nicht blau, sondern grün.
6. Die Verstrebungen <u>auf</u> der geöffneten blauen Haustür fehlen.
7. Ein Fenster <u>in</u> dem rechten weißen Haus ist doppelt.
8. Der Teil einer Palme <u>in</u> der Mitte des rechten Bildrandes fehlt.
9. Schatten <u>auf</u> dem Felsen <u>in</u> der linken oberen Bildecke fehlen.
10. Ein Gewächs <u>auf</u> dem Felsen <u>über</u> dem linken weißen Haus fehlt.
11. Ein Busch <u>auf</u> dem Felsen <u>über</u> dem rechten weißen Haus ist hinzugekommen.

1.   **Benitas großer Traum**

Kurz nach ihrem fünfzehnten Geburtstag <u>verfolgte</u> Benita im Fernsehen eine Reportage über junge Leute, die nach der Schule erst für ein Jahr ins Ausland <u>gingen</u>. Danach <u>begannen</u> sie dann mit ihrer Berufsausbildung. Benita <u>fand</u> diese Idee faszinierend. So etwas <u>wünschte</u> sie sich auch. Ihre Eltern <u>dämpften</u> aber ihre Begeisterung – zunächst.
Zeitform: **Präteritum**

„Du <u>bist</u> doch gerade erst fünfzehn <u>geworden</u>. Du <u>hast</u> sicher nicht genau <u>zugehört</u>. Wir <u>sind</u> richtig <u>geschockt</u> von deinen Plänen."
Zeitform: **Perfekt**

Doch Benita <u>ließ</u> sich nicht beirren. Sie <u>suchte</u> nach Informationen über die verschiedenen Möglichkeiten. In die engere Wahl <u>kam</u> eine Au-pair-Stelle.
Zeitform: **Präteritum**

Unter Au-pair <u>versteht</u> man junge Leute, die in einer Familie tätig <u>sind</u> und dafür Verpflegung, Unterkunft und ein Taschengeld <u>bekommen</u>. So <u>lernen</u> sie die Sprache und die Kultur des Gastlandes <u>kennen</u>. Die meisten Au-pair-Mädchen und -Jungen <u>betreuen</u> Kinder in den Familien und <u>verrichten</u> leichte Hausarbeiten.
Zeitform: **Präsens**

Während des Betriebspraktikums im neunten Schuljahr <u>hatte</u> Benita in einer Bäckerei <u>geholfen</u>. Dort <u>war</u> man mit ihr sehr zufrieden <u>gewesen</u>.
Zeitform: **Plusquamperfekt**

Deshalb <u>konnte</u> sie wieder in diesem Betrieb arbeiten. Vor der Schule und an den Wochenenden <u>half</u> sie in der Bäckerei und <u>verdiente</u> so das Geld für den Flug. Dieses Engagement <u>überzeugte</u> dann auch die Eltern und sie <u>unterstützten</u> ihre Tochter nun bei ihrem Vorhaben.

Zeitform: **Präteritum**

Am Ende des Schuljahres <u>wird</u> Benita ihren Schulabschluss <u>machen</u>. Nur vier Wochen später <u>wird</u> sie dann schon in den USA bei ihrer Gastfamilie <u>leben</u>. Dort <u>wird</u> sie die dreijährigen Zwillinge <u>betreuen</u> und ihr Englisch <u>verbessern</u>.

Zeitform: **Futur**

Seite 72 **1.**

Vollverb	Hilfsverb …		Modalverb …
	+ anderes Verb (Zeitenbildung)	als Vollverb	als Hilfsverb
informiert weist hin besorgt wendet bestellt	*wird verlassen* *werden erhalten*	*hat, ist*	soll gehen kann vorstellen will ausüben müssen interessieren sollen arbeiten

Seite 72 **2.** **Einsatzmöglichkeiten im freiwilligen ökologischen Jahr (FÖJ)**

Henning erfährt, dass es vielfältige Einsatzmöglichkeiten im FÖJ gibt.

In größeren Städten bieten Zoos Stellen an. Die jungen Leute *sollen* dort unter fachkundiger Anleitung Tiere pflegen und versorgen. Es *kann* aber auch vorkommen, dass sie Kindergarten- und Schülergruppen betreuen. Die freiwilligen Helfer *dürfen* sie dann zu den Tiergehegen führen und ihnen auch einiges zu den Tieren erklären.

Für Pflanzenliebhaber bieten sich Botanische Gärten an, die es auch in großen Städten gibt. Hier *müssen* sich die freiwilligen Helfer vor allem um die Blumen kümmern, aber auch die Gehwege und Lernpfade benötigen viel Pflege. Da viele tropische Pflanzen das europäische Klima nicht *mögen*, wachsen sie in speziellen Tropenhäusern und *müssen* besonders behandelt werden. In fast allen Gegenden gibt es auch spezielle Bildungseinrichtungen, in denen sich Interessierte über besondere Lebensräume von Tieren und Pflanzen informieren *können*. Ganz in Hennings Nähe befindet sich zum Beispiel ein Auenzentrum mit Informationen über die Pflanzen und Tiere einer naturbelassenen Flusslandschaft. Dort *will* Henning einmal vorbeischauen und mit den Mitarbeitern sprechen. Vielleicht *darf* er dort sein FÖJ machen.

Seite 73 **3.**

a) Junge Leute zwischen 16 und 27 Jahren können ein FÖJ machen.
b) Natur- und Umweltschutz müssen sie interessieren.
c) Die freiwilligen Helfer sollen bei der Tier- und Pflanzenpflege helfen.

Teste dich selbst! – Wortarten

Seite 74 **1.**

	Wortarten	Zeitform
Henning	Nomen/Substantiv	
hat	Verb (Hilfsverb)	
verschiedene	Adjektiv	Perfekt
Naturschutzprojekte	Nomen/Substantiv	
besucht.	Verb (Vollverb)	

Vor	Präposition	
seinem	Possessivpronomen	
Eintritt	Nomen/Substantiv	
in	Präposition	
das	Artikel	
Berufsleben	Nomen/Substantiv	Präsens
möchte	Verb (Modalverb)	
er	Personalpronomen	
gern	Adverb	
ein	Artikel	
„Freiwilligenjahr"	Nomen/Substantiv	
machen.	Verb (Vollverb)	
Diese	Demonstrativpronomen	
Möglichkeit	Nomen/Substantiv	
wird	Verb (Hilfsverb)	
es	Personalpronomen	
für	Präposition	Futur
junge	Adjektiv	
Leute	Nomen/Substantiv	
jährlich	Adverb	
geben.	Verb (Vollverb)	

(1 Punkt für jede richtig bestimmte Wortart; 1 Punkt für jede richtig bestimmte Zeitform)

Seite 74 **2.**

Hilfsverb + Vollverb zur Bildung einer Zeitform	Modalverb + Vollverb
hat besucht wird geben	möchte machen

(1 Punkt für jede richtig eingeordnete Verbform)

32 – 25 Punkte	24 – 15 Punkte	14 – 0 Punkte
Das hast du gut gemacht!	Nicht schlecht! Lies dir noch einmal die Lernboxen im Schulbuch auf den S. 244 – 250 und im Arbeitsheft auf S. 66 – 73 durch.	Wiederhole noch einmal die Übungen im Arbeitsheft (S. 66 – 73) und im Schulbuch (S. 244 – 250).

Bausteine des Satzes – Satzglieder

Seite **1. – 3.**
75/76

a) (Die Erforschung des Weltraums) (fasziniert) (viele Menschen).
b) (Heute) (ermöglichen) (uns) (Raumsonden) (viele Erkenntnisse über den Weltraum).
c) (Durch das Weltall) (fliegen) (diese Raumsonden) (viele Jahre lang).
d) (Sie) (legen) (riesige Entfernungen) (auf ihrem Weg) (zurück).
e) (Bilder von anderen Planeten) (senden) (die Raumsonden) (zur Erde).

Seite 76 **4.**

Zur Erforschung des Weltraums nutzt man oft Satelliten und Raumsonden. Satelliten umkreisen die Erde in einer festen Umlaufbahn. Raumsonden verlassen den Anziehungsbereich der Erde. Sie fliegen ins Weltall hinaus. Manche Raumsonden sollen einen bestimmten Planeten erforschen. Am Ende ihrer Reise umkreisen sie dann diesen Planeten. Den

Planeten Mars beobachten im Moment mehrere Raumsonden. Sie erkunden seine Oberfläche und senden Daten zur Erde.

Seite 76 **5.**
a) Dem Mars haben die Menschen den Namen „Roter Planet" gegeben.
b) Dies verdankt er seiner auffallend roten Farbe.
c) Um 1600 gelangen dem Astronomen Johannes Kepler genauere Beobachtungen des Roten Planeten.
d) Schon vor 350 Jahren gelang einem anderen Forscher die erste Marskarte.
e) Der Suche nach Marsbewohnern gehörte danach das besondere Interesse der Menschen.

Seite 77 **1.**
a) Im Jahr 1977 (adverbiale Bestimmung der Zeit), ins Weltall (adverbiale Bestimmung des Ortes)
b) Mit diesen Sonden (adverbiale Bestimmung des Mittels)
c) zwei Wochen vor Voyager 1 (adverbiale Bestimmung der Zeit)
d) schneller (adverbiale Bestimmung der Art und Weise), nach einiger Zeit (adverbiale Bestimmung der Zeit)
e) Wegen ihrer langen Lebensdauer (adverbiale Bestimmung des Grundes)

Seite 78 **2.**
Der Mars wird erforscht
1965 erreichte die amerikanische Raumsonde Mariner 4 den Mars. In den Jahren zuvor waren mehrere Versuche, Sonden zum Mars zu schicken, gescheitert. Mariner 4 sendete 22 Bilder des Planeten zur Erde. Die Sonde machte die Fotos mit einer Kamera während des Vorbeifluges. Die folgenden Marsmissionen lieferten mit verbesserten Geräten zahlreiche Fotos vom Mars. Wegen der vielen Bilder und Daten veränderte sich die Vorstellung der Menschen von ihrem Nachbarplaneten grundlegend. Im Jahr 1976 landeten die Sonden Viking 1 und 2 erfolgreich auf dem Mars. Sie konnten Tausende von Fotos machen und Bodenproben entnehmen, doch die Suche nach Leben auf dem Mars blieb erfolglos. In den folgenden Jahrzehnten gab es regelmäßig weitere Marsmissionen. Manche scheiterten, andere erreichten ihr Ziel. Am 6. August 2012 landete der NASA-Rover „Curiosity" auf dem Mars.

Seite 78 **3.**

Adverbiale Bestimmung				
der Zeit (6 Beispiele)	des Ortes (4 Beispiele)	der Art und Weise (4 Beispiele)	des Grundes (1 Beispiel)	des Mittels (2 Beispiele)
1965 In den Jahren zuvor während des Vorbeifluges Im Jahr 1976 In den folgenden Jahrzehnten Am 6. August 2012	zum Mars zur Erde auf dem Mars auf dem Mars	grundlegend erfolgreich erfolglos regelmäßig	Wegen der vielen Bilder und Daten	mit einer Kamera mit verbesserten Geräten

1.

a) Ca. 380 000 km beträgt die Entfernung von der Erde zum Mond.
Welche Entfernung beträgt ca. 380 000 km? Die von der Erde zum Mond.

b) Erst im 20. Jahrhundert konnten Menschen diese große Entfernung überwinden.
Was für eine Entfernung konnten Menschen erst im 20. Jahrhundert überwinden? Diese große.

c) Erhebliche Temperaturunterschiede herrschen auf dem Mond.
Was für Temperaturunterschiede herrschen auf dem Mond? Erhebliche

d) Die Temperatur, die tagsüber auf 110 Grad Celsius steigen kann, fällt nachts auf bis zu –170 Grad Celsius ab.
Welche Temperatur fällt nachts auf bis zu –170 Grad Celsius ab? Die, die tagsüber auf 110 Grad Celsius steigen kann.

e) Die Vorstellungen, die die Menschen vom Mond hatten, veränderten sich durch die Erkenntnisse des italienischen Forschers Galileo Galilei.
Welche Vorstellungen veränderten sich? Die, die die Menschen vom Mond hatten. Was für Erkenntnisse? Die des italienischen Forschers Galileo Galilei.

f) Schon 1609 erforschte Galileo Galilei, der berühmte Wissenschaftler, mit einem Teleskop den Mond.
Welcher Galileo Galilei? Der berühmte Wissenschaftler.

g) Eigentlich ist das Licht des Mondes reflektiertes Sonnenlicht.
Was für Licht? Das des Mondes.

h) Schwierig ist die Landung auf der Oberfläche des Mondes.
Welche Landung ist schwierig? Die auf der Oberfläche des Mondes.

i) Amerikanische Astronauten brachten Mondgestein zur Erde. Welche Astronauten? Amerikanische.

j) Mit dem Mondgestein wurden zahlreiche Untersuchungen durchgeführt. Was für Untersuchungen? Zahlreiche.

1.

a) Venus, die römische Göttin der Liebe, wurde zur Namensgeberin für einen Planeten unseres Sonnensystems.
Apposition

b) Auch der Mars, der der Erde näher ist als die anderen Planeten, wurde nach einem römischen Gott benannt.
Relativsatz/Attributsatz

c) Wegen der roten Farbe des Planeten benannte man ihn nach dem Kriegsgott Mars.
Adjektivattribut, Genitivattribut

d) Auf dem Planeten Merkur, der am nächsten zur Sonne steht, herrschen Temperaturen von bis zu 430 Grad Celsius.
Relativsatz/Attributsatz

e) Trotzdem gibt es an seinem Nordpol vermutlich gefrorenes Wasser.
Adjektivattribut

f) Die unbemannte Raumsonde Mariner 10 flog vor ca. 40 Jahren am Merkur vorbei und sendete Bilder des Planeten zur Erde.
Adjektivattribut, Genitivattribut

g) Jupiter, der größte Planet unseres Sonnensystems, wurde nach dem obersten Gott der Römer benannt.
Apposition

h) Die Ringe um den Saturn sind vielen Menschen bekannt.
präpositionales Attribut

i) Für eine Umrundung der Sonne braucht der Saturn fast 30 Jahre.
Genitivattribut

j) Friedrich Wilhelm Herschel aus Hannover, ein Musiker und Hobbyastronom, entdeckte 1781 den Planeten Uranus.
präpositionales Attribut, Apposition

k) Die Entfernung von Neptun zur Sonne beträgt ca. 4,5 Milliarden Kilometer.
präpositionales Attribut

l) Viele Forscher diskutieren, ob der winzige Pluto überhaupt ein Planet ist.
Adjektivattribut

Seite 83 **Gibt es Leben auf dem Mars?**

Die Suche <u>nach anderen Lebewesen im Weltall</u> (pA) hat <u>die Menschen</u> (AO) <u>schon seit Jahrhunderten</u> (ABZ) beschäftigt. <u>Auf dem Mars</u> (ABO) <u>vermutete</u> (P) man lange Zeit andere Lebensformen. <u>Im 19. Jahrhundert</u> (ABZ) glaubte man, dort von intelligenten Lebewesen gebaute Kanäle zu sehen. Die Marsbewohner, <u>auch Marsianer oder Marsmännchen genannt</u> (App), beschäftigten die Fantasie der Menschen für lange Zeit. <u>Ein Radiohörspiel</u> (S), <u>das ein amerikanischer Sender ausstrahlte</u> (RS/AS), versetzte 1938 die USA in Aufregung. <u>Dem Regisseur Orson Welles</u> (DO) war es gelungen, das Hörspiel „Krieg der Welten" wie eine realistische Reportage klingen zu lassen. Angeblich sah sich <u>die Erde</u> (S) einem Angriff <u>der Marsianer</u> (Ga) gegenüber. Diese seien <u>mit einer Raumkapsel</u> (ABM) in New Jersey, <u>einem Bundesstaat der USA</u> (App), gelandet. Von dort aus würden sie <u>die Herrschaft</u> (AO) übernehmen. <u>Tausende Amerikaner</u> (S) glaubten dem Bericht. Sie hielten die Erfindung für Realität. <u>Orson Welles</u> (S) war es <u>mit seinem Hörspiel</u> (ABM) gelungen, die Menschen in Panik zu versetzen. Viele <u>flüchteten</u> (P) <u>eilig</u> (ABAW) aus den Städten. Erst spät erkannten sie ihren Irrtum. <u>Heute</u> (ABZ) rechnet niemand mehr mit einem Angriff <u>von Marsbewohnern</u> (pA). <u>Dem Leben auf dem Mars</u> (DO) widmen Wissenschaftler aber bis heute <u>große</u> (Aa) Aufmerksamkeit. <u>Dem Marsroboter „Curiosity"</u> (DO) gelangen <u>2012</u> (ABZ) Fotos von einem ausgetrockneten Flussbett auf dem Mars. <u>Weil es früher vermutlich Wasser auf dem Mars gegeben hat</u> (ABG), glauben <u>Forscher</u> (S), dass es zumindest einfache Lebensformen auf dem Planeten gegeben haben könnte.

(Aufgabe 1: 1 Punkt für jedes richtig bestimmte Satzglied, insgesamt 21)
(Aufgabe 2: 1 Punkt für jedes richtig bestimmte Attribut, insgesamt 7)

28 – 21 Punkte	20 – 13 Punkte	12 – 0 Punkte
Das hast du gut gemacht!	Nicht schlecht! Lies dir noch einmal die Lernboxen im Schulbuch auf S. 297 – 307 durch.	Wiederhole noch einmal die Übungen im Arbeitsheft (S. 75 – 82) und im Schulbuch (S. 297 – 307).

Subjekt-, Adverbial-, Relativ-/Attributsatz ... – Nebensätze/Gliedsätze

Seite 84 **Unser Kalender**

Unser Kalender gehört zu den alltäglichen Selbstverständlichkeiten, die wir in Anspruch nehmen. Dies tun wir, ohne dass wir weiter darüber nachdenken. Tag für Tag reißen wir ein neues Kalenderblatt ab. Jahr für Jahr wiederholt sich scheinbar alles nach einem festgefügten Rhythmus. Doch das war nicht immer so. Bereits im Jahre 46 v. Chr. entwickelte Julius Caesar einen Kalender, der auf dem Sonnenjahr beruhte. Das sogenannte Julianische Jahr war im Durchschnitt 365,25 Tage lang, sodass regelmäßig ein Schaltjahr eingefügt werden musste. Allerdings war diese Zeitmessung noch zu ungenau. Weil das Jahr um exakt 0,0078 Tage zu lang war, stimmte im Laufe der Jahre der Kalender nicht mehr mit den Jahreszeiten überein. Am Ende des 16. Jahrhunderts hatte sich bereits ein Unterschied von 10 Tagen zwischen dem tatsächlichen Sonnenstand und dem

Kalender ergeben. Wenn man jetzt nichts geändert hätte, dann hätten unsere Nachfahren Weihnachten vielleicht einmal im Sommer feiern müssen.

Papst Gregor XII. passte mit der von ihm erarbeiteten Reform die Zeiteinteilung wieder dem Sonnenstand an, sodass der Fehler behoben werden konnte. Am 24. Februar 1582 wurde beschlossen, dass in jenem Jahr auf den 4. Oktober sogleich der 15. Oktober folgen sollte. Gleichzeitig wurde die durchschnittliche Jahreslänge auf 365,245 Tage festgelegt. Dieser Reform verdanken wir es, dass sich erst in etwa 3 000 Jahren eine Differenz um einen Tag vom Lauf der Sonne ergeben wird.

Seite 85 **2.** **Lottomillionär: bitte melden!**
Viele Menschen wünschen sich, dass sie einmal im Lotto gewinnen. Was aber passiert, wenn man wirklich das große Los zieht? Im Jahre 2004 sorgte ein spektakulärer Lottogewinn von neun Millionen Euro für Schlagzeilen in den Zeitungen. Obwohl ein Gewinner ermittelt worden war, meldete sich dieser einfach nicht. Die Lottogesellschaft annoncierte sogar in Zeitschriften und druckte Sonderaushänge. Nachdem man nicht mehr damit gerechnet hatte, meldete sich der Gewinner. Warum wartete der Mann zehn Wochen, bis er seinen Gewinn abholte? Hatte er den Lottoschein verlegt? Er habe sich nicht gemeldet, weil er keine große Veränderung in seinem Leben wolle, antwortete der Lottomillionär den neugierigen Journalisten. Nachdem ihm aber klar geworden sei, dass er mit dem Geld auch Gutes tun könne, habe er sich dann doch für den Gewinn entschieden.

Seite 86 **1.**
a) Raphael hat einen neuen Computer, der auf dem neuesten Stand der Technik ist.
b) Der Kindergarten, den etwa 100 Kinder besuchen, ist im Sommer geschlossen.
c) Die Polizei sucht einen Bankräuber, der etwa 35 Jahre alt sein und eine blaue Jeans tragen soll.
d) In dem Stadion, in dem bereits berühmte Mannschaften gespielt haben, findet das nächste Pokalfinale statt.
e) Im Fernsehen läuft eine interessante Sendung, in der Schüler von ihren Auslandsaufenthalten berichten.
f) Robert findet den Kinofilm, der von den Kreuzzügen im Mittelalter handelt, spannend.

Seite 87 **2.** **Unser Planet**
Heute wissen wir sehr viel mehr über den Planeten, der unsere Heimat bildet. Er ist ein kugelförmiger Körper, der im Weltall durch eine unsichtbare Kraft an seinem Platz gehalten wird. Es ist ein Körper, der sich ständig um sich selber dreht. Dabei umrundet er innerhalb von 365,256 Tagen eine Sonne, die 150 Millionen Jahre entfernt ist. Heute wissen Wissenschaftler, dass der Planet, der von uns Erde genannt wird, über 4,54 Milliarden Jahre alt ist. Die Erde, die nur den fünftgrößten Planeten in unserem Sonnensystem darstellt, ist besonders interessant. Nur auf diesem Planeten ist in einem Prozess, der sehr kompliziert und bis heute noch nicht vollständig aufgeklärt ist, Leben entstanden.

Seite 87 **3.** **Mögliche Lösung:**
Wirbelstürme
Tropische Wirbelstürme, **die sich über dem Meer entwickeln**, sind gefürchtet. Beim Übertritt auf das Festland verlieren sie spätestens nach anderthalb Tagen ihre Kraft. Voraussetzung für die Entstehung eines Wirbelsturms ist eine mindestens 27 Grad Celsius warme Wasseroberfläche, **die nur in den Tropen vorkommt**. Das Meerwasser, **das von der Sonne aufgeheizt wird**, verdunstet; die gewaltige Energiezufuhr verwandelt es in gasförmigen Wasserdampf, **der schnell nach oben steigt**. Dort, in kühleren Luftregionen, bilden sich Wolken, und die ersten Gewitterschauer gehen nieder. Herrscht extremes Luftdruckge-

fälle, wird immer mehr feuchtwarme Luft von unten angesaugt. Die Erddrehung lässt die riesigen Wolkentürme in Bewegung geraten. Mächtige Wirbel entstehen, **die zu dem verheerenden Sturm anwachsen**.

Wirbelstürme verwüsten, begleitet von schweren Regengüssen, oft auch Gebiete außerhalb der Tropen. So bilden sich pro Jahr etwa acht Hurrikans über dem Atlantik, **von denen schließlich zwei oder drei den nordamerikanischen Kontinent heimsuchen**.

Seite 88 **1.**

a) (Wenn) es im Sommer in allen Schulen eines Bundeslandes Ferien gibt, beginnt die große Reisewelle. (Konditionalsatz)

b) Bereits kurz nach Schulschluss starten viele Familien mit ihrem Auto in den Urlaub, (weil) sie möglichst bald ihren Ferienort erreichen wollen. (Kausalsatz)

c) Auf die Autobahnen strömen (so) viele Autos, (dass) es vor allem an den Hauptverkehrs-punkten zu langen Staus kommt. (Konsekutivsatz)

d) Die Lage verschärft sich (dadurch), (dass) es auf den Straßen im Sommer viele Baustel-len gibt. (Modalsatz)

e) (Bevor) der Urlaub überhaupt Entspannung bescheren kann, bedeutet die Anreise viel Stress. (Temporalsatz)

f) (Obwohl) die Menschen von dem Problem wissen, wiederholt sich das Verkehrschaos jedes Jahr. (Konzessivsatz)

g) (Während) Tausende von Urlaubern Staus in Kauf nehmen, entscheiden sich viele für die Reise mit der Bahn. (Adversativsatz)

h) (Wo) sie ihren Sommerurlaub verbringen, legen viele bereits im Winter fest. (Lokalsatz)

i) (Damit) ihre Kunden sich entspannen können, haben Reiseveranstalter eine bunte Vielzahl von Angeboten im Programm. (Finalsatz)

Seite 89 **2.**

● Weil gutes Wetter ist, gehen viele Menschen ins Freibad.

● Wenn er erfolgreich ist, erhält der Sportler eine Medaille.

● Weil sie neugierig waren, kamen die Schüler auf dem Schulhof zusammen.

● Indem man intensiv übt, kann man in der Schule Erfolg haben.

Seite 90 **3.**

Mögliche Lösung:

Der Smutje

Da es Gefrierschränke und attraktive Fertiggerichte gibt, könnten moderne Schiffe mit ihren immer kleiner werdenden Besatzungen auf den Smutje, den Schiffskoch, eigentlich verzichten. Jeder an Bord könnte sich nach Appetit und Laune selbst bedienen, **sodass für die Verpflegung der Mannschaft gesorgt und jeder zufriedengestellt wäre**.

Ohne Smutje auszulaufen wäre aber ein großer Fehler, sagen einhellig alle Experten, **die sich mit dem Aufgabenbereich des Smutjes befassen mussten**. Der Koch brutzelt nämlich nicht nur die Mahlzeiten, sondern ist zugleich eine wichtige Vertrauensperson an Bord. Seine Kombüse, **wo sich jeder einfindet**, ist Treffpunkt für alle. Der Smutje spricht mit allen, er kann ihnen zuhören und ihre Sorgen verstehen, **sodass er viel mehr ist als ein Koch**: Er ist die Seele des Schiffes.

Seite 90 **4.**

Mögliche Lösung:

Kuriose Fußball-Rekorde

Nach mehr als 35 gespielten Stunden und 600 geschossenen Toren ist das Fußballspiel, das das längste in der Geschichte war, beendet worden. 333:293 lautete das unglaubliche Ergebnis dieses Spieles, das einem guten Zweck diente, zwischen den beiden englischen Clubs Cotswold All Stars und Cambray FC.

Das torreichste WM-Spiel fand 1954 zwischen Österreich und dem Gastgeber Schweiz statt. Österreich gewann das äußerst unterhaltsame Spiel mit 7:5. Das Ergebnis, das einmalig ist, ist noch erstaunlicher, wenn man weiß, dass die Schweiz nach 23 Minuten 3:0 führte.

Die längste Nachspielzeit fand in einem Bezirksliga-Spiel statt. 28 nie enden wollende Minuten ließ der offensichtlich viel Geduld besitzende Schiedsrichter nachspielen.

1. a) <u>Dass du abreisen musst</u>, macht uns wirklich traurig. (Subjektsatz)

b) Du weißt, <u>dass du mit Geduld zum Ziel kommst</u>. (Objektsatz)

c) Ich mag nicht, <u>dass ihr so neugierig seid</u>. (Objektsatz)

d) <u>Dass es einen Unfall gegeben hat</u>, meldeten bereits die Fernsehnachrichten. (Objektsatz)

e) Wir warten darauf, <u>dass sie sich entscheidet</u>. (Objektsatz)

f) <u>Dass Semire einen Fehler gemacht hat</u>, ist zu verzeihen. (Subjektsatz)

g) Es steht noch nicht fest, <u>dass der Stürmer den Verein verlässt</u>. (Subjektsatz)

2. a) Sie hat es verdient, dass sie eine Zwei in Mathematik geschrieben hat.

b) Dass meine Mannschaft nicht abgestiegen ist, freut mich sehr.

c) Carola glaubt sicher, dass Tim sie nicht leiden kann.

d) Moritz hofft, dass er einen Praktikumsplatz im Tierheim bekommt.

e) Dass die meisten Schüler der 9a einen festen Berufswunsch haben, ist ein Erfolg.

f) Viele Betriebe erwarten, dass sich die Bewerber vor einem Vorstellungsgespräch über den Betrieb informieren.

1. Reihenfolge: b) – a) – c)

2. a) <u>Rebecca, die heute nicht an den Proben für das Theaterspiel teilnehmen konnte, weil sie krank geworden ist, will trotzdem auf jeden Fall die Rolle, die sie bereits auswendig gelernt hat, übernehmen.</u>

b) <u>Obwohl das Bühnenbild, das Anna selbst entworfen hat, bereits fast fertiggestellt ist, gibt es noch jede Menge Arbeit, weil die Schauspieler noch viele Änderungswünsche haben.</u>

c) <u>Klaus und Uta, die nicht so gern auf der Bühne stehen, sind für die Spezialeffekte, von denen es einige im Stück zu bewundern gibt, zuständig.</u>

3. a) <u>Die Aula, in der das Theaterstück gespielt wird, wird erst kurz vor Aufführungsbeginn für das Publikum geöffnet, weil noch viele Einzelheiten aufeinander abgestimmt werden müssen und weil die Schauspieler sich konzentrieren wollen.</u>

b) <u>Obwohl alle schrecklich nervös sind, wird die Aufführung, für die die Schülerinnen und Schüler so lange geübt haben, ein großer Erfolg.</u>

c) <u>Selbst Micha, der während der Proben immer ganz selbstsicher war, hat plötzlich Lampenfieber.</u>

d) <u>Dass gerade Rebecca ihre Rolle so souverän gespielt hat, ist vor allem deshalb so bemerkenswert, weil sie wegen ihrer Erkrankung nicht an allen Proben teilnehmen konnte.</u>

e) <u>Alle Schauspieler erhalten, als sie nach der Aufführung vor den Vorhang treten, von ihren Mitschülern begeisterten Beifall.</u>

f) <u>Am Ende waren alle Mühen, die mit der Aufführung verbunden waren, vergessen, sodass die begeisterten Schülerinnen und Schüler sich bereits im nächsten Schuljahr an ein neues Stück, das sie wieder selbst schreiben möchten, heranwagen wollen.</u>

g) <u>Nach der Aufführung kommen alle noch zu einer kurzen Besprechung zusammen, bei der einige Hinweise für die nächste Aufführung, die schon übermorgen sein soll, gegeben werden.</u>

Teste dich selbst! – Neben-/Gliedsätze

1. **Die Wikinger**

a) Die Wikinger waren Seefahrer und Krieger aus dem Norden**,** **die** vom 8. bis 11. Jahrhundert in Europa Angst und Schrecken verbreiteten. (2 P.)

b) Diese Männer**,** **die** in fremden Ländern raubten und mordeten**,** waren zu Hause meist Bauern. (3 P.)

c) Blitzartige Überfälle waren das Markenzeichen der Wikinger, **die** sich gerne ungesicherte Ziele wie Dörfer oder Klöster aussuchten. (2 P.)

(1 Punkt für jedes richtig umformulierte Satzgefüge und jedes richtig gesetzte Komma)

Seite 94 **2.** **Besuch eines Polarbären**

a) Ein Polarforscher berichtete, dass der Besuch eines Polarbären sich nachts ereignet habe. (**Objektsatz**)

b) Der Schlittenhund, der die Hütte bewachte, schlug an. (**Relativ-/Attributsatz**)

c) Obwohl der Schlittenhund sehr erfahren war, hatte er gegen den mächtigen Bären kaum eine Chance. (**Konzessivsatz**)

d) Der Polarforscher stürmte nach draußen und versuchte, das Raubtier abzuwehren, indem er Böllerschüsse abgab. (**Modalsatz**)

e) Gezielte Schüsse durfte er nicht abfeuern, weil Eisbären in Norwegen unter besonderem gesetzlichen Schutz stehen. (**Kausalsatz**)

f) Der Lärm der Schüsse blieb aber nicht ohne Wirkung, sodass der Eisbär von dem Hund abließ und auf das Eis hinaus floh. (**Konsekutivsatz**)

g) Die Situation war natürlich sehr gefährlich, da der Eisbär das größte an Land lebende Raubtier ist. (**Kausalsatz**)

h) Ein Eisbär greift Menschen aber nur an, wenn er sehr ausgehungert ist. (**Konditionalsatz**)

(3 Punkte für jeden zutreffend bezeichneten, unterstrichenen und richtig mit Kommas vom Hauptsatz abgetrennten Neben-/Gliedsatz)

Seite 95 **3.** a) Sie versprach ihren Mitspielerinnen, **dass** sie in Zukunft härter trainieren wird.

b) Das Fahrrad, **das** ihn außerordentlich interessiert, ist leider viel zu teuer.

c) Die Klasse 9a freut sich schon darauf, **dass** sie nächstes Jahr die Abschlussfeier vorbereitet.

d) Das Konzert, **das** sie so stark begeisterte, wurde von allen Musiksendern empfohlen.

(1 Punkt für jedes Satzgefüge mit richtiger Kommasetzung; 1 Punkt für die richtige Schreibweise der Wörter *das* und *dass*)

Seite 95 **4.** Gegen den Vorwurf, dass das Einsperren von Delfinen besonders grausam und unmenschlich sei, betonen andere besonders den pädagogischen Aspekt von Delfinshows und unterstreichen, dass die unmittelbare Betrachtung der Delfine durch die Menschen wertvoll sei, obwohl sich dies meist darauf beschränkt, dass ihnen bei der Ausführung einfacher und sich wiederholender Aufgaben, die in erster Linie die Zuschauer unterhalten sollen, zugesehen wird.

(1 Punkt für den zutreffend unterstrichenen Hauptsatz; 3 Punkte für die fünf richtig gekennzeichneten Nebensätze; 3 Punkte für die sieben zu ergänzenden Kommas)

46 – 36 Punkte	35 – 24 Punkte	23 – 0 Punkte
Das hast du gut gemacht!	Nicht schlecht! Lies dir noch einmal die Lernboxen im Schulbuch auf den S. 323 – 333 durch.	Wiederhole noch einmal die Übungen im Arbeitsheft (S. 84 – 93) und im Schulbuch (S. 323 – 333).

Geht es um den Täter oder die Tat? – Aktiv und Passiv

Seite 96 **1.** **Die Geschichte des Panamakanals**

1869 <u>wurde</u> der Suezkanal <u>eröffnet</u>, der das Mittelmeer und das Rote Meer miteinander verbinden sollte. Nun glaubten viele Menschen, dass ein Kanal, der in Mittelamerika Pazifik und Atlantik verbinden würde, ebenso leicht zu bauen sein müsste. Man hoffte außerdem auf großen finanziellen Gewinn. 1879 <u>wurde</u> die französische Panamakanal-Gesellschaft ⎡von der Regierung Kolumbiens⎤ mit dem Bau dieses Kanals <u>beauftragt</u>. Panama <u>wurde</u> damals noch ⎡von Kolumbien⎤ <u>regiert</u>. Tausende von Arbeitern <u>wurden</u> beim Bau des Kanals <u>beschäftigt</u>, jedoch erwies sich das Projekt im tropischen Klima Mi   amerikas schwieriger als erwartet. Viele der Arbeiter <u>wurden</u> ⎡von Krankheiten wie Malaria und Gelbfieber⎤ <u>heimgesucht</u>. Von 1881 bis 1889 starben ca. 22 000 Menschen bei den Arbeiten. Nachdem erst ein kleinerer Teil des Kanals <u>fertiggestellt worden war</u>, musste die französische Panamakanal-Gesellschaft 1889 Konkurs anmelden. Die Arbeiten <u>wurden eingestellt</u> und sie <u>wurden</u> erst 1906 <u>wieder aufgenommen</u>. Panama war inzwischen ein selbstständiger Staat geworden. Der Weiterbau des Kanals <u>wurde</u> ⎡von dem Ingenieur George W. Goethals aus den USA⎤ <u>geleitet</u>, da die Rechte an der Kanalzone bereits 1901 an die US-amerikanische Regierung <u>verkauft worden waren</u>. Im August 1914 <u>wurde</u> der Panamakanal <u>fertiggestellt</u>. Er <u>wurde</u> zum ersten Mal ⎡von einem Schiff⎤ <u>durchfahren</u>. Seit September 2007 <u>wird</u> wieder am Panamakanal <u>gebaut</u>, da die beliebte Wasserstraße ⎡von immer mehr und immer größeren Schiffen⎤ <u>durchfahren wird</u>. An der größten Baustelle des amerikanischen Kontinents <u>wird</u> voraussichtlich bis zum Jahr 2014 <u>gebaut werden</u>.

Seite 97 **2.** Kolumbien regierte damals noch Panama.
Krankheiten wie Malaria und Gelbfieber suchten viele der Arbeiter heim.
Der Ingenieur George W. Goethals aus den USA leitete den Weiterbau des Kanals.
Ein Schiff durchfuhr ihn zum ersten Mal.
Immer mehr und größere Schiffe durchfahren die beliebte Wasserstraße.

Seite 98 **1.** **Der neue Panamakanal**
Die Planungen für die Erweiterung des Panamakanals sind abgeschlossen. (ZP) Die Bauarbeiten werden Panama sehr viel Geld kosten. (A, Futur) Kritiker glauben, dass das kleine Land die notwendigen Investitionen nicht wird leisten können. (A, Futur) Doch der Anfang ist gemacht. (ZP) Mit 15 000 Kilo Dynamit wurde an einem Hügel Gestein gesprengt. (VP) In den kommenden Jahren werden 130 Millionen Kubikmeter Gestein abgetragen werden. (VP) Zurzeit kommt es im Kanal immer wieder zu Staus und langen Wartezeiten. (A) Dies wird von vielen Reedereien kritisiert. (VP) Alle Beteiligten hoffen aber auf das Ende der Bauarbeiten im Jahr 2014. (A)

Seite 98 **2.** **Hasen <u>werden</u> von Klimawandel <u>abgehängt</u>** (V)

Manche Hasenarten passen ihr Fell der Jahreszeit an. (A) Im Sommer $\boxed{\text{sind}}$ sie braun und im Winter weiß $\boxed{\text{gefärbt}}$. (ZP) Durch den Klimawandel <u>wird</u> der Winter <u>verkürzt</u>. (VP) Der Schnee $\boxed{\text{ist}}$ eher $\boxed{\text{weggeschmolzen}}$ als früher. (ZP) Das Hasenfell $\boxed{\text{ist}}$ aber immer noch weiß $\boxed{\text{gefärbt}}$. (ZP) Die Hasen <u>werden</u> nun von den Raubtieren im Frühjahr leicht <u>erkannt</u> und <u>gejagt</u>. (VP)

Leistungsfähigkeit der Rechenzentren $\boxed{\text{ist}}$ immer mehr $\boxed{\text{gestiegen}}$ (ZP)

Von Google <u>werden</u> weltweit 13 große Rechenzentren <u>unterhalten</u>. (VP) Hier <u>werden</u> die Daten der Kunden des Internetriesen <u>gelagert</u>. (VP) Parallel zum Wachstum des Internets $\boxed{\text{ist}}$ auch die Leistungsfähigkeit dieser Rechenzentren $\boxed{\text{gestiegen}}$. (ZP) Die Rechenzentren <u>werden</u> ständig <u>gekühlt</u>. (VP) Damit $\boxed{\text{ist}}$ den Betreibern vor allem im Sommer eine schwere Aufgabe $\boxed{\text{gestellt}}$. (ZP) Google <u>hat</u> deshalb den Standort einiger Rechenzentren strategisch geschickt <u>gewählt</u>. (A) So <u>liegt</u> das finnische Rechenzentrum Hamina an einem Fjord. (A) Dessen eiskaltes Wasser <u>wird</u> zur Kühlung <u>genutzt</u>. (VP)

Seite 99 **3.**
a) Der Fisch ist gebraten.
b) Der Junge ist gerettet.
c) Das Feuer ist gelöscht.
d) Der Aufsatz ist geschrieben.
e) Der Vorhang war geöffnet.
f) Der Cowboy war am Marterpfahl gefesselt.
g) Die Einladung zum Geburtstag war verteilt.
h) Die Klassenzimmertür ist abgeschlossen.

Richtig zu schreiben kann man lernen! – Tipps für die Rechtschreibung

Seite 100 **1.**
Land – Länder, landen …
fragte – Frage, fragen, Fragezeichen …
Schublade – schieben, geschoben …
winzig – winziger, winzige (Menge) …
Betrag – Geldbeträge, betragen …
weit – weiter, Weite …
grob – das Grobe, gröber …
Sieb – sieben, Siebe …
hupte – Hupe, sie hupen …
genug – genügend, genügen …
gering – geringer, geringe (Menge) …
Zwang – Zwänge, zwingen …

Seite 100 **2.**
Vo-raus-set-zung, be-an-stan-den, ver-aus-ga-ben, An-stren-gung, Ver-an-stal-tung, Kaf-fee-er-satz, Fahr-rad-weg, Be-en-di-gung, ver-las-sen, un-er-mess-lich, ent-kom-men, un-zer-trenn-lich, Son-nen-schein-dau-er, Schul-ent-las-sungs-fei-er

Seite 101 **3.**
Richtig geschrieben sind folgende Wörter: vielleicht (5), Reportage (5), vergessen (4), Ankunft (1), verlieren (4), beraten (1), Fahrrad (1), etwas Schönes (4), nämlich (4), Flüsse (4), Gruß (4), Bandwurm (2)

Seite 101 **4./5.**
brisant (hochexplosiv; sehr aktuell; aus dem Französischen)
Brodem (Qualm, Dampf, Dunst)
Brokat (kostbares Seidengewebe; aus dem Italienischen)
Broschüre (leicht geheftetes Druckwerk)

Seite 102 **1.** a) Extremsport ist etwas, das (**R**) die Sportler bis an ihre Grenzen führt.

b) Ein Beispiel dafür ist das (**A**) Laufen bei einem Ultramarathon über 100 Kilometer.

c) Beim Freeclimbing oder Freiklettern geht es darum, dass (**K**) schwierige Felswände ohne technische Hilfe, also nur mit Händen und Füßen, zu bewältigen sind.

d) Das (**D**) verlangt viel Kraft, Ausdauer und Körperbeherrschung.

e) Das Aussehen des Monsterrollers ähnelt dem Fahrzeug, das (**R**) viele aus ihrer Kindheit kennen. Der Vorteil dieses Extremsports ist, dass (**K**) nur eine kurze Einweisung nötig ist, bevor die rasante Abfahrt ins Tal losgehen kann.

f) Viele glauben, dass (**K**) das (**A**) Fahren der übergroßen und stollenbereiften Tretroller ein Extremsport für die ganze Familie ist.

Seite 102 **2.** **Brüderliche Speedkletterer**

Auf der Suche nach dem Außergewöhnlichen haben Extremsportler **das** (A) Speedklettern entdeckt. Beim Speedklettern geht es darum, **dass** (K) eine Route in möglichst kurzer Zeit erklettert wird. Die Brüder Alexander und Thomas Huber zählen zu den weltbesten Speed-kletterern. Ihre Touren zeigen, **dass** (K) sie wahre Grenzgänger sind.

Bei ihren Klettergängen begeben sie sich immer in Lebensgefahr: Denn wer schnell sein möchte, hat keine Zeit, Sicherungen anzubringen. **Das** (D) bedeutet, **dass** (K) die Huberbu-ben oft mit nur minimaler Sicherung klettern. So klettert die Angst vor dem Tod immer mit. Beide versichern aber, **dass** (K) diese Angst zugleich ihr bester Schutz ist, weil sie ihre Konzentration steigert. Ganz wichtig ist es auch, **dass** (K) man **das** (A) eigene Können realistisch einschätzt: Hohes technisches Niveau, extreme Ausdauer, Greif- und Trittpräzisi-on und Schnell- und Maximalkraft sind **das** (A) Wichtigste in dieser waghalsigen Sportart. Ihre Mutter versteht nicht, **dass** (K) sich ihre Jungen ständig in Gefahr begeben.

Aber auch sie selbst können nicht wirklich erklären, **dass** (K) sie ihr Leben immer wieder freiwillig aufs Spiel setzen.

Sie erklären ihre Besessenheit wie folgt: „Wenn man **das** (A) Ziel, **das** (R) man sich gesteckt hat, erreicht, erlebt man ein Gefühl, **das** (R) Glück und Freiheit bedeutet. Es ist so überwäl-tigend, **dass** (K) man es immer wieder sucht." **Das** (D) geht offenbar am besten, wenn man seine Grenzen immer wieder neu erkennt, neu auslotet und verschiebt.

Seite 103 **3.** **Aktion „Steffi rennt"**

Dass Extremsport auch einer guten Sache dienen kann, zeigte Steffi Praher im Januar 2013. **Das** Spezialgebiet der Extremsportlerin ist der Ultralangstreckenlauf. Steffi Praher schaffte etwas, **das** viele für unmöglich halten. Sie legte trotz des eiskalten Wetters, **das** ihr **das** Rennen schwer machte, nonstop – ohne Unterbrechung rennend bzw. auch gehend – 250 Kilometer zurück. **Das** hat ihr den Respekt aller und 22 222 Euro Spendengelder einge-bracht. **Das** Wahnsinnsprojekt, auf **das** sich Praher ein halbes Jahr lang intensiv vorbereitet hat, wurde so ein voller Erfolg. Man sollte dazu auch wissen, **dass** die Dreißigjährige zudem noch Mutter von zwei kleinen Mädchen ist.

Seite 104 **1.** Prognose – Vorhersage/Niveau – höhere Stufe, Ebene/progressiv – fortschrittlich, fort-schreitend/Applaus – Beifall/Teleskop – Fernrohr/Priorität – Vorrang/Aktie – Wertpapier/ faktisch – tatsächlich

Seite 104 **2.** Aktie, Alphabet, Apparat, Armee, Bibliothek, Definition, Diskussion, Fabrik, Funktion, Ingenieur, interessant, Interesse, Kabinett, Kommentar, Margarine, Maschine, Mathematik, Ministerium, Museum, Nation, Niveau, Orchester, Paragraf, Patient, Physik, Produktion, Programm, Republik, Temperatur, trainieren, Turbine

Seite 105 **3.** Grap**h**it, Ast**h**ma, **Th**ema, Del**ph**in, At**h**let, **Rh**yt**h**mus, Metap**h**er, **Ph**otograp**h**ie, **Th**eater, Saxop**h**on, Jog**h**urt, Spag**h**etti, **Th**eorie, **Th**unfisch, **Rh**euma, **Rh**etorik, Pant**h**er, Geogra-**ph**ie, Katastrop**h**e, Mikrop**h**on

Fremdwörter, bei denen eine Angleichung an die deutsche Schreibweise möglich ist	Fremdwörter, bei denen eine Angleichung an die deutsche Schreibweise nicht möglich ist
der Graphit/Grafit	das Asthma
der Delphin/Delfin	das Thema
die Photographie/Fotografie	der Athlet
das Saxophon/Saxofon	der Rhythmus
der Joghurt/Jogurt	die Metapher
die Spaghetti/Spagetti	das Theater
der Thunfisch/Tunfisch	die Theorie
der Panther/Panter	das Rheuma
die Geographie/Geografie	die Rhetorik
das Mikrophon/Mikrofon	die Katastrophe

Seite 105 5.

Souvenir, Vampir, aggressiv, definieren, naiv, Olive, Delfin, Autonomie, Disziplin, Textilien, Kantine, Justiz, Mandarine, Kabine, Praline, montieren

Seite 106 6. + 7.

Richtig geschrieben (das heißt, stehen bleiben müssen):
Katastrophe, Toleranz, Skizze, Regisseur, Bibliothek, Physik, Souvenir, Diskussion, Aggression

Seite 106 8.

Sport/Freizeit	Technik	Essen/Trinken
Hobby	CD-Player	Cheeseburger
Inlineskates	Handy	Steak
Fitness	Software	Cocktail
Basketball	Laser	Ketchup
Hockey	online	Fast Food
Rugby	Monitor	Toast
Badminton	Laptop	Dinner

Seite 107 9.

voipen, phishing, Browser, Provider, Chatroom, Mouseclick, E-Mail, Homepage, online, Domaine, Cyberspace, Download, LAN-Party, Hypertext, Blogger, User, Update, Community

Seite 107 10./11.   **Individuelle Lösungen**

Teste dich selbst! – Tipps für die Rechtschreibung

Seite 110 1.   **Delfinsprache**

Alles, was wir über die Sprache von Delfinen wissen, ist, **dass** sie mit ihrer Sprache offensichtlich sehr zufrieden sind und **dass** sie eine **internationale** Verbreitung hat. Der **Zoologe** Norris, einer der **Pioniere** auf diesem Gebiet, ließ einen im **Pazifik** gefangenen Delfin über eine normale Fernsprechleitung mit einem Artgenossen in Florida verbinden, der aus dem **Atlantik** stammt. Es kam eine längere Unterhaltung in Gang. **Das** hatten die Forscher nicht erwartet.

(1 Punkt für jede richtige Schreibweise)

Seite 110 2.   Verbreitun**g** – Verbreitun**g**en/län**g**ere – **l**a**ng**/Unterhaltun**g** – Unterhaltun**g**en

(1 Punkt für jede andere Wortform oder jede verwandte Form zur Erklärung der Schreibweise der unterstrichenen Wörter)

3. Dramatik, Euphorie, motivieren, Phänomene, Vernissage, Priorität, Innovation, Repertoire, existenziell

(1 Punkt für jede richtige Schreibweise)

Seite 110 **4.** Dramatik = dramatische Dichtkunst/Euphorie = Hochgefühl/motivieren = anregen, jmd. zu etwas bewegen/Phänomene = Erscheinungen, Ereignisse/Vernissage = Ausstellungseröffnung/Priorität = Vorrang/Innovation = Neuerung, Erneuerung/Repertoire = Vorrat einstudierter Stücke/existenziell = lebenswichtig

(1 Punkt für jede richtige Bedeutung)

Seite 110 **5.** **Kein Geschnatter**
Dass (Konjunktion) es sich bei der Delfinsprache um sinnloses Geschnatter handelt, glaubten viele. **Dass** (Konjunktion) **das** (Demonstrativpronomen) nicht so ist, bewiesen zahlreiche Experimente. Zwei Wissenschaftler nahmen ein Gespräch, **das** (Relativpronomen) ein Delfinpaar geführt hat, auf. **Das** (Artikel) Band ließen sie einige Monate liegen. Den Delfin-Mann sperrten sie dann in ein Einzelbecken. Der nächste Schritt war, **dass** (Konjunktion) ihm **das** (Artikel) Band über Unterwasserlautsprecher vorgespielt wurde. **Das** (Artikel) Männchen antwortete sofort auf den Ruf seiner Frau und unterhielt sich eine Weile mit seiner Partnerin.

(1 Punkt für jede richtige Ergänzung; 1 Punkt für jede richtig erkannte Wortart)

45 – 35 Punkte	34 – 20 Punkte	19 – 0 Punkte
Das hast du gut gemacht!	Nicht schlecht! Lies dir noch einmal die Lernboxen im Schulbuch auf den S. 234 – 237, 248 und 253 und im Arbeitsheft auf S. 100 – 109 durch.	Wiederhole noch einmal die Übungen im Arbeitsheft (S. 100 – 109) und im Schulbuch (S. 234 – 237 und S. 247 – 253).

Großgeschrieben werden … – Groß- und Kleinschreibung

Seite 111 **1.** a) Der Radiosender versprach, die Hörer über den Spielstand auf <u>dem Laufenden</u> zu halten.
Das laufende Spiel musste wegen starken Regens für eine Stunde unterbrochen werden.
b) Wegen des schönen Wetters machen viele Menschen einen Ausflug <u>ins Grüne</u>.
Während die Polizisten in einigen Bundesländern noch grüne Uniformen tragen, sind diese in anderen durch blaue ersetzt worden.
c) Der Sportverein sucht schon lange nach Trainingsräumen. Ein Vertreter der Stadt sagte heute, dass <u>etwas Geeignetes</u> gefunden wurde.
Bei dem Sporteignungstest müssen leider viele feststellen, dass sie nicht geeignet sind.
d) Durch den starken Seegang waren viele Passagiere nach kurzer Zeit blau und grün im Gesicht.
Durch <u>das helle Grün</u> und <u>Blau</u> kommt der Stoff besonders gut zur Geltung.
e) Im Zoo sollten die Besucher nicht das Raubtiergehege betreten.
<u>Das Betreten</u> der Eisfläche ist gefährlich.

Seite 111 **2.**
● Um zu bestehen, muss er mindestens eine **Vier** in der Arbeit schreiben.
Das Quartett, das zur Eröffnung spielte, bestand aus **vier** Streichern.
● Die Eltern verlangen, dass die Kinder ohne **Wenn** und **Aber** mit zum Besuch bei den Verwandten fahren.
Einige Insekten sind völlig harmlos, **wenn** sie **aber** gereizt werden, können sie sehr aggressiv werden und zustechen.
● Der Redner versuchte, im **Folgenden** die Vorteile anschaulich aufzuzeigen.
In den auf das Gewitter **folgenden** Minuten verließ aus Sorge vor weiteren Unwettern niemand das Haus.

- Nachdem der Ball mehrfach **hin** und **her** geschossen wurde, landete er schließlich doch im Tor.
  Der Verkäufer blieb bei dem ewigen **Hin** und **Her** der Kundin immer noch sehr geduldig.
- Das Ferienhaus muss einige Wochen im **Voraus** bezahlt werden.
  In der Regel fährt der Rettungswagen dem Notarztwagen **voraus**.
- Am Ende waren die Veranstalter der Meinung, dass dem **Ganzen** zu viel Aufmerksamkeit beigemessen wurde.
  Am Ende der Veranstaltung waren die Organisatoren der Meinung, dass sich der **ganze** Aufwand gelohnt hatte.
- Die Arbeit nahm **wesentlich** mehr Zeit in Anspruch, als ursprünglich erwartet worden war.
  Im **Wesentlichen** sind auf der Konferenz die erhofften Ziele festgelegt worden.
- Wir müssen das **Für** und **Wider** einer Skifreizeit genau abwägen.
  In der Klasse sprachen einige Schüler **für**, andere **wider** die Skifreizeit.

Seite 112 3. auf dem <u>Laufenden</u> sein/(sein Schäfchen) ins <u>Trockene</u> bringen/ins <u>Schwarze</u> treffen/(mit jemandem) ins <u>Reine</u> kommen/aus dem <u>Vollen</u> schöpfen/im <u>Trüben</u> fischen/im <u>Dunkeln</u> tappen/aufs <u>Ganze</u> gehen/beim <u>Alten</u> bleiben

Seite 113 4.
a) Das <u>Fragen</u> ist leichter als das <u>Antworten</u>, <u>Fordern</u> ist leichter als <u>Geben</u> und <u>Rufen</u> einfacher als <u>Kommen</u>.
b) Oft erkennt man den <u>Einfältigen</u> am <u>Fragen</u> und den <u>Verständigen</u> am <u>Schweigen</u>.
c) Das <u>Gute</u>, dieser Satz steht fest, ist oft das <u>Böse</u>, das man lässt.
d) Am Abend wird der <u>Faule</u> fleißig.
e) Der <u>Klügere</u> gibt nach.
f) Vereint sind auch die <u>Schwachen</u> mächtig.
g) Es gibt nichts <u>Neues</u> unter der Sonne.
h) Es kann der <u>Frömmste</u> nicht in Frieden leben, wenn es dem bösen Nachbarn nicht gefällt.
i) Wenn zwei sich streiten, freut sich der <u>Dritte</u>.
j) Unter den Blinden ist der <u>Einäugige</u> König.
k) „Es gibt nichts <u>Gutes</u> außer: Man tut es." (Erich Kästner)
l) Da hilft kein <u>Weh</u> und <u>Ach</u>.

Seite 113 5.
a) Klara hat blaue Jeans bekommen, jetzt schwärmt sie für schwarze.
b) Tim ist der sportlichste Schüler, er ist allerdings nicht der fleißigste.
c) Sie liest gerne fantastische Geschichten, obwohl diese nicht immer die spannendsten sind.
d) Mein Fahrrad ist nicht das neueste Fahrrad, dafür ist es aber das schnellste.

Seite 114 6. **Simpel**
Der 22-jährige Barnabé, genannt Simpel, lebt <u>aufgrund/auf Grund</u> einer geistigen Behinderung schon seit <u>längerem/seit Längerem</u> im Heim Malicroix.
Simpel ist geistig auf dem Niveau eines <u>Dreijährigen</u> und liebt sein Stofftier Monsieur Hasehase ohne <u>Wenn und Aber</u>. Monsieur Hasehase ist das <u>Wichtigste</u> in seinem Leben. Er braucht ihn zum <u>Reden</u> und <u>Besprechen</u> seiner Pläne. Für seinen siebzehnjährigen Bruder Colbert wird die Vorstellung, dass Malicroix für immer Simpels Zuhause sein soll, etwas ganz <u>Unerträgliches</u>.
Nach längerem <u>Überlegen</u> und vielem <u>Hin und Her</u> beschließt er, Simpel aus dem Heim zu holen, auch wenn er Angst hat, das <u>Ganze</u> zu schultern. Er ist sich im <u>Klaren</u> darüber, dass es am vernünftigsten gewesen wäre, wenn ihr Vater sich darum gekümmert hätte. Der aber ist mit seinem eigenen Leben beschäftigt. So ist Colbert der <u>Einzige</u>, der Verantwortung übernimmt.

Seite 115 **1.** montagmorgens, morgens, nachts, jeden Freitag, am gestrigen Montag, am Samstag, vorigen Mittwoch, am Samstagnachmittag, eines Montags, übermorgen Vormittag, jeden Mittwoch, eines Tages

Seite 115 **2.** Montag, Am Montagmorgen, mittags, nachmittags, Nachmittag, Montagabend, morgen, am Dienstag, zum Samstag, am Morgen, nachmittags, abends, von Montag, zum Samstag

Seite 117 **1.** Hallo Frau Andersen,
von der sonnigen Baleareninsel Mallorca sende ich **Ihnen** herzliche Feriengrüße. Wir haben im Wetterbericht gehört, dass auch **Sie** gutes Wetter haben.
Ganz herzlich möchte ich mich noch bei **Ihnen** bedanken, dass **Sie** meinen kleinen Niko versorgen. Hoffentlich macht er **Ihnen** auch nicht zu viel Arbeit und bringt mit seinem Herumrennen nicht **Ihr** ganzes Haus durcheinander.
Aber **Sie** kennen ihn ja und **Sie** haben deshalb ja gewusst, worauf **Sie** sich eingelassen haben.
Liebe Frau Andersen, ich verspreche **Ihnen** schon jetzt, dass wir demnächst, wenn **Sie** verreisen, auf **Ihren** Liebling aufpassen werden.
Wenn wir wieder zu Hause sind, möchten wir **Sie** gerne als kleines Dankeschön einladen. Wir können **Ihnen** dann viele Fotos von den schönen Seiten der Insel zeigen. Es wäre schön, wenn **Sie** und **Ihr** Mann dafür Zeit fänden.
Von uns allen sonnige Grüße an **Sie** und **Ihren** Mann.

Tschüss!

Ihre Inga Neuhäuser

Teste dich selbst! – Groß- und Kleinschreibung

Seite 118 **1.**
a) Das dauernde <u>Wenn und Aber</u> bringt dich nicht weiter.
b) Alexander will heute etwas <u>Sinnvolles</u> tun.
c) Paula kam als <u>Vierte</u> ins Ziel.
d) Bei dem Spiel am nächsten Samstag kommt es auf jeden <u>Einzelnen</u> an.

(2 Punkte für jede richtig geschriebene und unterstrichene Nominalisierung/Substantivierung)

Seite 118 **2.** Kims Praktikum hat **gestern** begonnen. Seit **diesem Montagmorgen** arbeitet sie in einer Kfz-Werkstatt. **Am Donnerstagnachmittag** soll sie eine kleine Inspektion durchführen. Dafür wird ihr **morgen** alles gezeigt. Wegen der ungewohnten harten Arbeit sehnt Kim aber den **heutigen Dienstagabend** herbei. Sie ist überzeugt, dass sie **nachts** wie ein Stein schlafen wird.

(2 Punkte für jede richtig geschriebene Zeitangabe)

Seite 118 **3.** **Ein guter/~~Guter~~ Rat**
Auf einer Schiffsreise wurde das Meer infolge eines plötzlich auftretenden/~~Auftretenden~~ Unwetters sehr stürmisch/~~Stürmisch~~. Ein Vorsichtiger/~~vorsichtiger~~ fragte daraufhin den vorbeieilenden/~~Vorbeieilenden~~ Steward: „Was trinkt man am besten bei stürmischem/~~Stürmischem~~ Wetter?" Darauf der Steward im Vorübergehen/~~vorübergehen~~: „Wenn ich Ihnen/~~ihnen~~ raten darf: Trinken ~~sie~~/Sie das Billigste/~~billigste~~, Verehrtester/~~verehrtester~~!"

(1 Punkt für jede durchgestrichene falsche Schreibweise)

Seite 118 **4.**
a) Die kleinen/~~Kleinen~~ Wünsche erfüllt man sich gleich, die großen/~~Großen~~ verschiebt man.
b) Kornelia liest gerne spannende/~~Spannende~~ Bücher. Die ganz dicken/~~Dicken~~ allerdings bevorzugt sie weniger.

c) Anna und ihre beste/~~Beste~~ Freundin Luisa schauen sich öfter zusammen Filme an; den bislang interessantesten/~~Interessantesten~~ haben sie in der letzten Woche gesehen.

(1 Punkt für jede durchgestrichene falsche Schreibweise)

37 – 29 Punkte	28 – 19 Punkte	18 – 0 Punkte
Das hast du gut gemacht!	Nicht schlecht! Lies dir noch einmal die Lernboxen im Schulbuch auf den S. 244 – 246 und S. 258 – 265 durch.	Wiederhole noch einmal die Übungen im Arbeitsheft (S. 111 – 117) und im Schulbuch (S. 244 ff. und 258 ff.).

Gesummt oder Gezischt? – s-Laute

Seite 119 **1.** Ku**ss** (= Kü**ss**e), flie**ß**en, Na**s**e, Ki**ss**en, Ka**ss**e, ha**ss**en, le**s**en, rei**ß**en, Hau**s** (= Häu**s**er), Lo**s**e, Grä**s**er, **s**au**s**en

Seite 119 **2.** Zum Beispiel:
Kuss, Nuss, Fluss, Schuss …
fließen, gießen, sprießen, verdrießen …
Nase, Vase, Blase, Phase …
Kissen, Wissen, missen, Bissen …
Kasse, Masse, Rasse, Klasse …
hassen, fassen, lassen, passen …
lesen, Wesen, Tresen, Besen …
reißen, heißen, weißen, beißen …
Haus, Maus, Schmaus, heraus …
Lose, Hose, Rose, Dose …
Gräser, Bläser, Fräser, Gläser …
sausen, brausen, Pausen, schmausen …

Seite 119 **3.** **Individuelle Lösung**

Seite 119 **4.** Eine strenge und <u>unumstö**ß**liche</u> Regel, was man <u>le**s**en</u> sollte und <u>wa**s**</u> nicht, ist albern. Man sollte alles <u>le**s**en</u>. Mehr als die Hälfte <u>un**s**erer</u> heutigen Bildung verdanken wir dem, was man nicht lesen <u>sollte</u>.
(Oscar Wilde)

Ich <u>befa**ss**e</u> mich nicht mit Rechtschreibung und Interpunktion.
(Michel de Montaigne)

Der Papierkorb ist der <u>be**s**te</u> Freund des Schriftstellers.
(Isaac Bashevis Singer)

Mit einem Buch auf dem <u>Scho**ß**</u> war ich glücklich. Ich fürchtete <u>nicht**s**</u> mehr <u>au**ß**er</u> einer Unterbrechung.
(Charlotte Brontë)

„Schriftsteller werden berühmt"
Die Wahrheit ist, dass **s**elbst Bestsellerautoren im Jargon der Medien nur sogenannte C-Promis sind: Nur eine Meldung wert, wenn man freien Platz füllen <u>mu**ss**</u> – allenfalls der Tod des Autors <u>i**s**t</u> eine Nachricht. <u>E**s**</u> gibt <u>Au**s**nahmen</u> (<u>Nobelprei**s**träger</u> und einige wenige <u>be**s**onders</u> skandalträchtige Autoren oder besonders gut <u>au**ss**ehende</u> Autorinnen), aber der normale Autor kommt in den Medien so gut wie nicht vor. Und auf der <u>Stra**ß**e</u> erkannt wird er auch nicht. Wer berühmt werden will, geht <u>be**ss**er</u> zum <u>Fern**s**ehen</u>, statt zu schreiben.
(Andreas Eschbach)

Schreib's doch einfach auf!

Sich große Mengen von Informationen zu merken fällt nicht leicht – die Lö<u>s</u>ung ist, sie schriftlich aufzuzeichnen. Erste Schreibversuche finden sich schon auf den Wänden von Höhlen, in denen die Vorfahren des Homo sapiens hausten. Al<u>s</u> die Indianer Amerika be<u>s</u>iedelten, benutzten sie als Gedächtni<u>s</u>stütze für ihre überlieferten Geschichten comicartige Folgen von kleinen Bild<u>s</u>ymbolen (Piktogramme), die sie auf Birkenrinde zeichneten. In Ägypten schrieb man mit Pin<u>s</u>eln und Ruß-Tinte auf Papyrus, in Me<u>s</u>opotamien drückte man ein spitze<u>s</u> Stöckchen in Tontafeln und hatte dafür schon eine abstrakte Schriftsprache erfunden, die Keilschrift. Im alten Rom benutzte man, wenn's schnell gehen sollte, Wach<u>s</u>täfelchen.

In Rom konnten sich die Bürger übrigen<u>s</u> schon sehr früh über Tage<u>s</u>ereigni<u>ss</u>e informieren: Die sogenannte Acta Diurna, eine Art frühe Zeitung, wurde an öffentlichen Plätzen ausgehängt. Allerdings war sie eine eher langweilige Lektüre, etwa so wie das „Amt<u>s</u>blatt" heute. Zu den echten Vorläufern der heutigen Pre<u>ss</u>e zählten die privaten Briefe von Händlern, Profe<u>ss</u>oren und Fürsten; Kaufleute waren eine Art wandelnde Nachrichtenquelle. Auch Flugblätter gab es, auf denen aber mei<u>s</u>t nur eine Nachricht verkündet wurde.

Die gesprochene Sprache aufzuschreiben stellte <u>s</u>ich als gute Idee heraus, denn nun konnte man sie auch transportieren. Jetzt war es möglich, sich über weite Strecken mitzuteilen: In Ägypten verbreiteten kleine Tontäfelchen die Nachricht von der Krönung des Pharao Ramses II. Julius Caesar nutzte Botentauben, um Gallien unter Kontrolle zu halten. In Afrika und Südamerika benutzen manche Völker heute noch die „Nachrichtentrommel": Mit ihr kann man sich in unüber<u>s</u>ichtlichem Gelände über mehrere Kilometer Entfernung die neue<u>s</u>ten Ereigni<u>ss</u>e mitteilen.

Wer schreiben konnte, hatte Macht – das war damal<u>s</u> in allen Ländern so. Oft beherrschten nur Priester <u>die</u>se schwierige Kunst, und auch in Mitteleuropa waren es die Mönche, die als Gelehrte Wi<u>ss</u>en bewahrten. In Ägypten waren Schreiber hochgeschätzte Fachleute, die wegen der vielen komplizierten Symbole eine lange Au<u>s</u>bildung in ihrem Beruf brauchten. Im Auftrag des Pharao produzierten sie fleißig Gericht<u>s</u>protokolle, Briefe, Rechnungen und Verträge.

Obwohl das Wort „Papier" von der ägyptischen Pflanze Papyrus abgeleitet ist, wurde das, wa<u>s</u> wir heute als Papier kennen, in China erfunden und verbreitete sich er<u>s</u>t im 13. Jahrhundert in Mitteleuropa. Zu die<u>s</u>er Zeit konnten die mei<u>s</u>ten Deutschen, bi<u>s</u> hin zum Adel, nicht le<u>s</u>en und schreiben. Sogar viele Könige unterschrieben mit einem Kreuz. Al<u>s</u>o übermittelte man Informationen mithilfe von Bildern: Wer die Bibel nicht le<u>s</u>en konnte, der schaute sich die Bilder in den Kirchenfen<u>s</u>tern oder Wandmalereien an und reimte sich so die Geschichte der Kreuzigung zusammen. Deutsch le<u>s</u>en zu können nützte lange Zeit auch nicht gerade viel: In Deutschland waren die mei<u>s</u>ten Texte bi<u>s</u> zum 15. Jahrhundert lateinisch geschrieben.

Teste dich selbst! – s-Laute

| Genu<u>ss</u> | Ma<u>ß</u>stab | Wa<u>ss</u>er | Bu<u>ß</u>e | mü<u>ss</u>en |
| flü<u>ss</u>ig | Fu<u>ß</u>ball | Ru<u>ß</u> | Schu<u>ss</u> | Flo<u>ss</u>e |

(1 Punkt für jeden richtig eingetragenen s-Laut)

Mit ungefähr acht Jahren erschien mir das Schreiben als das grö<u>ßte</u> Wunder auf die<u>s</u>em Planeten. Wie konnte man mit den immer gleichen 26 Buchstaben so viele Türen zu so vielen fremden Welten öffnen? Es war mir unbegreiflich. Ich erinnere mich daran, wie ich die Tür zu meinem Kinderzimmer zuwarf, mich mit einer Au<u>s</u>gabe von Grimms Märchen auf den Knien in einen Se<u>ss</u>el kauerte und mit Herzklopfen zu le<u>s</u>en begann. Kaum zu fa<u>ss</u>en, was die<u>s</u>e Buchstaben in meinem Gehirn anzurichten vermochten und wie sie mich immer tiefer in eine Welt der sprechenden Pferdeköpfe, der Zwerge, Rie<u>s</u>en und Prinze<u>ss</u>innen

zogen. Wie konnte das sein? Es war doch bloß ein bisschen Fliegendreck auf weißem
Papier.

(Doris Dörrie)

(1 Punkt für jeden richtig eingetragenen s-Laut)

Seite 122 **3.** a) Man unterscheidet den **stimmlosen** und **stimmhaften** s-Laut.
   b) Den stimmhaften s-Laut schreibt man immer mit **s**.
   c) Den stimmlosen s-Laut kann man auf **drei** verschiedene Weisen schreiben und zwar **s**,
      ss und **ß**.
   d) Nach einem **langen Vokal** oder einem Doppellaut schreibt man den s-Laut mit ß.
   e) Nach einem **kurzen Vokal** schreibt man den s-Laut mit ss.

(1 Punkt für jede der Regel entsprechend richtig ausgefüllte Lücke)

31 – 25 Punkte	24 – 16 Punkte	15 – 0 Punkte
Das hast du gut gemacht!	Nicht schlecht! Lies dir noch einmal die Lernbox im Arbeitsheft auf S. 119 durch.	Wiederhole noch einmal die Übungen in diesem Kapitel des Arbeitsheftes (S. 119 – 121).

„Freude?strahlend" – Getrennt- und Zusammenschreibung

Seite 123 **1.** a) Wenn du um 14.00 Uhr **zurück bist** ☐ 5 , haben wir noch genügend Zeit für ein
      Beratungsgespräch.
   b) Weil Pauline im Urlaub sehr viel **Fahrrad fahren** ☐ 3 will, bringt sie ihr Rad zum
      Händler, um es kontrollieren zu lassen.
   c) Vor nahezu 3 000 Jahren begannen die Griechen damit, Theaterstücke **aufzuschreiben**
      ☐ 2 und auf speziellen Bühnen **aufzuführen** ☐ 2 .
   d) Es ist nicht ratsam, von dem Mauervorsprung **herunterzuspringen** ☐ 2 .
   e) Solltest du mich noch einmal einfach so **stehen lassen** ☐ 4 , kündige ich dir die
      Freundschaft auf.
   f) Adjektive und Adverbien werden **kleingeschrieben** ☐ 2 .
   g) In welchem Alter hast du **lesen gelernt** ☐ 4 ?
   h) Schülerinnen und Schüler, die am Wandertag **Schlittschuh laufen** ☐ 3 oder **Ski
      fahren** ☐ 3 wollen, müssen sich in eine gesonderte Liste eintragen.
   i) Jule ist es nicht **schwergefallen** ☐ 2 , sich bei ihrem Freund zu entschuldigen.
   j) Paul ist bei dem Wettkampf leider **schwer gestürzt** ☐ 1 .
   k) Auf eine definitive Aussage ließ er sich nicht **festnageln** ☐ 2 .
   l) Das Schnitzel war so groß, dass er seinen Teller nicht **leer essen** ☐ 1 konnte.

Seite 124 **2.** a) **Fleisch fressende/Fleischfressende** Pflanzen wachsen in den Tropen, einige Arten gibt
      es jedoch auch in unseren Regionen zu kaufen.
   b) Mit einem Spezialschwamm kannst du dein Fahrradgestänge **blank putzen/blankput-
      zen**.
   c) Der Ätna gehört zu den Vulkanen, die immer wieder **Feuer speien**.
   d) Das, was sie gemacht hat, sollte ihr **leidtun**.
   e) Wenn du zu lange ungeschützt in der Sonne **liegen bleibst**, kannst du deine Haut
      dauerhaft schädigen.
   f) In ca. einer Stunde werde ich mit den Hausaufgaben **fertig sein**, dann können wir **Eis
      essen**.
   g) Wenn du bei einem Referat **frei sprichst**, ist dir die Aufmerksamkeit des Publikums eher
      gewiss, als wenn du alles abliest.
   h) Wenn alles **vorbei ist**, werde ich ein paar Tage ausspannen.

i) Im klassischen Griechenland saßen die Zuschauer auf **ansteigenden** Stufen, die das Bühnenhaus im Halbrund **umschlossen**.

j) Das Gerät ließ sich nur sehr schwer **handhaben**, deshalb beschloss sie, es **zurückzugeben**.

k) Seine Eltern haben ihm verboten, so lange **fernzusehen**.

l) Wiederholt versuchte er, ihr Vertrauen **wiederzugewinnen**.

Seite 125 **1.** **Was berichtet die Sage vom Minotaurus?**

sogenannten/so genannten, unterirdischen, abgeleitet, doppelschneidigen, so oft, zu stimmen, rennen hören, sofern, Glauben schenkt, zu erklären

Welche Religion hatten die alten Griechen?

gnädig zu stimmen, Wohlergehen, zu sichern, zu stellen, voraussagen, bevorstand, zu erfahren, aufstiegen, inmitten

Wie wurden die Mumien im alten Ägypten behandelt?

einbalsamiert, zu ermöglichen, sodass, Verwesungsprozess, Sobald, abgerieben, wohlriechende, damaligen, zu erhalten, langwieriges, ausgeführt, sichergestellt, weiterleben

Teste dich selbst! – Getrennt- und Zusammenschreibung

Seite 126 **1.** **Steinmarder**

Vor diesem bösen Beißer müssen **Autofahrer** (1) **Angst haben** (2). Denn der von Steinmardern verursachte Schaden ist **riesengroß** (3). Die **Reparaturkosten** (4) können zu 70 Millionen Euro **zusammengefasst** (5) werden, wobei die **Folgeschäden** (6) an den Motoren nicht **mitgerechnet** (7) sind. Wenn in manchen **Vorortstraßen** (8) im Mai und Juni **flächendeckend** (9) geparkte Autos **stillgelegt** (10) werden, sieht man manchmal, wie Nachbarn **wutentbrannt** (11) **zusammenkommen** (12), und hört, wie gängige Gegenmaßnahmen **ausgetauscht** (13) werden. Dazu gehört es zum Beispiel, **Hundehaare** (14), **Mottenkugeln** (15) oder Knoblauchzehen im **Motorraum** (16) zu platzieren, also eigentlich alles, was stinkt und **bitter schmeckt** (17).

Für die betroffenen Autofahrer ist es sicherlich kein Trost, wenn ihnen der Marder ein gestohlenes **Hühnerei** (18) oder auch einen toten Vogel auf dem **Luftfilter** (19) **zurücklässt** (20). Als Schutz gegen Marderbisse empfehlen Experten vor allem gehärtete Überzüge für Kabel und Schläuche, eine **regelmäßige** (21) **Motorwäsche** (22) oder auch die Benutzung öffentlicher **Verkehrsmittel** (23).

(2 Punkte für jede richtig geschriebene Einsetzung)

46 – 37 Punkte	36 – 25 Punkte	24 – 0 Punkte
Das hast du gut gemacht!	Nicht schlecht! Lies dir noch einmal die Lernbox im Schulbuch auf S. 268 und im Arbeitsheft auf S. 123 durch.	Wiederhole noch einmal die Übungen im Arbeitsheft (S. 123 – 125) und im Schulbuch (S. 268 – 271).

Wo steht ein Komma? – Kommas richtig setzen

Seite 127 **1.** **Tunnelbau heute**

a) Die Tunnel von U-Bahnen, Autobahnen und Eisenbahnen wurden früher von Hand, unter härtesten Bedingungen und mit Hunderten von Arbeitern gebaut.

b) Heute erledigen gigantische, 1 000 Tonnen schwere, 150 Meter lange und mit einem kaum zu zerstörenden Bohrkopf ausgestattete Tunnelbohrmaschinen diese Arbeit.

c) In einer Stadt wie London müssen dabei andere U-Bahn-Linien, Versorgungseinrichtungen, Abwasserkanäle und unterirdische Flüsse umgangen werden.

d) Voraussetzung eines Tunnelbauvorhabens ist immer <u>die genaue Kenntnis der</u> geologi-schen Beschaffenheit des Geländes, die Untersuchung der Bodenmechanik, die Einschätzung auftretender Drücke sowie eine Analyse der Gesteinszusammensetzung.

e) <u>Der U-Bahn-Tunnel wird mit Beton ausgekleidet, die Stromversorgungsleitungen werden installiert, Beleuchtungsanlagen werden eingebaut und Belüftungsanlagen werden eingerichtet.</u>

f) Als die längsten Tunnel der Welt gelten <u>der Tunnel der U-Bahn-Linie 3 der chinesischen Stadt Guangzhou mit 67,30 km, ein Tunnel der U-Bahn-Linie 10 in Peking mit 54,80 km, der Seikantunnel der japanischen Eisenbahn mit 53,85 km und der Eurotunnel unter dem Ärmelkanal zwischen Frankreich und England mit 49,94 km.</u>

Seite 128 **1.** a) Das Gehirn von Schimpansen ist nur ein Drittel so groß wie das menschliche, aber trotzdem besitzen sie eine erstaunliche Intelligenz.

b) Schimpansen können nicht nur Probleme lösen, sondern haben auch richtige Aha-Erlebnisse.

c) Sie spitzen sowohl zum Jagen als auch zum Stochern in Termitenbauten Stöcke an.

d) Dieses Verhalten ist weder angeboren noch wird es den Jungen beigebracht.

e) Ein Schimpanse kann die Zeichensprache von Menschen lernen, aber er wird nie wie ein Mensch sprechen.

f) Sowohl der hochstehende Kehlkopf als auch die anders gebaute Luftröhre verhindern beim Schimpansen ein wirkliches Sprechen.

g) Mithilfe der Zeichensprache äußern Schimpansen nicht nur Wünsche, sondern unter-halten sich auch mit Menschen.

h) Sie beantworten jede Frage ihres Trainers, aber sie zeigen niemals Zweifel.

i) Schimpansen sind intelligent, jedoch zeigt sich hier die Grenze ihrer Intelligenz.

j) Sie können nichts hinterfragen, sondern nehmen die Dinge einfach hin.

Seite 129 **1.** **Abenteuerlicher Flug nach Schweden**

a) <u>Schon die Fahrt mit dem Bus von Paderborn zum Flughafen am Niederrhein war außergewöhnlich,</u> (da) der Busfahrer sich nur auf seinen angeblichen Orientierungssinn verließ.

b) <u>Am Ende kostete uns dies wenigstens eine Dreiviertelstunde Verspätung,</u> (die) ziemlich nervenaufreibend war.

c) (Da) wir zu dem Zeitpunkt noch nichts von den kommenden Problemen wussten, <u>haben wir uns alle beschwert.</u>

d) (Weil) der Flughafen recht übersichtlich war, <u>lief nach Ankunft am Flugschalter alles glatt und wir saßen alle glücklich und zufrieden auf unseren Sitzen.</u>

e) <u>Dem einen oder anderen Schüler wurden dann aber doch die Knie weich,</u> (als) der Flieger abhob.

f) <u>Man konnte nur noch die Lichter der Städte erkennen,</u> (da) schon der Abend nahte.

g) <u>Immer mehr Schüler schliefen ein,</u> (auch wenn) die Sitze nicht sehr bequem waren.

h) <u>So bemerkten wir auch nicht,</u> (dass) der Pilot irgendwann die Richtung änderte und wieder heimatlichen Kurs nahm.

i) <u>Entsprechend groß war die Verwunderung,</u> (als) wir dann wieder am Niederrhein landeten.

j) <u>Wegen technischer Probleme war der Pilot,</u> (der) noch neu in seinem Beruf war, <u>auf Nummer sicher gegangen und umgekehrt.</u>

k) <u>So mussten wir erst eine ganze Zeit warten,</u> (bis) ein neuer Flug gestartet werden konnte.

Seite 130 **2.** Besonders wichtig ist, (dass) durch die Einführung einer Schuluniform das Gemeinschaftsge-fühl in den Klassen erhöht wird. Ausschlaggebend ist dafür, (dass) aufgrund der einheitli-chen Kleidung der Konkurrenzdruck untereinander und der Neid entfallen. In unserer

Klasse nehmen zum Beispiel immer wieder einige Schülerinnen und Schüler nicht am Sportunterricht teil, (weil) sie nicht die „angesagten" Markenschuhe besitzen.
Die positive Wirkung einer einheitlichen Schulkleidung ist demnach, (dass) sich niemand ausgeschlossen fühlen muss.
Schwerer als das Bedürfnis nach individueller Kleidung wiegt sicher, (dass) sich viele Schülerinnen und Schüler oft ausgegrenzt fühlen. Dieser Ausgrenzung kann durch die Einführung einer einheitlichen Schulkleidung ein Ende gesetzt werden. (5 Kommas)

Seite 130 **3.** **Delfine und ihre Kommunikation**
Über die Delfine wissen wir sehr viel, weil sich schon sehr viele Forscher mit ihnen beschäftigt haben. Das ist auch verständlich. Delfine sind populär, weil sie attraktiv sind, als intelligent und als menschenfreundlich gelten. […] An der australischen Küste kommen frei lebende Delfine sogar zu regelmäßigen Begegnungen mit Badegästen an den Strand. Obwohl viele Beobachtungen über die Kommunikation von Delfinen gemacht wurden, sind bisher nur wenige Aufzeichnungen im freien Wasser gelungen.
(4 Kommas)

Besonderes Glück hatte eine Studentengruppe aus Kiel, die vor der spanischen Küste von einer Plattform aus erstmals Video- und Tonaufnahmen machen konnte. In der Bucht lebten zahlreiche Hornhechte, die auf Delfine große Anziehungskraft ausübten. Das Revier unter Wasser ist offenbar klar umrissen, weil über einen Beobachtungszeitraum von drei langen Sommermonaten sich die Delfine hier regelmäßig einfinden, um zu jagen.
(3 Kommas)

Selten zuvor wurden die Kommunikationslaute frei lebender Delfine aus so großer Nähe aufgenommen. Es sind Signale, die meist mit einer hohen Frequenz beginnen, danach abfallen und wieder ansteigen. Offenbar sind sie von Bedeutung, wenn Delfine koordiniert in Formation schwimmen. Sozusagen durch Verabredung auf Signalpfiff lösen sich zwei Delfine aus dem Verband, die in den dichten Pulk der Hornhechte vorstoßen.
(4 Kommas)

Von ganz anderer Qualität sind die Ortungslaute, die in der Wirkungsweise eines Echolots auf den Fischschwarm treffen, sodass sie zum Sender zurückkehren. Richtung und Intensität der Schallwellen informieren den Jäger darüber, wo der Standort der Beute ist. Aber nicht genug damit! Wenn der Delfin seine Schallstrahlen so verändert, dass daraus niedrigfrequente Schallstöße werden, können sie zur betäubenden oder tödlichen Waffe werden. Taucher, die häufiger solche Szenen beobachteten, haben davon berichtet. Vom Schallstrahl der Delfine getroffene Fische erzitterten, erlahmten und wurden geschnappt.
(8 Kommas)

Seite 132 **1.** a) Die Unterkunft, die wir gebucht haben, bevor wir losgefahren sind, erwies sich als katastrophal.
b) Um das Hotel, das mitten in der Stadt lag, die von vielen Menschen besucht wird, führte eine Hauptstraße.
c) Viele Autofahrer, die auf der Hauptstraße fuhren, weil sie die schnellste Verbindung in die Stadt war, hupten unaufhörlich.
d) Wir waren entsetzt, als wir merkten, dass wir auch nachts keine Ruhe finden würden.
e) Obwohl unser Zimmer, das sich entgegen unseren Wünschen im Erdgeschoss befand, zum Hinterhof lag, drang der Lärm hinein.
f) Weil wir nicht wollten, dass wir keine Nacht Ruhe finden, baten wir die Reiseleitung um ein Zimmer in einem anderen Hotel.
g) Weil jedoch kein Zimmer frei war, das unserer Preisvorstellung entsprach, mussten wir noch zwei Tage in dem Lärm ausharren.

Seite 133 **2.** a) Weil die Hinfahrt, die über zehn Stunden dauerte, sehr anstrengend war, schliefen wir direkt nach der Ankunft erst einmal zwei Stunden.

b) Obwohl es sehr heiß war, weil es Mittag war und die Sonne schien, schliefen wir tief und fest.

c) Danach gingen wir, weil wir auf das Meer schauen wollten, das nur wenige Schritte vom Hotel entfernt lag, an den Strand.

d) Da wir unsere Badehosen, die noch im unausgepackten Koffer lagen, nicht mitgenommen hatten, konnten wir nicht sofort schwimmen gehen.

e) In den nächsten Tagen, die voller Sonnenschein waren, wie auch der Wetterbericht vorhergesagt hatte, gingen wir mit großer Freude ins Wasser.

Seite 133 **3.** **Individuelle Lösung**

Seite 134 **1.** **Eine anstrengende Busfahrt**

a) Auch die Möglichkeit, sich entspannt hinzusetzen, war nicht immer gegeben.

b) So baten schon bald die ersten Schüler darum, eine Pause zu machen.

c) Der Busfahrer musste aber daran denken, seine vorgeschriebenen Ruhezeiten einzuhalten.

d) So schnell kam es also nicht infrage, eine Rast zu machen.

e) Zum Glück hatten mehrere Schüler DVDs mitgenommen, um sich die Zeit zu verkürzen.

f) Nach längeren Diskussionen gelang es, sich auf einen Film zu einigen.

g) Der Film half den Schülern dabei, sich über die Unbequemlichkeiten hinwegzutrösten.

h) So waren alle darüber erstaunt, vom Busfahrer zu hören, dass die lang ersehnte Pause anstehe.

i) Alle stürmten in die Raststätte und keiner dachte daran, nach dem Zeitpunkt der Weiterfahrt zu fragen.

j) Der Anblick des Fast-Food-Restaurants verleitete viele Schüler dazu, sich dort erst einmal verköstigen zu lassen.

k) Die Lehrer hatten alle Mühe damit, die Schüler wieder in den Bus zu bekommen.

l) Nach einer langen Fahrt freuten wir uns darüber, am Ziel zu sein.

m) Keiner mochte zu dem Zeitpunkt daran denken, sich wieder auf den Heimweg machen zu müssen.

Seite 135 **2.** **Das Wunder von Bern – Der Inhalt**

Während der Bergarbeiter Richard Lubanski aus Essen in russischer Gefangenschaft war, hat seine Familie gelernt, ohne ihn auszukommen. Bei seiner Rückkehr 1954 muss er feststellen, dass sein ältester Sohn ein Kommunist ist, seine Tochter mit Soldaten flirtet und sein elfjähriger Sohn Matthias (Rufname Mattes), den er noch nie gesehen hat, den Fußballer Helmut Rahn als Idol hat, den Richard gar nicht kennt. Bei aller Mühe schafft er es zunächst nicht, sich wieder in seine Familie einzufügen.

Währenddessen gelingt es der deutschen Nationalmannschaft, bei der Weltmeisterschaft als Außenseiter bis ins Endspiel zu kommen. Helmut Rahn ist jedoch frustriert, weil der Trainer ihn zunächst nicht aufstellt. Langsam bessert sich das Verhältnis zwischen Richard und Mattes, und auch Helmut Rahn ist im Finale gegen Ungarn aufgestellt, in dem er das entscheidende Tor zum 3:2-Endstand schießt, mit dem Deutschland die Sensation gelingt, zum ersten Mal Weltmeister zu werden.

Seite 136 **1.** **Die Farbe Weiß**

Wortgeschichtlich ist Weiß mit anderen indoeuropäischen Wörtern verbunden, die „licht", „leuchtend" und „hell" bedeuten. In bildhaften Wortzusammensetzungen ist der Sinn erweitert zu „makellos", „unbefleckt". Ein weißer Fleck auf einer Landkarte bezeichnete früher eine unerforschte Gegend, heute ist generell etwas Unbekanntes damit gemeint. Wer eine weiße Weste hat, hat sich nichts vorzuwerfen.

Schwarzes Schaf

Bei Schafzüchtern sind schwarze oder gefleckte Schafe weniger erwünscht, weil ihre Wolle nicht die gewünschte Qualität hat und zur Stoffbearbeitung, wozu auch das Färben gehört, unbrauchbar ist.

Graue Maus

Hier ist nicht von einem Tier die Rede, sondern von einer menschlichen Person, die klein und unauffällig ist wie eine Maus und diesen Eindruck häufig noch durch unauffällige Kleidung unterstützt.

Blauer Brief

Dahinter verbirgt sich ein Warnschreiben (vor allem von der Schule an die Eltern). Im 19. Jahrhundert wurden in Preußen königliche Kabinettsorders, aber auch Mahnschreiben an Beamte und Offiziere, die ihre Versetzung in den Ruhestand beantragen sollten, in blauen Umschlägen verschickt.

Teste dich selbst! – Kommas richtig setzen

Seite 137 **1.**

a) Für eine schnelle Antwort wäre ich Ihnen sehr dankbar.

b) Aus diesem Grund sind Pinguine gute Testobjekte für das Studium von Ausmaß, Dauer und Bedingungen der Kältegewöhnung.

c) Ein Unternehmen sollte, was es an Gewinn erwirtschaftet, zu einem Teil wieder neu investieren.

d) Vonseiten der Regierung hielt sich niemand, nicht einmal der Pressesprecher, dafür zuständig, uns eine konkrete Prognose mitzuteilen.

e) Bei Vertragsabschluss ist es das Beste, alle Nebenabsprachen schriftlich niederzulegen.

f) Im Zusammenhang mit der steigenden Umweltverschmutzung nehmen die Verhandlungen mit Unternehmen, vor allem mit Großunternehmen, beträchtlich zu.

g) Wir gehen davon aus, nun unsererseits alles getan zu haben, um Ihre Zustimmung zu erhalten.

h) Sicherlich ist es nicht leicht und vielleicht sogar eine Gefahr, Vorhersagen auf diesem Gebiet zu wagen, dennoch halten wir eine Prognose für erforderlich.

i) Eine abschließende Bewertung der hier vorgestellten Verfahren ist auf den letzten Seiten zu finden.

j) Es wurde immer heißer, aber die Sonne, die hoch am Himmel stand, wollte nicht mehr aufhören zu scheinen.

k) Er dachte nach und dachte nach.

l) Der Ausdruck „rosa Brille" wird seit dem 20. Jahrhundert dazu verwendet, zum Ausdruck zu bringen, dass man sich über irgendetwas oder über einen Menschen angenehmere Vorstellungen macht, als es der Wirklichkeit entspricht.

(2 Punkte für jeden Satz mit richtiger Zeichensetzung)

Seite 138 **2.** **Feuerwehr befreite ein Schaf aus einer misslichen Lage**

Die Feuerwehr, die es am Freitagabend mit einer einzigartigen Rettungsaktion zu tun hatte, befreite ein Schaf aus einem Kanalrohr.

Als der Schäfer seine kleine Herde zählte, vermisste er ein zwei Monate altes Schaf. Schließlich hörte er, nachdem er zuvor vergeblich die Weide abgesucht hatte, aus einem unvergitterten Kanalrohr das ängstliche Blöken des Schafes. Mithilfe eines Videowagens wurde schließlich das Tier aufgespürt, das unterirdisch 200 Meter weit gelaufen war und nun hilflos im Kanal feststeckte. Weil kaum zu erwarten war, dass es selbst rückwärts geht und aus dem Kanal zurückfindet, musste etwas geschehen. Nachdem das Rohr freigelegt und ein Loch hineingeschlagen war, konnte schließlich ein Feuerwehrmann das Tier an den

Hinterbeinen ins Freie ziehen. Der Einsatzleiter taufte das Tier Florian, weil so der Schutz-patron der Feuerwehr heißt.

(1 Punkt für jedes richtig ergänzte Komma)

Seite 138 ▮**3.**▮ **Das Wunder von Bern – Meinungen**

a) Mich hat der Film deshalb sehr überzeugt, weil es dem Regisseur gelungen ist, das Geschehen von Beginn an bis zum Schluss aus der Perspektive des Jungen darzustellen. (Jonathan)

b) Ich würde gerne erfahren, was aus den ungarischen Spielern geworden ist. Soweit ich weiß, haben viele es nicht überwinden können, dieses Endspiel zu verlieren. (Christoph)

c) Sönke Wortmann zeigt, dass es auch mit einem eher geringen Budget möglich ist, einen hervorragenden Film zu drehen. (Aus der Presse)

d) Das Werk des Regisseurs Sönke Wortmann wird dem Anspruch gerecht, Dokumentation und erfundene Geschichte in einem Werk zu vereinen, ohne langweilig zu sein. (Aus der Presse)

(1 Punkt für jedes richtig ergänzte Komma)

43 – 33 Punkte	32 – 19 Punkte	18 – 0 Punkte
Das hast du gut gemacht!	Nicht schlecht! Lies dir noch einmal die Lernboxen im Schulbuch auf den S. 273 – 282 und S. 323 – 329 durch.	Wiederhole noch einmal die Übungen im Arbeitsheft (S. 127 – 136) und im Schulbuch (S. 273 – 282 und S. 323 – 333).

h) Deshalb erhielten Carolin _____ Lili _____ die Erlaubnis.

i) _____ überlegen sie, _____ sie lieber in ein Jugendcamp am

Mittelmeer _____ in ein Jugendhotel an der Ostsee fahren wollen.

2. Arbeite so mit den zwei Fotos:
- Suche die elf Stellen, durch die sich das untere Bild vom oberen unterscheidet, und kreise sie ein.
- Beschreibe anschließend, wo sich die Stellen im unteren Bild befinden.
  Benutze dazu Präpositionen wie z. B. *in, an, unter, neben, über, vor.*
  Beispiel: *Der Abfalleimer über dem Sonnenschirm, der ganz rechts steht, fehlt.*

978-3-86313-545-4 Bilder-Rätsel-Spaß

Präsens, Präteritum, Futur ... – Zeitformen kennen

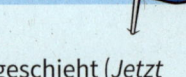

Das musst du wissen

Das **Präsens**

- bezeichnet meistens etwas, das in der Gegenwart, **in diesem Augenblick**, geschieht (*Jetzt lebt Inga im Ausland*).
- Es kann aber auch etwas bezeichnen, das **zu jeder Zeit** gültig ist (*Auslandsaufenthalte gefallen vielen jungen Leuten*).
- Das Präsens kann auch etwas bezeichnen, das in der **Zukunft** liegt (*Morgen fliegt Sanna in die USA*).

Das **Perfekt** ist eine Zeitform der Vergangenheit.

- Es wird häufig im **mündlichen Sprachgebrauch** im Alltag verwendet.
- Mit dem Perfekt lässt sich aber auch ausdrücken, dass **sich etwas noch vor dem im Präsens erzählten Geschehen** ereignet hat.
- Es wird mit einer **Personalform von *haben* oder *sein* im Präsens** und dem **Partizip II** gebildet (*Zum Geburtstag hat sich Sanna Geld für ihre Reise gewünscht. Sie ist bereits ganz aufgeregt*).

Mit dem **Präteritum**

- drückt man aus, dass **etwas vergangen** ist (*Vor einem Jahr sah Sanna eine Reportage im Fernsehen. Gestern regnete es*).

Das **Plusquamperfekt** ist eine Zeitform der Vergangenheit.

- Mit ihm wird ausgedrückt, dass sich etwas **noch vor dem im Präteritum erzählten Geschehen** ereignet hat.
- Es wird mit einer **Personalform von *haben* oder *sein* im Präteritum** und dem **Partizip II** gebildet (*Jannick hatte einen Bericht über das freiwillige ökologische Jahr gelesen. Dadurch war er auf diese Idee gekommen*).

Das **Futur**

- drückt aus, dass ein Geschehen in der **Zukunft** abläuft (*Jannick wird nächste Woche mit seinem Dienst beginnen*).

1. Unterstreiche die Verben des folgenden Textes und bestimme die Zeitformen. Gehe dabei Absatz für Absatz vor.

Benitas großer Traum

Kurz nach ihrem fünfzehnten Geburtstag verfolgte Benita im Fernsehen eine Reportage über junge Leute, die nach der Schule erst für ein Jahr ins Ausland gingen. Danach begannen sie dann mit ihrer Berufsausbildung. Benita fand diese Idee faszinierend. So etwas wünschte sie sich auch. Ihre Eltern dämpften aber ihre Begeisterung – zunächst.

5 Zeitform: _____

„Du bist doch gerade erst fünfzehn geworden. Du hast sicher

nicht genau zugehört. Wir sind richtig geschockt von deinen

Plänen."

Zeitform: _____

10 Doch Benita ließ sich nicht beirren. Sie suchte nach Informati-

onen über die verschiedenen Möglichkeiten. In die engere

Wahl kam eine Au-pair-Stelle.

Zeitform: _____

Unter Au-pair versteht man junge Leute, die in einer Familie tätig sind und dafür Verpflegung,

15 Unterkunft und ein Taschengeld bekommen. So lernen sie die Sprache und die Kultur des

Gastlandes kennen. Die meisten Au-pair-Mädchen und -Jungen betreuen Kinder in den Familien

und verrichten leichte Hausarbeiten.

Zeitform: _____

Während des Betriebspraktikums im neunten Schuljahr hatte Benita in einer Bäckerei geholfen.

20 Dort war man mit ihr sehr zufrieden gewesen.

Zeitform: _____

Deshalb konnte sie wieder in diesem Betrieb arbeiten. Vor der Schule und an den Wochenenden

half sie in der Bäckerei und verdiente so das Geld für den Flug. Dieses Engagement überzeugte

dann auch die Eltern und sie unterstützten ihre Tochter nun bei ihrem Vorhaben.

25 Zeitform: _____

Am Ende des Schuljahres wird Benita ihren Schulabschluss machen. Nur vier Wochen später

wird sie dann schon in den USA bei ihrer Gastfamilie leben. Dort wird sie die dreijährigen

Zwillinge betreuen und ihr Englisch verbessern.

Zeitform: _____

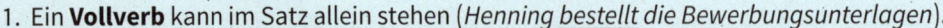

Rund ums Verb – Vollverb, Hilfsverb, Modalverb

Das musst du wissen

1. Ein **Vollverb** kann im Satz allein stehen (*Henning bestellt die Bewerbungsunterlagen*).

2. **Hilfsverben** sind die Wörter *haben, sein* und *werden*.

   Sie werden meistens für die Bildung der Zeiten (Tempora) eingesetzt.

   Beispiele: *Er hat sich über Ausbildungsberufe informiert.* (Perfekt)

   Er war zur Berufsberatung gegangen. (Plusquamperfekt)

   Er wird die Schule in einem Jahr verlassen. (Futur)

3. **Modalverben** sind die Wörter *wollen, dürfen, mögen, können, sollen* und *müssen*.

   Mit ihrer Hilfe kann man Aussagen über die Art und Weise einer Handlung machen.

   Beispiele: *Die Helfer dürfen die Gruppe führen.* (= Erlaubnis)

   Anna will Hendrik helfen. (= Wunsch/Absicht)

4. Hilfs- und Modalverben können auch allein das Prädikat bilden. Sie werden dann wie Vollverben gebraucht.

   Beispiel: *Das darf ich nicht.*

1. Übertrage die Tabelle in dein Heft und ordne die unterstrichenen Verben der folgenden Sätze in die entsprechenden Spalten der Tabelle ein.

Vollverb	Hilfsverb ...		Modalverb ...
	+ anderes Verb (Zeitenbildung)	als Vollverb	als Hilfsverb

Freiwilliges ökologisches Jahr

- Henning <u>hat</u> noch keinen Berufswunsch.
- In einem Jahr <u>wird</u> er allerdings die Schule <u>verlassen</u>.
- Er <u>ist</u> unschlüssig.
- <u>Soll</u> er noch weiter zur Schule <u>gehen</u>?
- Das <u>kann</u> er sich momentan nicht <u>vorstellen</u>.
- Er <u>informiert</u> sich über verschiedene Lehrberufe.
- <u>Will</u> er einen dieser Berufe überhaupt <u>ausüben</u>?
- In dieser Situation <u>weist</u> ihn ein Freund auf das „freiwillige ökologische Jahr" (FÖJ) <u>hin</u>.
- Hennig <u>besorgt</u> sich erst einmal Informationsmaterial.
- Das FÖJ <u>wendet</u> sich an alle jungen Leute zwischen 16 und 27 Jahren.
- Sie <u>müssen</u> sich aber für den Natur- und Umweltschutz <u>interessieren</u>.
- In diesem Bereich <u>sollen</u> sie nämlich <u>arbeiten</u>.
- Sie <u>werden</u> aber auch Einblicke in ökologische Berufe <u>erhalten</u>.
- Er <u>bestellt</u> die Bewerbungsunterlagen.

2. Ergänze den Lückentext auf S. 73 mit passenden Wörtern aus dem Wortspeicher.

mögen • müssen (2 x) • dürfen • will • sollen • kann • können • darf

Einsatzmöglichkeiten im freiwilligen ökologischen Jahr (FÖJ)

Henning erfährt, dass es vielfältige Einsatzmöglichkeiten im FÖJ gibt. In größeren Städten bieten

Zoos Stellen an. Die jungen Leute _____ dort unter fachkundiger Anleitung

Tiere pflegen und versorgen. Es _____ aber auch vorkommen, dass sie

Kindergarten- und Schülergruppen betreuen. Die freiwilligen Helfer _____

5 sie dann zu den Tiergehegen führen und ihnen auch einiges zu den Tieren erklären.

Für Pflanzenliebhaber bieten sich Botanische Gärten an, die es auch in großen Städten gibt. Hier

_____ sich die freiwilligen Helfer vor allem um die Blumen kümmern,

aber auch die Gehwege und Lernpfade benötigen viel Pflege. Da viele tropische Pflanzen das europäi-

sche Klima nicht _____, wachsen sie in speziellen Tropenhäu-

10 sern und _____ besonders behandelt werden. In fast allen Gegen-

den gibt es auch spezielle Bildungseinrichtungen, in denen sich Interessierte über besondere

Lebensräume von Tieren und Pflanzen informieren _____. Ganz in

Hennings Nähe befindet sich zum Beispiel ein Auenzentrum mit Informationen über die

Pflanzen und Tiere einer naturbelassenen Flusslandschaft. Dort _____

15 Henning einmal vorbeischauen und mit den Mitarbeitern sprechen. Vielleicht

_____ er dort sein FÖJ machen.

3. Setze die Satzanfänge fort und verwende dabei passende Modalverben.

a) Junge Leute zwischen 16 und 27 Jahren _____

_____

b) Natur und Umweltschutz _____

_____

c) Die freiwilligen Helfer _____

_____

Teste dich selbst! – Wortarten

1. Schreibe die Wortarten der Wörter in die mittlere Spalte. Bestimme anschließend die Zeitformen, in denen die drei Sätze stehen, und schreibe sie in die rechte Spalte.

	Wortarten	Zeitform
Henning		
hat		
verschiedene		
Naturschutzprojekte		
besucht.		
Vor		
seinem		
Eintritt		
in		
das		
Berufsleben		
möchte		
er		
gern		
ein		
„Freiwilligenjahr"		
machen.		
Diese		
Möglichkeit		
wird		
es		
für		
junge		
Leute		
jährlich		
geben.		

29 / ____

2. Ordne die Verben der drei Sätze in die richtige Spalte ein.

Hilfsverb + Vollverb zur Bildung einer Zeitform	Modalverb + Vollverb

3 / ____

mögliche Punkte: 32 / erreichte Punkte: ____

Bekannte Satzglieder – Subjekt, Prädikat, Objekt

Das musst du wissen

Die einzelnen Bausteine eines Satzes nennt man **Satzglieder**. Die wichtigsten Satzglieder kennst du bereits:

- Das **Subjekt** antwortet auf die Frage **Wer oder was …?** und steht immer im **Nominativ**
  (1. Fall).
- Das **Prädikat** besteht immer aus einem **Verb** oder einer **Verbgruppe**. Es antwortet auf die
  Frage **Was tut jemand?** oder **Was geschieht?**. Wenn ein Prädikat aus mehreren Teilen
  besteht, spricht man von einer **Prädikatsklammer** (*Sie **sind** zum Mond **geflogen***).
- Oft werden Prädikate im Satz durch weitere Satzglieder ergänzt. Diese **Ergänzungen** sind
  Objekte. Man unterscheidet sie in der Regel nach dem **Fall**, in dem sie stehen. Häufig vorkom-
  mende Objekte sind das Akkusativ- und das Dativobjekt.
  - Das **Dativobjekt** antwortet auf die Frage **Wem …?**.
  - Das **Akkusativobjekt** antwortet auf die Frage **Wen oder was …?**.

1. Stelle die Sätze jeweils einmal um und klammere die Wörter ein, die ein Satzglied bilden.

a) Viele Menschen fasziniert die Erforschung des Weltraums.

_____

_____

b) Raumsonden ermöglichen uns heute viele Erkenntnisse über den Weltraum.

_____

_____

c) Viele Jahre lang fliegen diese Raumsonden durch das Weltall.

_____

_____

d) Riesige Entfernungen legen sie auf ihrem Weg zurück.

_____

_____

_____

Unser
Sonnensystem

e) Die Raumsonden senden Bilder von anderen Planeten zur Erde.

_____

_____

2. Finde in den umgestellten Sätzen die Prädikate, indem du zu jedem Satz die Satzgliedfrage „Was tut jemand?" oder „Was geschieht?" stellst. Unterstreiche anschließend die Prädikate.

3. Finde auch die Subjekte, indem du die Satzgliedfrage „Wer oder was tut etwas?" stellst. Kennzeichne die Subjekte mit einer Wellenlinie.

4. Unterstreiche in dem folgenden Text die Akkusativobjekte.

Die Raumsonde Mariner 4

Die Erforschung des Weltraums

Zur Erforschung des Weltraums nutzt man oft Satelliten und Raumsonden. Satelliten umkreisen die Erde in einer festen Umlaufbahn. Raumsonden verlassen den Anziehungsbereich der Erde. Sie fliegen ins Weltall hinaus. Manche Raumsonden sollen einen bestimmten Planeten erforschen. Am Ende ihrer Reise
5 umkreisen sie dann diesen Planeten. Den Planeten Mars beobachten im Moment mehrere Raumsonden. Sie erkunden seine Oberfläche und senden Daten zur Erde.

 5. Jeder der folgenden Sätze enthält ein Dativobjekt. Unterstreicht die Dativobjekte.

Der Rote Planet

a) Dem Mars haben die Menschen den Namen „Roter Planet" gegeben.

b) Dies verdankt er seiner auffallend roten Farbe.

c) Um 1600 gelangen dem Astronomen Johannes Kepler genauere Beobachtungen des Roten Planeten.

d) Schon vor 350 Jahren gelang einem anderen Forscher die erste Marskarte.

e) Der Suche nach Marsbewohnern gehörte danach das besondere Interesse der Menschen.

Blick auf die Marsoberfläche

Der Zeit, des Ortes, des Grundes ... – die adverbiale Bestimmung

Das musst du wissen

- Die **adverbiale Bestimmung** macht **Angaben zu den näheren Umständen**, z. B. einer Handlung oder eines Vorgangs.
- Man unterscheidet, je nachdem, auf welche Frage sie antworten, adverbiale Bestimmungen der **Zeit** (*Wann? Wie lange?*), des **Ortes** (*Wo? Wohin?*), der **Art und Weise** (*Wie?*), des **Grundes** (*Warum?*) und des **Mittels** (*Womit? Mit welchen Mitteln?*).

1. Bestimme die unterstrichenen adverbialen Bestimmungen in den folgenden Sätzen.

a) Im Jahr 1977 starteten die Raumsonden Voyager 1 und 2 ins Weltall.

_____

b) Mit diesen Sonden erforschte man mehrere Planeten unseres Sonnensystems.

_____

c) Voyager 2 startete zwei Wochen vor Voyager 1.

_____

d) Voyager 1 flog schneller und konnte die andere Sonde nach einiger Zeit überholen.

_____

e) Wegen ihrer langen Lebensdauer stellen die Voyager-Sonden einen besonderen Erfolg für die NASA dar.

_____

Voyager-Sonde im All
(NASA-Modell)

2. Unterstreicht in dem folgenden Text „Der Mars wird erforscht" alle adverbialen Bestimmungen.

Viking 1 Lander (NASA-Modell)

Der Mars wird erforscht

1965 erreichte die amerikanische Raumsonde Mariner 4 den Mars. In den Jahren zuvor waren mehrere Sonden nicht dort angekommen. Mariner 4 sendete 22 Bilder des Planeten zur Erde. Die Sonde machte die Fotos mit einer Kamera während des Vorbeifluges. Die
5 folgenden Marsmissionen lieferten mit verbesserten Geräten zahlreiche Fotos vom Mars. Wegen der vielen Bilder und Daten veränderte sich die Vorstellung der Menschen von ihrem Nachbarplaneten grundlegend. Im Jahr 1976 landeten die Sonden Viking 1 und 2 erfolgreich auf dem Mars. Sie konnten Tausende von Fotos machen und Bodenproben entnehmen, doch die Suche
10 nach Leben auf dem Mars blieb erfolglos. In den folgenden Jahrzehnten gab es regelmäßig weitere Marsmissionen. Manche scheiterten, andere erreichten ihr Ziel. Am 6. August 2012 landete der NASA-Rover „Curiosity" auf dem Mars.

3. Bestimme die adverbialen Bestimmungen, die du unterstrichen hast, und trage sie in die Tabelle ein.

Adverbiale Bestimmung				
der Zeit (6 Beispiele)	des Ortes (4)	der Art und Weise (4)	des Grundes (1)	des Mittels (2)

Kein Satzglied, sondern ein Satzgliedteil – das Attribut

1. Arbeite so mit den folgenden Sätzen:

- Stelle die Sätze einmal um und ermittle so die Attribute.
- Unterstreiche in den umgestellten Sätzen die Attribute.
- Kreise die Bezugswörter der Attribute ein.
- Erfrage die Attribute mit den Fragen *Was für ein/eine …?* oder *Welcher/welche/welches …?*.

Der Mond
(von der Erde aus fotografiert)

Der Mond, ein rätselhafter Himmelskörper

a) Die Entfernung von der Erde zum Mond beträgt ca. 380 000 km.

Ca. 380 000 km beträgt die (Entfernung) von der Erde zum Mond. (1 Attribut)

Welche Entfernung beträgt ca. 380 000 km? _____

b) Diese große Entfernung konnten Menschen erst im 20. Jahrhundert überwinden. (1 Attribut)

_____

_____

c) Auf dem Mond herrschen erhebliche Temperaturunterschiede. (1 Attribut)

_____

_____

d) Nachts fällt die Temperatur, die tagsüber auf 110 Grad Celsius steigen kann, auf bis zu –170 Grad Celsius ab. (1 Attribut)

_____

_____

e) Die Erkenntnisse des italienischen Forschers Galileo Galilei veränderten die Vorstellungen, die die

Menschen vom Mond hatten. (2 Attribute)

_____

_____

_____

f) Galileo Galilei, der berühmte Wissenschaftler, erforschte schon 1609 mit einem Teleskop den

Mond. (1 Attribut)

_____

_____

g) Das Licht des Mondes ist eigentlich reflektiertes Sonnenlicht. (2 Attribute)

_____

_____

_____

h) Die Landung auf der Oberfläche des Mondes ist schwierig. (1 Attribut)

_____

_____

i) Amerikanische Astronauten brachten Mondgestein zur Erde. (1 Attribut)

_____

_____

j) Mit dem Mondgestein wurden zahlreiche Untersuchungen durchgeführt. (1 Attribut)

_____

_____

Planeten, „Geschwister der Erde[1]", ... – Attribute unterscheiden

Das musst du wissen

Man unterscheidet folgende Arten von Attributen:

- **Adjektivattribut** („*die große Entfernung*"),
- **Relativsatz/Attributsatz** („*die Entfernung, die groß ist,*"),
- **Apposition** (= Nachstellung, z. B. „*der Mars, ein Planet,*"),
- **präpositionales Attribut** („*die Gefahren bei Weltraumflügen*"),
- **Genitivattribut** („*der Entdecker des Kometen*").

1. Arbeite so mit den folgenden Sätzen:

- Bestimme, um welche Art von Attribut es sich bei den unterstrichenen Wörtern jeweils handelt, und schreibe dies unter die Sätze.
- Kreise die Bezugswörter der unterstrichenen Attribute ein.

a) Venus, <u>die römische Göttin der Liebe</u>, wurde zur Namensgeberin für einen Planeten unseres

Sonnensystems.

_____

b) Auch der Mars, <u>der der Erde näher ist als die anderen Planeten</u>, wurde nach einem römischen

Gott benannt.

_____

c) Wegen der <u>roten</u> Farbe <u>des Planeten</u> benannte man ihn nach dem Kriegsgott Mars.

_____

_____

d) Auf dem Planeten Merkur, <u>der am nächsten zur Sonne steht</u>, herrschen Temperaturen von

bis zu 430 Grad Celsius.

_____

e) Trotzdem gibt es an seinem Nordpol vermutlich <u>gefrorenes</u> Wasser.

_____

f) Die <u>unbemannte</u> Raumsonde Mariner 10 flog vor ca. 40 Jahren am Merkur vorbei und

sendete Bilder <u>des Planeten</u> zur Erde.

_____

_____

---

[1] Zitat aus: Helmut Hornung: Schwarze Löcher und Kometen, Deutscher Taschenbuch Verlag, München 1999, S. 60

g) Jupiter, <u>der größte Planet unseres Sonnensystems</u>, wurde nach dem obersten Gott der Römer benannt.

_____

h) Die Ringe <u>um den Saturn</u> sind vielen Menschen bekannt.

_____

i) Für eine Umrundung <u>der Sonne</u> braucht der Saturn fast 30 Jahre.

_____

j) Friedrich Wilhelm Herschel <u>aus Hannover</u>, <u>ein Musiker und Hobbyastronom</u>, entdeckte 1781 den Planeten Uranus.

_____

_____

k) Die Entfernung <u>von Neptun zur Sonne</u> beträgt ca. 4,5 Milliarden Kilometer.

_____

l) Viele Forscher diskutieren, ob der <u>winzige</u> Pluto überhaupt ein Planet ist.

_____

Der Saturn (Aufnahme der NASA)

Teste dich selbst! – Satzglieder

1. Bestimme in dem folgenden Text die unterstrichenen Satzglieder. Schreibe in Kürzeln darüber: S (Subjekt), P (Prädikat), AO (Akkusativobjekt), DO (Dativobjekt), ABZ (adverbiale Bestimmung der Zeit), ABO (adverbiale Bestimmung des Ortes), ABAW (adverbiale Bestimmung der Art und Weise), ABG (adverbiale Bestimmung des Grundes), ABM (adverbiale Bestimmung des Mittels).

(zu erreichende Punkte / eigene Punkte)

Gibt es Leben auf dem Mars?

Die Suche nach anderen Lebewesen im Weltall hat die Menschen schon seit Jahrhunderten beschäftigt. Auf dem Mars vermutete man lange Zeit andere Lebensformen. Im 19. Jahrhundert glaubte man, dort von intelligenten Lebewesen gebaute Kanäle zu sehen. Die Marsbewohner, auch Marsianer oder Marsmännchen genannt, beschäftigten die Fantasie der Menschen für

5 lange Zeit. Ein Radiohörspiel, das ein amerikanischer Sender ausstrahlte, versetzte 1938 die USA in Aufregung. Dem Regisseur Orson Welles war es gelungen, das Hörspiel „Krieg der Welten" wie eine realistische Reportage klingen zu lassen. Angeblich sah sich die Erde einem Angriff der Marsianer gegenüber. Diese seien mit einer Raumkapsel in New Jersey, einem Bundesstaat der USA, gelandet. Von dort aus würden sie die Herrschaft übernehmen. Tausende Amerikaner

10 glaubten dem Bericht. Sie hielten die Erfindung für Realität. Orson Welles war es mit seinem Hörspiel gelungen, die Menschen in Panik zu versetzen. Viele flüchteten eilig aus den Städten. Erst spät erkannten sie ihren Irrtum. Heute rechnet niemand mehr mit einem Angriff von Marsbewohnern. Dem Leben auf dem Mars widmen Wissenschaftler aber bis heute große Aufmerksamkeit. Dem Marsroboter „Curiosity" gelangen 2012 Fotos von einem ausgetrockneten

15 Flussbett auf dem Mars. Weil es früher vermutlich Wasser auf dem Mars gegeben hat, glauben

Forscher, dass es zumindest einfache Lebensformen auf dem Planeten gegeben haben könnte.

Orson Welles bei der Aufnahme des Hörspiels „Krieg der Welten" (1938)

21 / ____

2. Bestimme, um welche Art von Attribut es sich bei den mit einer Wellenlinie versehenen Attributen handelt. Schreibe in Kürzeln darüber: Aa (Adjektivattribut), App (Apposition), RS/AS (Relativsatz/Attributsatz), Ga (Genitivattribut), pA (präpositionales Attribut).

7 / ____

mögliche Punkte: 28 / erreichte Punkte: ____

Hauptsatz + Neben-/Gliedsatz – Satzgefüge untersuchen

Das musst du wissen

- **Neben-/Gliedsätze** bilden mit einem **Hauptsatz** zusammen ein **Satzgefüge**. Neben-/Gliedsätze werden durch Kommas vom Hauptsatz abgetrennt.
- Den Neben-/Gliedsatz kannst du in der Regel an einem **Einleitungswort** wie einer **Konjunktion** (*dass, weil, als* …) oder einem **Relativpronomen** (*der, welcher, auf dem* …) erkennen.
- Weiter erkennst du einen Neben-/Gliedsatz daran, dass in ihm die **Personalform des Verbs immer am Ende** steht.
  Beispiel:

(Konjunktion)   (Personalform des Verbs)

Kunst ist Leons Lieblingsfach, (weil) er gut zeichnen kann.
Hauptsatz   (Komma)   Neben-/Gliedsatz

1. Unterstreicht in dem Text „Unser Kalender" alle Neben-/Gliedsätze.

2. Kreist das Einleitungswort der Neben-/Gliedsätze ein.

3. Kennzeichnet die Personalformen der Verben in den Neben-/Gliedsätzen mit einem Kasten.

Unser Kalender

Unser Kalender gehört zu den alltäglichen Selbstverständlichkeiten, die wir in Anspruch nehmen. Dies tun wir, ohne dass wir weiter darüber nachdenken. Tag für Tag reißen wir ein neues Kalenderblatt ab. Jahr für Jahr wiederholt sich scheinbar alles nach einem festgefügten Rhythmus. Doch das war nicht immer so. Bereits im Jahre 46 v. Chr. entwickelte Julius Caesar einen

5 Kalender, der auf dem Sonnenjahr beruhte. Das sogenannte Julianische Jahr war im Durchschnitt 365,25 Tage lang, sodass regelmäßig ein Schaltjahr eingefügt werden musste. Allerdings war diese Zeitmessung noch zu ungenau. Weil das Jahr um exakt 0,0078 Tage zu lang war, stimmte im Laufe der Jahre der Kalender nicht mehr mit den Jahreszeiten überein. Am Ende des 16. Jahrhunderts hatte sich bereits ein Unterschied von 10 Tagen zwischen dem tatsächlichen

10 Sonnenstand und dem Kalender ergeben. Wenn man jetzt nichts geändert hätte, dann hätten

unsere Nachfahren Weihnachten vielleicht

einmal im Sommer feiern müssen.

Papst Gregor XII. passte mit der von ihm erarbei-

teten Reform die Zeiteinteilung wieder dem

15 Sonnenstand an, sodass der Fehler behoben

werden konnte. Am 24. Februar 1582 wurde

beschlossen, dass in jenem Jahr auf den 4.

Oktober sogleich der 15. Oktober folgen sollte. Gleichzeitig wurde die durchschnittliche Jahres-

länge auf 365,245 Tage festgelegt. Dieser Reform verdanken wir es, dass sich erst in etwa 3 000

20 Jahren eine Differenz um einen Tag vom Lauf der Sonne ergeben wird.

2. Ergänze in dem folgenden Text die Kommas. Unterstreiche bei den Satzgefügen die Hauptsätze. Kennzeichne die Nebensätze mit einer Wellenlinie. Kreise das Einleitungswort wieder ein.

Lottomillionär: Bitte melden!

Viele Menschen wünschen sich dass sie einmal im Lotto gewinnen. Was aber passiert wenn man

wirklich das große Los zieht? Im Jahre 2004 sorgte ein spektakulärer Lottogewinn von neun

Millionen Euro für Schlagzeilen in den Zeitungen. Obwohl ein Gewinner ermittelt worden war

meldete sich dieser einfach nicht. Die Lottogesellschaft annoncierte sogar in Zeitschriften und

5 druckte Sonderaushänge. Nachdem man nicht mehr damit gerechnet hatte meldete sich der

Gewinner. Warum wartete der Mann zehn Wochen bis er seinen Gewinn abholte? Hatte er den

Lottoschein verlegt? Er habe sich nicht gemeldet weil er keine große Veränderung in seinem

Leben wolle antwortete der Lottomillionär den neugierigen Journalisten. Nachdem ihm aber klar

geworden sei dass er mit dem Geld auch Gutes tun könne habe er sich dann doch für den

10 Gewinn entschieden.

Die Straße, die … – Relativ-/Attributsätze

Das musst du wissen

- **Relativsätze** sind Neben-/Gliedsätze, die wie ein Attribut ein Nomen/Substantiv im Hauptsatz näher bestimmen. Sie heißen deshalb auch **Attributsätze**.
- Du kannst einen Relativ-/Attributsatz daran erkennen, dass er durch ein **Relativpronomen** (*der, die, das, welcher, welche, welches …*) eingeleitet wird. Das Relativpronomen kann **auch** eine **Präposition bei sich haben** (*auf dem, in der, zu welcher …*).
- Das Relativpronomen bezieht sich auf das **vorhergehende Nomen/Substantiv** im Hauptsatz. Dieses Nomen/Substantiv wird **Bezugswort** genannt.

Beispiel:

(Bezugs-nomen) (Relativpro-nomen)

Die Straße, die rechts abbiegt, führt in die nächste Stadt.

Hauptsatz   Relativsatz   Hauptsatz

---

1. Bilde aus den folgenden Satzpaaren Satzgefüge. Forme dazu einen Hauptsatz in einen Relativ-/Attributsatz um. Kreise jeweils das Relativpronomen ein.

a) Raphael hat einen neuen Computer. Er ist auf dem neuesten Stand der Technik.

_____

_____

b) Der Kindergarten ist im Sommer geschlossen. Ihn besuchen etwa 100 Kinder.

_____

_____

c) Die Polizei sucht einen Bankräuber. Er soll 35 Jahre alt sein und eine blaue Jeans tragen.

_____

_____

d) In dem Stadion findet das nächste Pokalfinale statt. Dort haben bereits berühmte Mannschaften gespielt.

_____

_____

e) Im Fernsehen läuft eine interessante Sendung. In ihr berichten Schüler von ihren Auslandsaufenthalten.

_____

_____

f) Robert findet den Kinofilm spannend. Er handelt von den Kreuzzügen im Mittelalter.

_____

_____

2. Formuliere den folgenden Text „Unser Planet" um, indem du die unterstrichenen Textstellen durch Relativ-/Attributsätze ersetzt. Vergiss nicht, die Kommas zu setzen.

Unser Planet

Heute wissen wir sehr viel mehr über den <u>unsere Heimat bildenden</u> Planeten. Er ist ein kugelförmiger <u>im Weltall durch eine unsichtbare Kraft an seinem Platz gehaltener</u> Körper. Es ist ein
<u>ständig um sich selber drehender</u> Körper. Dabei umrundet er innerhalb von 365,256 Tagen eine
<u>150 Millionen Kilometer entfernte</u> Sonne. Heute wissen Wissenschaftler, dass der <u>von uns Erde</u>
5 <u>genannte</u> Planet über 4,54 Milliarden Jahre alt ist. Die <u>nur den fünftgrößten Planeten in unserem</u>
<u>Sonnensystem darstellende</u> Erde ist besonders interessant. Nur auf diesem Planeten ist in einem
<u>sehr komplizierten und bis heute noch nicht vollständig aufgeklärten</u> Prozess Leben entstanden.

3. Überarbeite den folgenden Text „Wirbelstürme". Formuliere dort, wo es dir sinnvoll erscheint, einzelne Satzreihen zu Satzgefügen um. Verwende dabei vor allem Relativ-/Attributsätze.

Wirbelstürme

Tropische Wirbelstürme sind gefürchtet. Sie entwickeln sich über dem
Meer. Beim Übertritt auf das Festland verlieren sie spätestens nach anderthalb Tagen ihre Kraft. Voraussetzung für die Entstehung eines Wirbelsturms ist eine mindestens 27 Grad Celsius warme Wasseroberfläche. Sie
5 kommt nur in den Tropen vor. Das Meerwasser verdunstet, es wird von der
Sonne aufgeheizt; die gewaltige Energiezufuhr verwandelt es in gasförmigen Wasserdampf. Er steigt schnell nach oben. Dort, in kühleren Luftregionen, bilden sich Wolken, und die ersten Gewitterschauer gehen nieder.
Herrscht extremes Luftdruckgefälle, wird immer mehr feuchtwarme Luft
10 von unten angesaugt. Die Erddrehung lässt die riesigen Wolkentürme in
Bewegung geraten. Mächtige Wirbel entstehen. Sie wachsen zu dem
verheerenden Sturm an.
Wirbelstürme verwüsten, begleitet von schweren Regengüssen, oft auch
Gebiete außerhalb der Tropen. So bilden sich pro Jahr etwa acht Hurrikans
über dem Atlantik. Von ihnen suchen schließlich zwei oder drei den
nordamerikanischen Kontinent heim.

Zyklon „Sidr" über dem Golf von
Bengalen (14.11.2007)

Kausalsatz, Temporalsatz, Konzessivsatz ... – Adverbialsätze

Das musst du wissen

Adverbialsätze übernehmen die Funktionen von adverbialen Bestimmungen. Sie geben nähere Hinweise zum Hauptsatz (z. B. Gründe, Zeit, Ort ...).

Adverbialsatz	Aussage über	Frage	Konjunktion
Kausalsatz	Grund	Warum?	weil; da ...
Temporalsatz	Zeit, Zeitpunkt	Wann?	als; nachdem; während; sobald ...
Konditionalsatz	Bedingung	Unter welcher Bedingung?	wenn; falls; sofern ...
Konsekutivsatz	Folge/Wirkung	Welche Folge?/ Welche Wirkung?	sodass; dass; so ..., dass
Finalsatz	Zweck	Wozu?	damit ...
Konzessivsatz	Einschränkung/ Gegengrund	Mit welcher Ein- schränkung?	obwohl; obgleich ...
Modalsatz	Art und Weise	Wodurch?	indem; dadurch, dass
Lokalsatz	Ort, Richtung	Wo?	wo; wohin; woher ...
Adversativsatz	Gegenteil	Im Gegensatz wozu?	während; anstatt dass ...

1. Unterstreiche in den folgenden Satzgefügen die Adverbialsätze und klammere die Konjunktionen ein. Setze die Kommas und bestimme jeweils die Art des Adverbialsatzes.

a) Wenn es im Sommer in allen Schulen eines Bundeslandes Ferien gibt beginnt die große

Reisewelle.

Adverbialsatz: _____

b) Bereits kurz nach Schulschluss starten viele Familien mit ihrem Auto in den Urlaub weil sie

möglichst bald ihren Ferienort erreichen wollen.

Adverbialsatz: _____

c) Auf die Autobahnen strömen so viele Autos dass es vor allem an den Hauptverkehrspunkten

zu langen Staus kommt.

Adverbialsatz: _____

d) Die Lage verschärft sich dadurch dass es auf den Straßen im Sommer viele Baustellen gibt.

Adverbialsatz: _____

e) Bevor der Urlaub überhaupt Entspannung bescheren kann bedeutet die Anreise viel Stress.

Adverbialsatz: _____

f) Obwohl die Menschen von dem Problem wissen wiederholt sich das Verkehrschaos jedes

Jahr.

Adverbialsatz: _____

g) Während Tausende von Urlaubern Staus in Kauf nehmen entscheiden sich viele für die Reise

mit der Bahn.

Adverbialsatz: _____

h) Wo sie ihren Sommerurlaub verbringen legen viele bereits im Winter fest.

Adverbialsatz: _____

i) Damit ihre Kunden sich entspannen können haben Reiseveranstalter eine bunte Vielzahl von

Angeboten im Programm.

Adverbialsatz: _____

2. Bildet wie in dem Beispiel aus den unterstrichenen adverbialen Bestimmungen Adverbialsätze. Achtet darauf, dass die Bedeutung jeweils erhalten bleibt. Denkt daran, zwischen Neben-/ Gliedsatz und Hauptsatz ein Komma zu setzen.

Beispiel: Vor Sonnenuntergang kamen wir in der Herberge an.
Bevor die Sonne untergegangen war, kamen wir in der Herberge an.

Wegen des guten Wetters gehen viele Menschen ins Freibad.

_____

_____

_____

<u>Im Falle eines Erfolgs</u> erhält der Sportler eine Medaille.

_____

_____

<u>Aus Neugier</u> kamen die Schüler auf dem Schulhof zusammen.

_____

_____

<u>Durch intensives Üben</u> kann man in der Schule Erfolg haben.

_____

_____

 3. Überarbeite den folgenden Text, indem du mithilfe von Adverbialsätzen und Relativ-/Attribut-
sätzen Satzgefüge bildest. Schreibe den Text entsprechend um.

Der Smutje

Moderne Schiffe mit ihren immer kleiner werdenden Besatzungen könnten auf den Smutje, den
Schiffskoch, eigentlich verzichten. Es gibt doch Gefrierschränke und attraktive Fertiggerichte.
Jeder an Bord könnte sich nach Appetit und Laune selbst bedienen. So wäre für die Verpflegung
der Mannschaft gesorgt und jeder zufriedengestellt.
5 Ohne Smutje auszulaufen wäre aber ein großer Fehler, sagen einhellig alle Experten. Sie
mussten sich mit dem Aufgabenbereich des Smutjes befassen. Der Koch brutzelt nämlich nicht
nur die Mahlzeiten, sondern ist zugleich eine wichtige Vertrauensperson an Bord. Seine Kombüse ist Treffpunkt für alle. Hier findet sich jeder ein. Der Smutje spricht mit allen, er kann
ihnen zuhören und ihre Sorgen verstehen. So ist er viel mehr als ein Koch: Er ist die Seele des
10 Schiffes.

4. Ein Text, der zu viele Relativ-/Attributsätze enthält, ist oft schwer verständlich. Überarbeite den
Text „Kuriose Fußball-Rekorde" so, dass er besser verständlich ist.

Kuriose Fußball-Rekorde

Nach mehr als 35 Stunden, die gespielt wurden, und 600 Toren, die geschossen wurden, ist das
Fußballspiel, das das längste in der Geschichte war, beendet worden. 333:293 lautete das Ergeb-
nis, das unglaublich war, dieses Spieles, das einem guten Zweck diente, zwischen den beiden
Clubs Cotswold All Stars und Cambray FC, die aus England stammen.
5 Das WM-Spiel, das das torreichste war, fand 1954 zwischen Österreich und der Schweiz, die
Gastgeber war, statt. Österreich gewann das Spiel, das äußerst unterhaltsam war, mit 7:5. Das
Ergebnis, das einmalig ist, ist noch erstaunlicher, wenn man weiß, dass die Schweiz nach 23
Minuten 3:0 führte.
Die Nachspielzeit, die die längste war, fand in einem Bezirksliga-Spiel statt. 28 Minuten, die nie
10 enden wollten, ließ der Schiedsrichter, der offensichtlich viel Geduld besaß, nachspielen.

Dass du ... Ich glaube, dass ... – Subjekt- und Objektsätze

Das musst du wissen

- **Subjekt-** und **Objektsätze** übernehmen in Satzgefügen die Aufgaben eines Subjektes oder Objektes. Du erkennst sie in der Regel an der **Konjunktion dass**.
- Du kannst sie mit den Satzgliedfragen **Wer oder was?** (= Subjektsatz) oder **Wen oder was?** (= Objektsatz) erfragen.

Beispiele: _Dass du wieder gesund bist,_ freut mich sehr. (= Wer oder was freut mich sehr?)
        Subjektsatz

        Ich glaube, dass du recht hast. (= Wen oder was glaube ich?)
               Objektsatz

1. Unterstreiche in den folgenden Satzgefügen die Neben-/Gliedsätze. Gib in der Klammer an, ob es sich um einen Subjekt- oder Objektsatz handelt.

a) Dass du abreisen musst, macht uns wirklich traurig. (_____)

b) Du weißt, dass du mit Geduld zum Ziel kommst. (_____)

c) Ich mag nicht, dass ihr so neugierig seid. (_____)

d) Dass es einen Unfall gegeben hat, meldeten bereits die Fernsehnachrichten.

                              (_____)

e) Wir warten darauf, dass sie sich entscheidet. (_____)

f) Dass Semire einen Fehler gemacht hat, ist zu verzeihen.

                              (_____)

g) Es steht noch nicht fest, dass der Stürmer den Verein verlässt.

                              (_____)

2. Bilde aus den Sätzen Satzgefüge mit Subjekt- oder Objektsätzen.

a) Sie hat es verdient. Sie hat eine Zwei in Mathematik geschrieben.

b) Meine Mannschaft ist nicht abgestiegen. Dies freut mich sehr.

c) Carola glaubt sicher. Tim kann sie nicht leiden.

d) Moritz hofft. Er bekommt einen Praktikumsplatz im Tierheim.

e) Es ist ein Erfolg. Die meisten Schüler der 9a haben einen festen Berufswunsch.

f) Viele Betriebe erwarten. Die Bewerber informieren sich vor einem Vorstellungsgespräch über den Betrieb.

Ganz schön verschachtelt – komplexe Satzgefüge

Das musst du wissen

Satzgefüge können auch aus **einem Hauptsatz und mehreren Neben-/Gliedsätzen**
bestehen. Man spricht in diesem Fall von **komplexen Satzgefügen**.

Beispiel: *Weil Timo sich über den Beruf, den die Lehrerin vorgeschlagen hatte, informieren will,*
ging er in das Informationszentrum des Arbeitsamtes.

Zu diesem Satz passt folgende grafische Darstellung:

————————.
Hauptsatz

〰〰〰〰, 〰〰〰〰,
1. Nebensatz 1. Nebensatz

〰〰〰〰,
2. Nebensatz

---

1. Ordne den folgenden komplexen Satzgefügen jeweils die passende grafische Darstellung zu.
Trage dazu den entsprechenden Buchstaben des Satzgefüges (a, b, c) in die Kästchen ein.

a) Das Kreuzfahrtschiff, das noch im Hafen vor Anker liegt, obwohl es heute Morgen auslaufen
sollte, hat einen Motorschaden.

b) Seitdem meine Freunde wissen, dass ich die Beatles mag, schenken sie mir zu jedem Geburtstag eine Beatles-Platte.

c) Trotz des drohenden Sturms, den der Wetterdienst vorausgesagt hatte, und der schlechten
Ausrüstung, die ihnen der Bergführer aus Versehen zur Verfügung gestellt hatte, weil er in
Gedanken mit anderen Dingen beschäftigt war, machte sich die Gruppe zur Wanderung auf.

☐ 〰〰〰, ————————.
1. Nebensatz Hauptsatz

〰〰〰,
2. Nebensatz

☐ ————————, ————————.
Hauptsatz Hauptsatz

〰〰〰,
1. Nebensatz

〰〰〰,
2. Nebensatz

☐ ————, ————, ————.
Hauptsatz Hauptsatz Hauptsatz

〰〰〰, 〰〰〰,
1. Nebensatz 2. Nebensatz

〰〰〰,
3. Nebensatz

2. Unterstreicht in den folgenden komplexen Satzgefügen den <u>Hauptsatz</u>. Kennzeichnet die <u>Neben-/Gliedsätze</u> durch Wellenlinien in unterschiedlichen Farben.

a) Rebecca, die heute nicht an den Proben für das Theaterspiel teilnehmen konnte, weil sie krank geworden ist, will trotzdem auf jeden Fall die Rolle, die sie bereits auswendig gelernt hat, übernehmen.

b) Obwohl das Bühnenbild, das Anna selbst entworfen hat, bereits fast fertiggestellt ist, gibt es noch jede Menge Arbeit, weil die Schauspieler noch viele Änderungswünsche haben.

c) Klaus und Uta, die nicht so gern auf der Bühne stehen, sind für die Spezialeffekte, von denen es einige im Stück zu bewundern gibt, zuständig.

3. Arbeite wie in der Übung zuvor. Zusätzlich musst du jedoch auch noch die fehlenden Kommas setzen.

a) Die Aula in der das Theaterstück gespielt wird wird erst kurz vor Aufführungsbeginn für das Publikum geöffnet weil noch viele Einzelheiten aufeinander abgestimmt werden müssen und weil die Schauspieler sich konzentrieren wollen.

b) Obwohl alle schrecklich nervös sind wird die Aufführung für die die Schülerinnen und Schüler so lange geübt haben ein großer Erfolg.

c) Selbst Micha der während der Proben immer ganz selbstsicher war hat plötzlich Lampenfieber.

d) Dass gerade Rebecca ihre Rolle so souverän gespielt hat ist vor allem deshalb so bemerkenswert weil sie wegen ihrer Erkrankung nicht an allen Proben teilnehmen konnte.

e) Alle Schauspieler erhalten als sie nach der Aufführung vor den Vorhang treten von ihren Mitschülern begeisterten Beifall.

f) Am Ende waren alle Mühen die mit der Aufführung verbunden waren vergessen sodass die begeisterten Schülerinnen und Schüler sich bereits im nächsten Schuljahr an ein neues Stück das sie wieder selbst schreiben möchten heranwagen wollen.

g) Nach der Aufführung kommen alle noch zu einer kurzen Besprechung zusammen bei der einige Hinweise für die nächste Aufführung die schon übermorgen sein soll gegeben werden.

Teste dich selbst! – Neben-/Gliedsätze

1. Bilde aus den Satzpaaren Satzgefüge mit Relativ-/Attributsätzen.

Die Wikinger

a) Die Wikinger waren Seefahrer und Krieger aus dem Norden. Die Wikinger verbreiteten vom 8. bis 11. Jahrhundert in Europa Angst und Schrecken.

b) Diese Männer waren zu Hause meist Bauern. Sie raubten und mordeten in fremden Ländern.

c) Blitzartige Überfälle waren das Markenzeichen der Wikinger. Die Wikinger suchten sich gerne ungesicherte Ziele wie Dörfer oder Klöster aus.

7 / _____

2. Arbeite so mit dem folgenden Text „Besuch eines Polarbären".
- Kreise in den Satzgefügen die Einleitungswörter ein und unterstreiche den Neben-/Gliedsatz.
- Setze die fehlenden Kommas.
- Gib in der Klammer an, wie man den Neben-/Gliedsatz genau bezeichnet (z. B. Kausalsatz, Relativ-/Attributsatz, Subjektsatz …).

Besuch eines Polarbären

a) Ein Polarforscher berichtete dass der Besuch eines Polarbären sich nachts ereignet habe.

(_____)

b) Der Schlittenhund der die Hütte bewachte schlug an.

(_____)

c) Obwohl der Schlittenhund sehr erfahren war hatte er gegen den mächtigen Bären kaum eine Chance. (_____)

d) Der Polarforscher stürmte nach draußen und versuchte, das Raubtier abzuwehren indem er Böllerschüsse abgab. (_____)

e) Gezielte Schüsse durfte er nicht abfeuern weil Eisbären in Norwegen unter besonderem

gesetzlichen Schutz stehen. (_____)

f) Der Lärm der Schüsse blieb aber nicht ohne Wirkung sodass der Eisbär von dem Hund abließ

und auf das Eis hinaus floh. (_____)

g) Die Situation war natürlich sehr gefährlich da der Eisbär das größte an Land lebende Raub-

tier ist. (_____)

h) Ein Eisbär greift Menschen aber nur an wenn er sehr ausgehungert ist.

(_____) 24 / ____

3. Bilde aus den kursiv gedruckten Formulierungen Neben-/Gliedsätze, und zwar Objektsätze oder Relativ-/Attributsätze. Achte dabei auf die Schreibweise der Wörter *das* und *dass* und vergiss nicht, die Kommas zu setzen.

a) Sie versprach ihren Mitspielerinnen, *in Zukunft härter zu trainieren.*

_____

b) *Das ihn außerordentlich interessierende* Fahrrad ist leider viel zu teuer.

_____

c) Die Klasse 9a freut sich schon darauf, *nächstes Jahr die Abschlussfeier vorzubereiten.*

_____

d) *Das sie so stark begeisternde* Konzert wurde von allen Musiksendern empfohlen.

_____ 8 / ____

4. Unterstreiche in dem folgenden komplexen Satzgefüge den Hauptsatz und kennzeichne die Nebensätze mit Wellenlinien in unterschiedlichen Farben. Setze auch die fehlenden Kommas.

Gegen den Vorwurf dass das Einsperren von Delfinen besonders grausam und unmenschlich sei

betonen andere besonders den pädagogischen Aspekt von Delfinshows und unterstreichen dass

die unmittelbare Betrachtung der Delfine durch die Menschen wertvoll sei obwohl sich dies meist

darauf beschränkt dass ihnen bei der Ausführung einfacher und sich wiederholender Aufgaben

die in erster Linie die Zuschauer unterhalten sollen zugesehen wird. 7 / ____

mögliche Punkte: 46 / erreichte Punkte: ____

Der Panamakanal wurde 1881 gebaut – Passivsätze erkennen und umformen

Das musst du wissen

Beim **Aktiv** steht der **Handelnde** oder der Ausführende im Mittelpunkt. Es ist die übliche Form des Verbs (*Viele Arbeiter bauten seit 1881 den Panamakanal*).

Das **Passiv** verwendest du oft, wenn der Vorgang oder das **Geschehen** im Mittelpunkt stehen (*Der Panamakanal wurde seit 1881 (von vielen Arbeitern) gebaut*).

- Du bildest das Passiv meistens mit einer **Form von *werden*** (= *wurde*) und dem **Partizip II** (= *gebaut*).
- Der **Handelnde** kann dabei mithilfe des Wortes ***von* angegeben** werden (*von vielen Arbeitern*) oder **nicht genannt** werden (*Der Panamakanal wurde seit 1881 gebaut*). Wird der Handelnde nicht genannt, spricht man von einem **täterlosen Passiv**.

1. Unterstreiche in dem folgenden Text alle Passivformen. Kreise, falls vorhanden, den Ausdruck mit *von*, mit dem der Handelnde genannt wird, ein.

Die Geschichte des Panamakanals

1869 wurde der Suezkanal eröffnet, der das Mittelmeer und das Rote Meer miteinander verbinden sollte. Nun glaubten viele Menschen, dass ein Kanal, der in Mittelamerika Pazifik und Atlantik verbinden würde, ebenso leicht zu bauen sein müsste. Man hoffte außerdem auf großen finanziellen Gewinn. 1879 wurde die französische Panamakanal-Gesellschaft von der Regierung

5 Kolumbiens mit dem Bau dieses Kanals beauftragt. Panama wurde damals noch von Kolumbien regiert. Tausende von Arbeitern wurden beim Bau des Kanals beschäftigt, jedoch erwies sich das Projekt im tropischen Klima Mittelamerikas als schwieriger als erwartet. Viele der Arbeiter wurden von Krankheiten wie Malaria und Gelbfie-

10 ber heimgesucht. Von 1881 bis 1889 starben ca. 22 000 Menschen bei den Arbeiten. Nachdem erst ein

kleinerer Teil des Kanals fertiggestellt worden war, musste die französische Panamakanal-

15 Gesellschaft 1889 Konkurs anmelden. Die Arbeiten wurden eingestellt und sie wurden erst 1906

wieder aufgenommen. Panama war inzwischen ein selbstständiger Staat geworden. Der Weiter-

bau des Kanals wurde von dem Ingenieur George W. Goethals aus den USA geleitet, da die

Rechte an der Kanalzone bereits 1901 an die US-amerikanische Regierung verkauft worden

waren. Im August 1914 wurde der Panamakanal fertiggestellt. Er wurde zum ersten Mal von

20 einem Schiff durchfahren. Seit September 2007 wird wieder am Panamakanal gebaut, da die

beliebte Wasserstraße von immer mehr und immer größeren Schiffen durchfahren wird. An der

größten Baustelle des amerikanischen Kontinents wird voraussichtlich bis zum Jahr 2014 gebaut

werden.

2. Forme die Passivsätze, bei denen der Handelnde genannt wird, in Aktivsätze um.
Achte dabei besonders darauf, dass bei der Umformung eines Passivsatzes in einen Aktivsatz
das Subjekt des Passivsatzes zum Akkusativobjekt des Aktivsatzes wird.

Beispiel: **Passivsatz:**
1879 wurde **die französische Panamakanal-Gesellschaft** (*Subjekt*) von der Regierung Kolumbiens mit dem Bau dieses Kanals beauftragt.

Aktivsatz:
1879 beauftragte die Regierung Kolumbiens **die französische Panamakanal-Gesellschaft** (*Akkusativobjekt*) mit dem Bau dieses Kanals.

_____

_____

_____

_____

_____

_____

Die Planungen sind abgeschlossen – Vorgangs- und Zustandspassiv unterscheiden

Das musst du wissen

- Die Passivformen mit einer **Form von _werden_ + Partizip II** drücken einen Vorgang aus. Deshalb spricht man bei diesen Formen auch vom **Vorgangspassiv**.
- Daneben kann das Passiv auch mit einer **Form von _sein_ + Partizip II** gebildet werden. Damit wird ein Zustand bzw. das Ergebnis eines Vorgangs beschrieben. Diese Form des Passivs heißt **Zustandspassiv**.

Beispiel: _Die Tür wurde geöffnet._ (**Vorgangspassiv**)
Die Tür ist geöffnet. (**Zustandspassiv**)

1. Entscheide, welche der folgenden Sätze im Aktiv (= A), Vorgangspassiv (= VP) und Zustandspassiv (= ZP) stehen. Setze die entsprechenden Abkürzungen A, VP und ZP in die Klammern ein.

Der neue Panamakanal

Die Planungen für die Erweiterung des Panamakanals sind abgeschlossen. (   ) Die Bauarbeiten werden Panama sehr viel Geld kosten. (   ) Kritiker glauben, dass das kleine Land die notwendigen Investitionen nicht wird leisten können. (   ) Doch der Anfang ist gemacht. (   ) Mit 15 000 Kilo Dynamit wurde an einem Hügel Gestein

5 gesprengt. (   ) In den kommenden Jahren werden 130 Millionen Kubikmeter Gestein abgetragen werden. (   ) Zurzeit kommt es im Kanal immer wieder zu Staus und langen Wartezeiten. (   ) Dies wird von vielen Reedereien kritisiert. Alle Beteiligten hoffen aber auf das Ende der Bauarbeiten im Jahr 2014. (   )

 2. Unterstreicht in den folgenden Texten die Verbformen im Aktiv, Vorgangspassiv und Zustandspassiv jeweils mit verschiedenen Farben.

Hasen werden von Klimawandel abgehängt

Manche Hasenarten passen ihr Fell der Jahreszeit an. Im Sommer sind sie braun und im Winter weiß gefärbt. Durch den Klimawandel wird der Winter verkürzt. Der Schnee ist eher weggeschmolzen als früher. Das Hasenfell ist aber immer noch weiß gefärbt. Die Hasen werden nun von den Raubtieren im Frühjahr leicht erkannt und gejagt.

Leistungsfähigkeit der Rechenzentren ist immer mehr gestiegen

Von Google werden weltweit 13 große Rechenzentren unterhalten.

Hier werden die Daten der Kunden des Internetriesen gelagert.

Parallel zum Wachstum des Internets ist auch die Leistungsfähigkeit

dieser Rechenzentren gestiegen. Die Rechenzentren werden ständig

5 gekühlt. Damit ist den Betreibern vor allem im Sommer eine schwere

Aufgabe gestellt. Google hat deshalb den Standort einiger Rechen-

zentren strategisch geschickt gewählt. So liegt das finnische Rechenzentrum Hamina an einem

Fjord. Dessen eiskaltes Wasser wird zur Kühlung genutzt.

3. Forme die folgenden Sätze, die im Vorgangspassiv stehen, in das Zustandspassiv um.

Beispiel: Der Sieg wird errungen. → Der Sieg ist errungen.
Die Straße wurde gesperrt. → Die Straße war gesperrt.

a) Der Fisch wird gebraten.

_____

b) Der Junge wird gerettet.

_____

c) Das Feuer wird gelöscht.

_____

d) Der Aufsatz wird geschrieben.

_____

e) Der Vorhang wurde geöffnet.

_____

f) Der Cowboy wurde am Marterpfahl gefesselt.

_____

g) Die Einladung zum Geburtstag wurde verteilt.

_____

h) Die Klassenzimmertür wird abgeschlossen.

_____

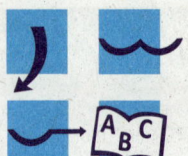

Ableiten, in Silben sprechen, im Wörterbuch nachschlagen – einfache Verfahren anwenden

Das musst du wissen

Oft kannst du durch **einfache Verfahren** die richtige Schreibweise eines Wortes herausfinden. Du kannst z. B.:

1. **deutlich in Silben sprechen** und **genau hinhören**,

2. die richtige Schreibweise **durch Verlängern** oder mithilfe **von verwandten Wörtern ableiten** (*täglich – Tag, Land – Länder*),

3. **Rechtschreibregeln und grammatisches Wissen anwenden** (z. B. Großschreibung von Nominalisierungen/Substantivierungen), R

4. **Merkwörter einprägen** M oder

5. im **Wörterbuch nachschlagen**.

1. Erkläre die Schreibweise der Wörter in dem Kasten, indem du jeweils zwei Verlängerungen oder verwandte Wörter aufschreibst.

Tipp: Du musst bei jedem Wort *t/d, g/k* oder *b/p* ergänzen.

> Lan? • fra?te • Schu?lade • winzi? • Betra? • wei? • gro? • Sie? • hu?te • genu? • gerin?
> • Zwan?

2. Sprich die folgenden Wörter langsam und ganz deutlich aus. Schreibe sie dann nach Sprechsilben getrennt auf.

> Voraussetzung • beanstanden • verausgaben • Anstrengung • Veranstaltung • Kaffeeersatz • Fahrradweg • Beendigung • verlassen • unermesslich • entkommen • unzertrennlich • Sonnenscheindauer • Schulentlassungsfeier

_____

_____

_____

_____

_____

_____

3. Streicht bei den folgenden Wörtern die falsch geschriebenen Wörter durch. Mit welchem Verfahren aus der Lernbox auf S. 100 lässt sich die Schreibweise der richtig geschriebenen Wörter erklären? Gebt die entsprechende Nummer in Klammern an.

Beispiel: ~~hauptsechlich~~ – ~~hauptseelich~~ – hauptsächlich (2)

vielleicht	Reportasche	vergesen	Ankunft	verliehren	berahten
fileicht	Rehportage	vergessen	ankunft	ferliren	beraten
fiehleicht	Reportage	fergessen	Ankunvt	verlieren	beratten

Fahrad	etwas Schönes	nähmlich	Flüsse	Gruss	Bantwurm
Fahrrad	etwas schönes	nämlich	Flüße	Gruß	Bandwurm

4. Suche in den folgenden Wörterbuchausschnitten die richtige Schreibweise für das Fremdwort heraus. Streiche die falsch geschriebenen Wörter durch.

bri|sant ‹franz.› (hochexplosiv; sehr aktuell); **Bri|sanz,** die; -, -en (Sprengkraft; *nur Sing.:* brennende Aktualität)
Bris|bane [...be:n, *auch* ...bn̩] (australische Stadt)
Bri|se, die;-. -n ‹franz.›
Bri|sollett, das; -a, -e, **Bri|so|let|te,** die; -, -n ‹franz.› (gebratenes Kalbfleischklößchen)
¹Bris|sa|go (Schweizer Ort am Lago Maggiore)
²Bris|sa|go, die; -, -s (nach dem Ort ¹Brissago) (*schweiz.* Zigarrensorte aus der Schweiz)
Bris|tol [ˈbrɪstl] (engl. Stadt am Avon); **Bris|tol|ka|nal,** der; -s (Bucht zwischen Wales u. Cornwall); **Bris|tol|kar|ton** ↑K143 (Zeichenkarton aus mehreren Lagen)
Brit (w. Vorn.)
Bri|tan|nia|me|tall, das; -s ↑K143 (Zinnlegierung)
Bri|tan|ni|en; bri|tan|nisch
Bri|te, der; -n, -n; **Bri|tin; bri|tisch;** aber ↑K150: die Britischen

Bro|dem, der; -s (*geh. für* Qualm, Dampf, Dunst)
Bro|de|rie, die; -, ...ien ‹franz.› (*veraltet für* Stickerei)
Brod|ler (*österr. ugs. für* jmd., der die Zeit vertrödelt); **Brod|le|rin**
Broi|ler, der; -s, - ‹engl.› (*regional für* Hähnchen zum Grillen); **Broi|ler|bu|de; Broi|ler|mast,** die
Bro|kat, der; -[e]s, -e ‹ital.› (kostbares [Seiden]gewebe)
Bro|ka|tell, der; -s, -e, **Bro|ka|tel|le,** die; -, -n (ein Baumwollgewebe)
bro|ka|ten (*geh.*); **Bro|kat|vor|hang**
Bro|ker, der; -s, - ‹engl.› (*engl. Bez. für* Börsenmakler); **Bro|ke|rin**
Brok|ko|lli, Broc|co|lli *Plur., auch* der; -s, -s ‹ital.› (Spargelkohl)
Brom, das; -s ‹griech.› (chemisches Element, Nichtmetall; *Zeichen* Br)
Brom|bee|re; Brom|beer|strauch
brom|hal|tig
Bro|mid, das; -[e]s. -e ‹griech.› (Salz des Bromwasserstoffs)

Bro|schü|re, die;-, -n (leicht geheftetes Druckwerk)
Brö|sel, der, *bayr., österr. das;* -s, - meist Plur. (Krümel, Bröckchen)
brö|se|lig, brös|lig
brö|seln (bröckeln); ich brös[e]le
Brös|me|li, das; -[s], -; *vgl. auch* Götti (*schweiz. für* Krümel; Semmelbrösel)
Brot, das; -[e]s, -e
Brot|auf|strich
Brot|be|ruf (Beruf, der den Lebensunterhalt sichert)
Brot|beu|tel (*veraltend*)
Bröt|chen; Bröt|chen|ge|ber (*scherzh. für* Arbeitgeber)
Bröt|chen|tas|te (*ugs. für* Taste am Parkscheinautomaten für kostenloses kurzes Parken)
Brot|ein|heit (*Med.; Abk.* BE)
Brot|er|werb; Brot|fa|b|rik; Brot|ge|trei|de; Brot|kas|ten
Brot|korb; Brot|kru|me; Brot|krü|mel; Brot|krus|te; Brot|laib
brot|los; brotlose Kunst
Brot|ma|schi|ne; Brot|mes|ser; Brot-

brisannt	Brohdem
brisant	Brodem
briesant	Broodem

_____ _____

_____ _____

Brokat	Broschühre
Brokath	Broschüre
Brokaht	Broschuere

_____ _____

_____ _____

5. Schreibe jeweils in die Leerzeilen unter den Wörtern, welche Bedeutung das Fremdwort hat. Schreibe auch auf, aus welcher Sprache das Wort kommt, wenn dies im Wörterbuch angegeben ist.

„das" oder „dass"? – Grammatisches Wissen anwenden

Das musst du wissen

Die Schreibweise der Wörter *das* und *dass* kannst du anhand der Wortart dieser Wörter erkennen:

- Du schreibst *das*, wenn das Wort ein bestimmter **Artikel** (*das* Mädchen), ein **Demonstrativpronomen** (*Das* ist toll!) oder ein **Relativpronomen** (Ein Auto, *das* eine rote Farbe hat) ist.
- Nur wenn das Wort eine **Konjunktion** ist, schreibst du *dass* (Ich denke, *dass* du recht hast). Hierzu kannst du die **Ersatzprobe** durchführen. Wenn du *dieses* und *welches* einsetzen kannst, schreibst du *das*; wenn du *welches* und *dieses* nicht einsetzen kannst, schreibst du *dass*.

R **1.** Bestimme in den folgenden Sätzen die Wortart der Wörter *das* oder *dass*. Schreibe in die Klammern die Buchstaben A = Artikel, D = Demonstrativpronomen, R = Relativpronomen und K = Konjunktion.

a) Extremsport ist etwas, das (   ) die Sportler bis an ihre Grenzen führt.

b) Ein Beispiel dafür ist das (   ) Laufen bei einem Ultramarathon über 100 Kilometer.

c) Beim Freeclimbing oder Freiklettern geht es darum, dass (   ) schwierige Felswände ohne technische Hilfe, also nur mit Händen und Füßen, zu bewältigen sind.

d) Das (   ) verlangt viel Kraft, Ausdauer und Körperbeherrschung.

e) Das Aussehen des Monsterrollers ähnelt dem Fahrzeug, das (   ) viele aus ihrer Kindheit kennen. Der Vorteil dieses Extremsports ist, dass (   ) nur eine kurze Einweisung nötig ist, bevor die rasante Abfahrt ins Tal losgehen kann.

f) Viele glauben, dass (   ) das (   ) Fahren der übergroßen und stollenbereiften Tretroller ein Extremsport für die ganze Familie ist.

R **2.** Setze in die Lücken des Textes „Brüderliche Speedkletterer" die Wörter *das* oder *dass* ein. Schreibe wieder in Klammern, um welche Wortarten es sich jeweils handelt. Verwende dazu erneut die Buchstaben A = Artikel, D = Demonstrativpronomen, R = Relativpronomen und K = Konjunktion.

Brüderliche Speedkletterer

Auf der Suche nach dem Außergewöhnlichen haben Extremsportler (_____) Speedklettern entdeckt. Beim Speedklettern geht es darum, (_____) eine Route in möglichst kurzer Zeit erklettert wird. Die Brüder Alexander und Thomas Huber zählen

zu den weltbesten Speedkletterern. Ihre Touren zeigen, (_____) sie

5 wahre Grenzgänger sind. Bei ihren Klettergängen begeben sie sich

immer in Lebensgefahr: Denn wer schnell sein möchte, hat keine

Zeit, Sicherungen anzubringen. (_____) bedeutet, (_____) die

Huberbuben oft mit nur minimaler Sicherung klettern.

So klettert die Angst vor dem Tod immer mit. Beide versichern

10 aber, (_____) diese Angst zugleich ihr bester Schutz ist, weil sie ihre Konzentration steigert.

Ganz wichtig ist es auch, (_____) man (_____) eigene Können realistisch einschätzt: Hohes

technisches Niveau, extreme Ausdauer, Greif- und Trittpräzision und Schnell- und Maximalkraft

sind (_____) Wichtigste in dieser waghalsigen Sportart.

Ihre Mutter versteht nicht, (_____) sich ihre Jungen ständig in Gefahr begeben.

15 Aber auch sie selbst können nicht wirklich erklären, (_____) sie ihr Leben immer wieder

freiwillig aufs Spiel setzen.

Sie erklären ihre Besessenheit wie folgt: „Wenn man (_____) Ziel, (_____) man sich gesteckt

hat, erreicht, erlebt man ein Gefühl, (_____) Glück und Freiheit bedeutet. Es ist so überwälti-

gend, (_____) man es immer wieder sucht." (_____) geht offenbar am besten, wenn man seine

20 Grenzen immer wieder neu kennenlernt, neu auslotet und verschiebt.

3. Übernimm den folgenden Text in dein Heft und ergänze wieder die Wörter *das* oder *dass*.

R Ep

Aktion „Steffi rennt"

▇▇▇ Extremsport auch einer guten Sache dienen kann, zeigte Steffi Praher im
Januar 2013. ▇▇▇ Spezialgebiet der Extremsportlerin ist der Ultralangstreckenlauf.
Steffi Praher schaffte etwas, ▇▇▇ viele für unmöglich halten. Sie legte trotz des
eiskalten Wetters, ▇▇▇ ihr ▇▇▇ Rennen schwer machte, nonstop – ohne Unterbrechung
5 rennend bzw. auch gehend – 250 Kilometer zurück. ▇▇▇ hat ihr den Respekt aller und
22 222 Euro Spendengelder eingebracht. ▇▇▇ Wahnsinnsprojekt, auf ▇▇▇ sich Praher ein
halbes Jahr lang intensiv vorbereitet hat, wurde so ein voller Erfolg. Man sollte dazu auch
wissen, ▇▇▇ die Dreißigjährige zudem noch Mutter von zwei kleinen Mädchen ist.

M # Alphabet, Theater, Café … – sich die Schreibweise von Fremdwörtern einprägen

Das musst du wissen

Die Schreibweise von Fremdwörtern, die du z. B. in der Schule oft benutzt, musst du dir einprägen. Kläre aber immer zunächst die **Bedeutung der Fremdwörter**, bevor du ihre Schreibweise übst. Um dir ihre Schreibweise einzuprägen, kannst du so vorgehen:

- Wähle mehrere Fremdwörter aus und schreibe sie in **alphabetischer Reihenfolge** auf.
- Bilde **andere Formen des Fremdwortes** und schreibe sie auf (*Athlet – Athleten – athletisch*).
- Präge dir **mehrere Fremdwörter** ein und **schreibe sie aus dem Gedächtnis auf**.
- Bilde **kurze Sätze** mit dem Fremdwort. Führe mit diesen Sätzen **Selbst- oder Partnerdiktate** durch.
- Zeichne die **Umrisse** des Fremdwortes nach und setze es ein (E l l i p s e).

Um die Bedeutung der Fremdwörter zu klären, andere Formen und Wortverwandte zu finden oder die Silbentrennung zu überprüfen, kannst du immer mit einem Wörterbuch arbeiten.

1. Ordne den Fremdwörtern aus dem linken Kasten ihre deutsche Bedeutung aus dem rechten Kasten zu.

Prognose ● Niveau ● progressiv ● Applaus ● Teleskop ● Priorität ● Aktie ● faktisch	Fernrohr ● Vorhersage ● Vorrang ● höhere Stufe/Ebene ● Wertpapier ● tatsächlich ● Beifall ● fortschrittlich/fortschreitend

_____

_____

_____

_____

2. Dies sind häufig gebrauchte Fremdwörter. Schreibe sie nach dem Alphabet geordnet auf.

Alphabet ● Paragraf ● Physik ● Mathematik ● Niveau ● Orchester ● trainieren ● Apparat ● Turbine ● Nation ● Produktion ● Aktie ● Definition ● Patient ● Funktion ● Diskussion ● Margarine ● Maschine ● Programm ● Interesse ● Kommentar ● interessant ● Armee ● Kabinett ● Ingenieur ● Republik ● Fabrik ● Museum ● Ministerium ● Temperatur ● Bibliothek

_____

_____

_____

_____

_____

_____

3. Schreibe die Wörter aus dem Kasten auf. Du musst jeweils *ph, th, rh* oder *gh* ergänzen.

> Gra?it ● As?ma ● ?ema ● Del?in ● A?let ● ?y?mus ● Meta?er ● ?otogra?ie ● ?eater ●
> Saxo?on ● Jo?urt ● Spa?etti ● ?eorie ● ?unfisch ● ?euma ● ?etorik ● Pan?er ● Geogra?ie ●
> Katastro?e ● Mikro?on

_____

_____

_____

4. Die Schreibweise vieler oft gebrauchter Fremdwörter mit *ph, th, rh* und *gh* wurde dem Deutschen angeglichen. Bei ihnen kann das *h* wegfallen bzw. wird *ph* durch *f* ersetzt (z. B. Delphin/Delfin).

- Überprüfe, welche der Fremdwörter aus Aufgabe 3 auch ohne *h* bzw. mit *f* geschrieben werden können.
- Übernimm dazu folgende Tabelle in dein Heft und vervollständige sie. Ergänze auch jeweils den passenden Artikel.
- Arbeite dabei mit einem Wörterbuch.

Fremdwörter, bei denen eine Angleichung an die deutsche Schreibweise möglich ist	Fremdwörter, bei denen eine Angleichung an die deutsche Schreibweise nicht möglich ist
der Graphit/Grafit …	das Asthma …

5. Ergänze bei den folgenden Fremdwörtern *i* oder *ie*. Schlage dazu in einem Wörterbuch nach.

Souven___r   Vamp___r   aggress___v   def___n___ren

na___v   Ol___ve   Delf___n   Autonom___

Disz___pl___n   Text___l___n   Kant___ne   Just___z

Mandar___ne   Kab___ne   Pral___ne   mont___ren

6. Streiche die falsch geschriebenen Fremdwörter durch. Arbeite wieder mit einem Wörterbuch.

Katastrophe	Suvenir	Skitze	Diskussion
Toleranz	Agression	Physik	Bibliotec
Regissör	Catastrophe	Souvenir	Skize
Dißkussion	Tolleranz	Agresion	Physick
Bibliotehk	Regisseur	Kathastrofe	Souveniehr
Skizze	Disskussion	Tolerantz	Aggression
Phüsik	Bibliothek	Reggisseur	

7. Schreibe die durchgestrichenen Fremdwörter aus Aufgabe 6 in ihrer richtigen Schreibweise auf.

_____

_____

_____

8. Ordne die folgenden Wörter in die entsprechende Spalte der Tabelle ein.

CD-Player • Cheeseburger • Hobby • Handy • Steak • Cocktail • Inlineskates • Software • Laser • Ketchup • online • Fitness • Basketball • Fast Food • Toast • Hockey • Monitor • Rugby • Laptop • Dinner • Badminton

Sport/Freizeit	Technik	Essen/Trinken

9. Setze die Fremdwörter wieder richtig zusammen. Es handelt sich um achtzehn Wörter rund um das Internet.

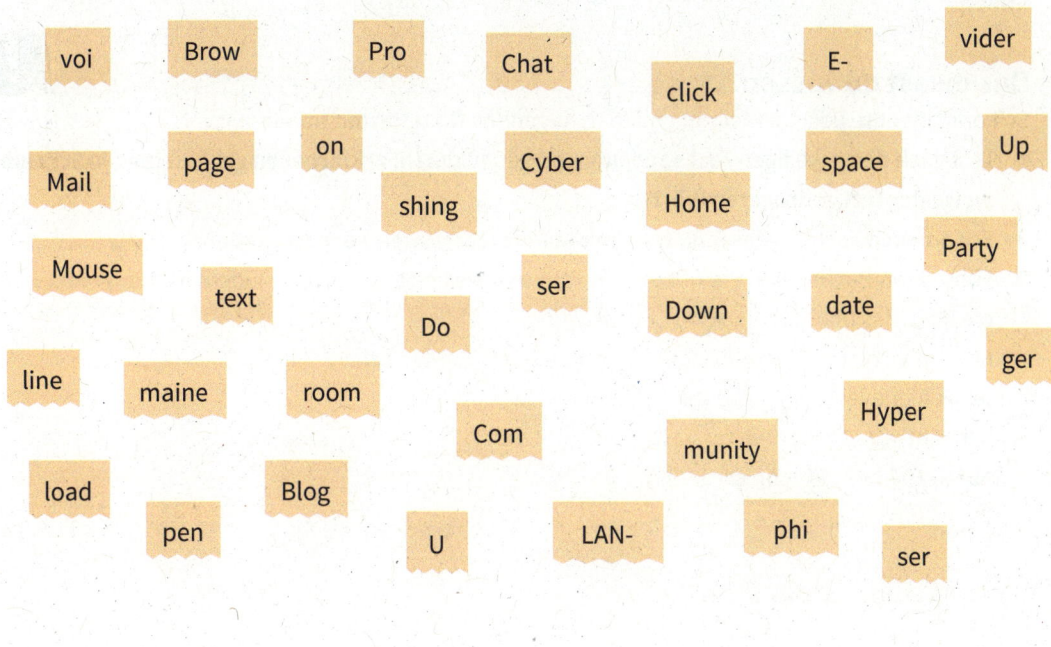

voi   Brow   Pro   Chat   E-   vider

click

page   on   Cyber   space   Up

Mail

shing   Home

Mouse   Party

text   ser

Do   Down   date

line   maine   room   ger

Com   Hyper

munity

load   Blog

pen   U   LAN-   phi   ser

_____

_____

_____

10. Sieh dir die Fremdwörter der Aufgaben 2 bis 8 noch einmal an. Suche die Fremdwörter heraus, deren Bedeutung dir nicht klar ist. Schreibe diese Fremdwörter mit ihrer deutschen Bedeutung auf.

_____

_____

_____

_____

_____

11. Schreibe alle Fremdwörter in diesem Kapitel heraus, bei deren Schreibweise du dir nicht ganz sicher bist.

● Übe die Schreibweise dieser Fremdwörter so, wie es in der Lernbox auf S. 104 beschrieben wird.

● Wichtig ist, dass du die Rechtschreibung nicht von allen Fremdwörtern auf einmal übst. Trainiere ihre Schreibweise regelmäßig und immer wieder.

„Fünf-Minuten-Diktate" – die Rechtschreibung trainieren

Das musst du wissen

So könnt ihr eure Rechtschreibung mit den folgenden Diktattexten trainieren:

- Lest euch den jeweiligen Text sorgfältig und genau durch. **Erklärt** euch gegenseitig die **Schreibweise der fett gedruckten Wörter**.
- Erklärt euch auch gegenseitig, **warum die Kommas** jeweils **gesetzt** werden.
- Führt dann **Partnerdiktate** mit dem Text durch. Wechselt dabei nach jedem Satz oder Abschnitt die Rolle des Diktierenden und Schreibenden.
- Kontrolliert eure Rechtschreibung und **korrigiert Fehler sofort**. Besprecht, wie ihr die gemachten Fehler eventuell hättet vermeiden können.
- Schreibt eure **Fehlerwörter heraus** und übt deren Rechtschreibung so, wie es in der **Lernbox auf S. 104** beschrieben wird.

Wie funktioniert ein Aufzug?

Ein Aufzug ist eine **Kabine**,/die an **Führungsschienen** eines Aufzugsschachts/auf- und **abfährt**./Die Kabine hängt an Seilen,/die oben über einen **Flaschenzug** laufen,/der von einem **Elektromotor** angetrieben wird. Am anderen Ende des Seils/ist ein Gegengewicht **befestigt**,/**das genauso schwer** ist wie die Kabine,/**sodass** (so dass) der Motor/nur das Gewicht der **Passagiere**
5 heben muss.
Eine **Vorrichtung**/zur **Begrenzung** der **Zuggeschwindigkeit** der Seile/und eine Sicherungseinrichtung unter der Kabine/sorgen dafür,/**dass** die Kabine nicht herunterfällt./Selbst wenn diese Sicherungen ausfallen,/**fängt** ein **Stoßdämpfer** die Kabine sicher ab.

Wie funktioniert ein Flaschenzug?

Wenn ein Körper zu **schwer** ist, um direkt angehoben werden zu **können**, kann man ein Seil über eine Rolle legen, sie oben an einem **Querbalken** befestigen und den Körper an dem Seil **hochziehen**.

Eine so verwendete Rolle nennt man Flaschenzug. Die **zum Ziehen** des Seils
5 erforderliche Kraft entspricht dem **Gewicht** des Körpers. Der Körper **bewegt** sich um **die gleiche** Strecke nach oben, um die das Seil nach unten gezogen wird. Wird das Seil über **mehrere** Rollen gespannt, ist der **Kraftaufwand zum Heben** der Körper **wesentlich** niedriger. Bei zwei Rollen ist **die obere** fest, die untere Rolle frei **beweglich**. Wird am Seil gezogen, geht die untere Rolle nach
10 oben, um den Körper **hochzuziehen**.
Um einen Körper einen Meter **hochzuheben**, muss man das Seil **zwei Meter weit** ziehen. Das Seil legt also immer die doppelte **Strecke** zurück, um die der Körper angehoben wird.

Wie zieht ein Kran eine Last hoch?

Zum Heben schwerer Lasten/nutzen Kräne das **Prinzip** des **Flaschenzugs**./ Der Flaschenzug befindet sich/am Ende eines langen Arms (Ausleger),/der über die Last **geschwenkt** wird./

Ein Haken am Ende des unteren Flaschenzugs/wird **herabgelassen**/und die Last daran **befestigt**./Das andere Seilende wird/an einer Trommel unten am Kran befestigt.

Die Trommel dreht sich,/um das Seil auf- und **abzuspulen**/und so die Last **zu heben**/oder herabzulassen./

Ein **fahrbarer** Kran/**läuft** auf Rädern(,)/und sein Ausleger wird/mit einer **hydraulischen Vorrichtung bewegt**./**Turmdrehkräne** werden auf Baustellen **benutzt**/und haben einen langen,/ **horizontalen** Ausleger.

Wie wird Stahl erzeugt?

Eisen wird **hauptsächlich**/in Form von Stahl **verwendet**,/der vom Aufbau her/eine **Eisen-Kohlenstoff-Legierung** ist,/der andere **Elemente** zugefügt werden können./Eisen kommt in **Eisenmineralien**/oder in **Erzen** vor,/die **überwiegend** aus/Sauerstoff-Eisen-Verbindungen bestehen. Es wird in Hochöfen gewonnen,/in denen das **Eisenerz**/mit **Koks** und Kalkstein **erhitzt** wird./ Aus dem erhaltenen **Roheisen** wird/in einem anderen Ofen/oder **Konverter** Stahl hergestellt./ Durch oder auf das **flüssige** Roheisen/wird Luft oder Sauerstoff geblasen,/was den Kohlenstoff/ **fast völlig verbrennt**./

Stahl ist ein hartes,/**widerstandsfähiges** Metall/und **relativ** billig **herzustellen**./Aus Stahl werden alle **möglichen** Dinge hergestellt,/von Stiften und Nadeln/bis zu **Eisenbahnen** und **Wolkenkratzern**./Normalstahl **korrodiert**,/da sich das darin **enthaltene** Eisen/mit dem Sauerstoff der Luft **verbindet**./So bildet sich Rost./Rostfreier Stahl rostet deshalb nicht,/weil er sehr hohe/ **Chrom- und Nickelanteile** enthält.

Warum fühlen sich einige Stoffe kühler an als andere?

Metall fühlt sich normalerweise kühl an,/ein **Holzgegenstand** dagegen weniger(,)/und Stoff fühlt sich **überhaupt nicht** kühl an./Und dennoch haben alle diese **Materialien**/genau **dieselbe Temperatur**./

Der Grund dafür ist,/**dass** die Fingerspitzen des Menschen/wärmer als die **Gegenstände** sind./ Deshalb **fließt** Wärme/von den Fingerspitzen zum Metall,/wobei ihre Temperatur **stark sinkt**,/ **sodass** die Gegenstände sich **kalt** anfühlen./

Die **meisten** Metalle sind gute **Wärmeleiter**./**Holz** eignet sich hierfür nur **bedingt**,/Stoff gewissermaßen **gar nicht**.

Deshalb geht **beim Berühren**/weniger Wärme an den Fingerspitzen verloren(,)/und die Gegenstände fühlen sich nicht so kalt an.

Was ist Reibung?

Bremsung und **Luftwiderstand**/sind Beispiele für **Kräfte**,/die **Reibung** genannt werden./Reibung tritt bei allen **Maschinen** auf/und **bewirkt** immer **ein Abbremsen**./Sie entsteht durch **das Reiben**/ eines Teils oder **Materials** an einem anderen./

Reibung **erzeugt** Hitze und Lärm/und **lässt Energie** verpuffen,/ kann aber auch gezielt **eingesetzt** werden,/wenn beispielsweise ein Speedwayfahrer/**beim Kurvenfahren**/mit dem **Fuß zusätzliche** Reibung herstellt.

Teste dich selbst! – Tipps für die Rechtschreibung

(zu erreichende Punkte / eigene Punkte)

1. Streiche die falsche Schreibweise bei den kursiv gedruckten Wörtern durch.

Delfinsprache

Alles, was wir über die Sprache von Delfinen wissen, ist, *das/dass* sie mit ihrer Sprache offensichtlich sehr zufrieden sind und *das/dass* sie eine *internationale/internatieonale* Verbreitung hat. Der *Zoologe/Zoolooge* Norris, einer der *Pioniere/Pionire* auf diesem Gebiet, ließ einen im *Pazifiek/Pazifik* gefangenen Delfin über eine normale Fernsprechleitung mit einem Artgenossen in Florida verbin-
5 den, der aus dem *Atlantik/Atlantiek* stammt. Es kam eine längere Unterhaltung in Gang. *Das/Dass* hatten die Forscher nicht erwartet.

8 / _____

2. Schreibe die unterstrichenen Wörter aus dem Text „Delfinsprache" mit einer anderen Wortform oder einem verwandten Wort, das ihre Schreibweise erklärt, auf.

3 / _____

3. Kläre mithilfe eines Wörterbuches, welche der Schreibweisen jeweils richtig ist. Streiche die falsch geschriebene durch.

Dramatik – Dramatick	Eupforie – Euphorie	motivieren – motiviren
Fänomene – Phänomene	Vernissage – Vernisage	Prioritet – Priorität
Innovation – Innovazion	Repertoir – Repertoire	existenziel – existenziell

9 / _____

4. Schreibe die Fremdwörter aus Aufgabe 3 in ihrer richtigen Schreibweise und mit ihrer deutschen Bedeutung auf. Arbeite wieder mit einem Wörterbuch.

9 / _____

5. Übernimm den folgenden Text in dein Heft und ergänze in den Lücken jeweils *das* oder *dass*. Schreibe in Klammern hinter die Wörter *das* oder *dass*, um welche Wortart es sich jeweils handelt.

Kein Geschnatter

▬▬ es sich bei der Delfinsprache um sinnloses Geschnatter handelt, glaubten viele. ▬▬ ▬▬ nicht so ist, bewiesen zahlreiche Experimente. Zwei Wissenschaftler nahmen ein Gespräch, ▬▬ ein Delfinpaar geführt hat, auf. ▬▬ Band ließen sie einige Monate liegen. Den Delfin-Mann
5 sperrten sie dann in ein Einzelbecken. Der nächste Schritt war, ▬▬ ihm ▬▬ Band über Unterwasserlautsprecher vorgespielt wurde. ▬▬ Männchen antwortete sofort auf den Ruf seiner Frau und unterhielt sich eine Weile mit seiner Partnerin.

16 / _____

mögliche Punkte: 45 / erreichte Punkte: _____

Das Schönste, als Zweiter, im Voraus ... – Nominalisierungen/Substantivierungen großschreiben

Das musst du wissen

- **Nomen/Substantive** und **Satzanfänge** musst du **großschreiben**.
- **Andere Wortarten** musst du **großschreiben**, wenn sie **im Satz wie Nomen/Substantive** gebraucht werden.
- Vor den nominalisierten/substantivierten Wörtern steht häufig ein **Begleiter** (*das* Springen, *lautes* Singen, *beim* Zusehen). Fehlt er, kannst du ihn ersetzen (*Laufen ist gesund* → *(Das) Laufen ist gesund*).

1. Übernimm die folgenden Satzpaare in der richtigen Schreibweise in dein Heft. Unterstreiche die Nominalisierungen/Substantivierungen und ihre Begleiter.

a) Der Radiosender versprach, die Hörer über den Spielstand auf dem LAUFENDEN zu halten.
Das LAUFENDE Spiel musste wegen starken Regens für eine Stunde unterbrochen werden.

b) Wegen des schönen Wetters machen viele Menschen einen Ausflug ins GRÜNE.
Während die Polizisten in einigen Bundesländern noch GRÜNE Uniformen tragen, sind diese in anderen durch blaue ersetzt worden.

c) Der Sportverein sucht schon lange nach Trainingsräumen. Ein Vertreter der Stadt sagte heute, dass etwas GEEIGNETES gefunden wurde.
Bei dem Sporteignungstest müssen leider viele feststellen, dass sie nicht GEEIGNET sind.

d) Durch den starken Seegang waren viele Passagiere nach kurzer Zeit BLAU und GRÜN im Gesicht.
Durch das helle GRÜN und BLAU kommt der Stoff besonders gut zur Geltung.

e) Im Zoo sollten die Besucher nicht das Raubtiergehege BETRETEN.
Das BETRETEN der Eisfläche ist gefährlich.

2. Setze in die Lücken der folgenden Satzpaare die Buchstaben in ihrer richtigen Schreibweise ein.

a) Um zu bestehen, muss er mindestens eine _____ier in der Arbeit schreiben.

Das Quartett, das zur Eröffnung spielte, bestand aus _____ier Streichern. (V/v)

b) Die Eltern verlangen, dass die Kinder ohne _____enn und _____ber zum Besuch bei den

Verwandten fahren.

Einige Insekten sind völlig harmlos, _____enn sie _____ber gereizt werden, können sie sehr

aggressiv werden und zustechen. (W/w, A/a)

c) Der Redner versuchte, im _____olgenden die Vorteile anschaulich aufzuzeigen.

In den auf das Gewitter _____olgenden Minuten verließ aus Sorge vor weiteren Unwettern niemand das Haus. (F/f)

d) Nachdem der Ball mehrfach _____in und _____er geschossen wurde, landete er schließlich doch im Tor.

Der Verkäufer blieb bei dem ewigen _____in und _____er der Kundin immer noch sehr geduldig. (H/h)

e) Das Ferienhaus muss einige Wochen im _____oraus bezahlt werden.

In der Regel fährt der Rettungswagen dem Notarztwagen _____oraus. (V/v)

f) Am Ende waren die Veranstalter der Meinung, dass dem _____anzen zu viel Aufmerksamkeit beigemessen wurde.

Am Ende der Veranstaltung waren die Organisatoren der Meinung, dass sich der _____anze Aufwand gelohnt hatte. (G/g)

g) Die Arbeit nahm _____esentlich mehr Zeit in Anspruch, als ursprünglich erwartet worden war.

Im _____esentlichen sind auf der Konferenz die erhofften Ziele festgelegt worden. (W/w)

f) Wir müssen das _____ür und _____ider einer Skifreizeit genau abwägen.

In der Klasse sprachen einige Schüler _____ür, andere _____ider die Skifreizeit. (F/f, W/w)

3. Formuliere mithilfe der Wortspeicher bekannte Redensarten. Unterstreiche jeweils die Nominalisierung/Substantivierung (z.B.: auf dem <u>Laufenden</u> sein).

auf dem	laufen	sein
(sein Schäfchen) ins	trocken	bringen
ins	schwarz	treffen
(mit jemandem) ins	rein	kommen
aus dem	voll	schöpfen
im	trüb	fischen
im	dunkel	tappen
aufs	ganz	gehen
beim	alt	bleiben

_____

_____

_____

_____

_____

4. Unterstreicht in den folgenden Sätzen alle Nominalisierungen/Substantivierungen.

a) DAS FRAGEN IST LEICHTER ALS DAS ANTWORTEN, FORDERN IST LEICHTER ALS GEBEN UND

   RUFEN EINFACHER ALS KOMMEN.

b) OFT ERKENNT MAN DEN EINFÄLTIGEN AM FRAGEN UND DEN VERSTÄNDIGEN AM SCHWEI-

   GEN.

c) DAS GUTE, DIESER SATZ STEHT FEST, IST OFT DAS BÖSE, DAS MAN LÄSST.

d) AM ABEND WIRD DER FAULE FLEISSIG.

e) DER KLÜGERE GIBT NACH.

f) VEREINT SIND AUCH DIE SCHWACHEN MÄCHTIG.

g) ES GIBT NICHTS NEUES UNTER DER SONNE.

h) ES KANN DER FRÖMMSTE NICHT IN FRIEDEN LEBEN, WENN ES DEM BÖSEN NACHBARN

   NICHT GEFÄLLT.

i) WENN ZWEI SICH STREITEN, FREUT SICH DER DRITTE.

j) UNTER DEN BLINDEN IST DER EINÄUGIGE KÖNIG.

k) „ES GIBT NICHTS GUTES

   AUSSER: MAN TUT ES." (ERICH KÄSTNER)

l) DA HILFT KEIN WEH UND ACH.

5. Manchmal schreibt man Adjektive klein, obwohl ein Artikel davorsteht. Die Adjektive beziehen
sich dann auf ein vorhergehendes oder nachfolgendes Nomen/Substantiv.
Beispiel: _Die Hose ist_ **die t**_ollste. Sie war_ **die a**_ufmerksamste meiner Zuhörer._
● Überarbeite die folgenden Sätze und vermeide Wiederholungen.
● Streiche durch wie in dem Beispiel und übernimm die Sätze dann in dein Heft.

Beispiel: Dieses Buch war das tollste ~~Buch~~ _und_ ~~es war das~~ _spannendste Buch._

a) Klara hat blaue Jeans bekommen, jetzt schwärmt sie für schwarze Jeans.

b) Tim ist der sportlichste Schüler, er ist allerdings nicht der fleißigste Schüler.

c) Sie liest gerne fantastische Geschichten, obwohl diese nicht immer die spannendsten

   Geschichten sind.

d) Mein Fahrrad ist nicht das neueste Fahrrad, dafür ist es aber das schnellste Fahrrad.

6. Der Jugendroman „Simpel" von Marie-Aude Murail über den siebzehnjährigen Colbert und seinen geistig behinderten Bruder erhielt 2008 den Deutschen Jugendliteraturpreis. Schreibe den folgenden Text in der richtigen Schreibweise auf und unterstreiche die Nominalisierungen/Substantivierungen.

Simpel

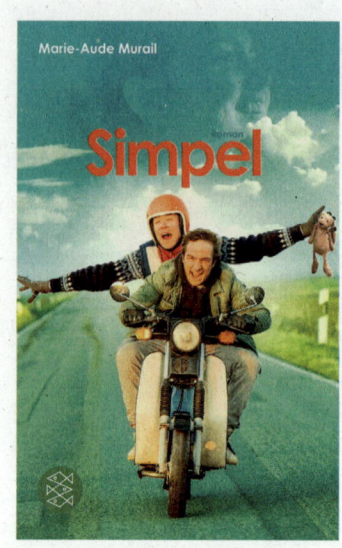

DER 22-JÄHRIGE BARNABÉ, GENANNT SIMPEL, LEBT AUFGRUND EINER GEISTIGEN BEHINDERUNG SCHON SEIT LÄNGEREM IM HEIM MALICROIX.
SIMPEL IST GEISTIG AUF DEM NIVEAU EINES DREIJÄHRI-
5 GEN UND LIEBT SEIN STOFFTIER MONSIEUR HASEHASE OHNE WENN UND ABER. MONSIEUR HASEHASE IST DAS WICHTIGSTE IN SEINEM LEBEN. ER BRAUCHT IHN ZUM REDEN UND BESPRECHEN SEINER PLÄNE. FÜR SEINEN SIEBZEHNJÄHRIGEN BRUDER COLBERT WIRD DIE VOR-
10 STELLUNG, DASS MALICROIX FÜR IMMER SIMPELS ZU-HAUSE SEIN SOLL, ETWAS GANZ UNERTRÄGLICHES.
NACH LÄNGEREM ÜBERLEGEN UND VIELEM HIN UND HER BESCHLIESST ER, SIMPEL AUS DEM HEIM ZU HOLEN, AUCH WENN ER ANGST HAT, DAS GANZE ZU SCHULTERN. ER IST SICH IM KLAREN
15 DARÜBER, DASS ES AM VERNÜNFTIGSTEN GEWESEN WÄRE, WENN IHR VATER SICH DARUM GEKÜMMERT HÄTTE. DER ABER IST MIT SEINEM EIGENEN LEBEN BESCHÄF-TIGT. SO IST COLBERT DER EINZIGE, DER VERANTWORTUNG ÜBERNIMMT.

_____

_____

_____

_____

_____

_____

_____

_____

_____

_____

_____

Am Dienstagabend, vormittags ... – Tageszeiten und Wochentage

Das musst du wissen

- Schreibe Tageszeiten und Wochentage immer **groß**, wenn es sich um **Nomen/ Substantive** handelt (*am Dienstag, jeden Sonntagabend*).
- **Adverbien** schreibst du **klein** (*heute, gestern*). Oft kannst du sie am **-s** am Wortende erkennen (*vormittags, montags*).
- Bei **zweiteiligen Angaben von Tageszeiten** schreibst du die **Adverbien klein** und **Nomen/ Substantive groß** (*heute Morgen, morgen Mittag*).

1. Schreibe die folgenden Zeitangaben richtig auf.

MONTAGMORGENS	MORGENS	NACHTS
JEDENFREITAG	AMGESTRIGENMONTAG	AMSAMSTAG
VORIGENMITTWOCH	AMSAMSTAGNACHMITTAG	EINESMONTAGS
ÜBERMORGENVORMITTAG	JEDENMITTWOCH	EINESTAGES

_____

_____

_____

_____

2. Setze die Zeitangaben in ihrer richtigen Schreibweise in die Lücken ein.

In dieser Woche war viel los. Wir waren seit MONTAG _____ mit

der gesamten Jahrgangsstufe im Schullandheim Norderney. AMMONTAGMORGEN

_____ fuhr der Bus bereits los. Wir waren dann schon

MITTAGS _____ im Norden und bekamen nach kurzer Wartezeit

eine Fähre nach Norderney.

Bereits NACHMITTAGS _____ waren wir in Norderney und sind

dann nach einem gemütlichen Fußmarsch am Wattenmeer entlang am späten NACHMITTAG

_____ in Norderney im Landschulheim angekommen. Nachdem

die Zimmer verteilt waren und wir eine warme Mahlzeit eingenommen hatten, stand für den

MONTAGABEND _____ noch ein ziemlich langer Spaziergang am

Strand auf dem Plan. Niemand interessierte sich dann noch dafür, was MOR-

GEN _____, das heißt AMDIENSTAG

_____, auf dem Plan stand. Es ging dann aber bis ZUMSAMSTAG

_____ in diesem Tempo weiter. Nach dem Unterricht AMMORGEN

_____ war NACHMITTAGS

_____ oft ein Projekt in Kleingruppen geplant. Und ABENDS

_____ gab es meistens eine Nachtwanderung, Singen am Lager-

feuer oder Strandspiele zur Auswahl. Trotz der ungewohnten Anstrengungen VONMONTAG

_____ bis ZUMSAMSTAG _____ hat

der Aufenthalt im Landschulheim den meisten recht gut gefallen.

Ich hoffe, Ihnen geht es gut – Anredepronomen

R

Das musst du wissen

- Anredepronomen in Briefen wie *du, euch, dein* können **klein- oder großgeschrieben** werden.
- Du musst aber die **Höflichkeitsformen** der Anredepronomen (*Sie, Ihnen, Ihre*) **immer großschreiben**.

1. Setze in die Lücken des Briefes die Höflichkeitsformen der Anredepronomen ein.

Hallo Frau Andersen,

von der sonnigen Baleareninsel Mallorca sende ich _____ herzliche Feriengrü-

ße. Wir haben im Wetterbericht gehört, dass auch _____ gutes Wetter haben.

Ganz herzlich möchte ich mich noch bei _____ bedanken, dass _____

meinen kleinen Niko versorgen. Hoffentlich macht er _____ auch nicht zu viel

Arbeit und bringt mit seinem Herumrennen nicht _____ ganzes Haus durchei-

nander.

Aber _____ kennen ihn ja und _____ haben deshalb ja gewusst,

worauf _____ sich eingelassen haben.

Liebe Frau Andersen, ich verspreche _____ schon jetzt, dass wir demnächst,

wenn _____ verreisen, auf _____ Liebling aufpassen werden.

Wenn wir wieder zu Hause sind, möchten wir _____ gerne als kleines Dankeschön

einladen. Wir können _____ dann viele Fotos von den schönen Seiten der Insel

zeigen. Es wäre schön, wenn _____ und _____ Mann dafür Zeit

fänden.

Von uns allen sonnige Grüße an _____ und _____ Mann.

Tschüss!

_____ Inga Neuhäuser

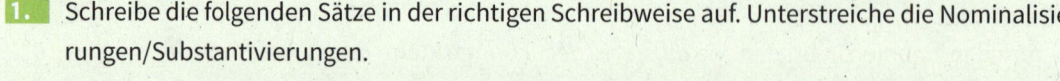

Teste dich selbst! – Groß- und Kleinschreibung

(zu erreichende
Punkte /
eigene Punkte)

1. Schreibe die folgenden Sätze in der richtigen Schreibweise auf. Unterstreiche die Nominalisierungen/Substantivierungen.

a) DAS DAUERNDE WENN UND ABER BRINGT DICH NICHT WEITER.

b) ALEXANDER WILL HEUTE ETWAS SINNVOLLES TUN.

c) PAULA KAM ALS VIERTE INS ZIEL.

d) BEI DEM SPIEL AM NÄCHSTEN SAMSTAG KOMMT ES AUF JEDEN EINZELNEN AN.

8 / ____

2. Setze die Zeitangaben in der richtigen Schreibweise in die Lücken ein.

Kims Praktikum hat _____ (GESTERN) begonnen. Seit _____

(DIESEMMONTAGMORGEN) arbeitet sie in einer Kfz-Werkstatt. (AMDONNERSTAGNACHMITTAG)

_____ soll sie eine kleine Inspektion durchführen. Dafür wird

ihr _____ (MORGEN) alles gezeigt. Wegen der ungewohnten harten

Arbeit sehnt Kim aber den _____ (HEUTIGENDIENSTAGABEND) herbei. Sie ist

12 / ____ überzeugt, dass sie _____ (NACHTS) wie ein Stein schlafen wird.

3. Streiche in der folgenden Geschichte jeweils die falsche Schreibweise durch.

Ein guter/Guter Rat

Auf einer Schiffsreise wurde das Meer infolge eines plötzlich auftretenden/Auftretenden Unwetters sehr stürmisch/Stürmisch. Ein Vorsichtiger/vorsichtiger fragte daraufhin den vorbeieilenden/Vorbeieilenden Steward: „Was trinkt man am besten bei stürmischem/Stürmischem Wetter?" Darauf der Steward im Vorübergehen/vorübergehen: „Wenn ich Ihnen/ihnen raten darf: Trinken
11 / ____ ⁵ sie/Sie das Billigste/billigste, Verehrtester/verehrtester!"

4. Streiche auch in den folgenden Sätzen die falsche Schreibweise durch.

a) Die kleinen/Kleinen Wünsche erfüllt man sich gleich, die großen/Großen verschiebt man.

b) Kornelia liest gerne spannende/Spannende Bücher. Die ganz dicken/Dicken allerdings bevorzugt sie weniger.

c) Anna und ihre beste/Beste Freundin Luisa schauen sich öfter zusammen Filme an; den
6 / ____ bislang interessantesten/Interessantesten haben sie in der letzten Woche gesehen.

mögliche Punkte: 37 / erreichte Punkte: ____

Straße, küssen, Wiese ... – s-Laute richtig schreiben

Das musst du wissen

Man unterscheidet bei den s-Lauten den **stimmhaften** (gesummten) und **stimmlosen** (gezischten) **s-Laut**.

- Den **stimmhaften s-Laut** schreibst du immer mit **einfachem s**.

Für den stimmlosen s-Laut gibt es **drei Schreibweisen**: *ss, ß* und *s*. Merke dir für die Rechtschreibung des **stimmlosen s-Lautes** folgende Regeln:

- **Nach einem langen Vokal** oder einem **Doppellaut** (*eu, au, äu, ei*) schreibst du den stimmlosen s-Laut mit **ß** (*Straße, außen, reißen*).
- **Nach einem kurzen Vokal** schreibst du den stimmlosen s-Laut in der Regel mit **ss** (*messen, fassen*).
- Am **Wortende** hört sich der s-Laut immer stimmlos bzw. gezischt an. Du musst dann **verwandte Wörter suchen** oder das **Wort verlängern**, um dir die Schreibweise zu erschließen (*Haus – Häuser/Kuss – Küsse/groß – größer*).

1. Sprecht die folgenden Wörter mit einem s-Laut laut und deutlich aus:
   - Entscheidet euch, ob der s-Laut ein stimmloser oder stimmhafter ist.
   - Verlängert die Wörter, wenn der s-Laut am Wortende steht.
   - Tragt dann die fehlenden Buchstaben in die Wörter ein.

   Ku_____, flie_____en, Na_____e, Ki_____en, Ka_____e, ha_____en, le_____en, rei_____en, Hau_____, Lo_____e, Grä_____er, sau_____en

2. Wähle fünf Wörter aus Aufgabe 1 aus und schreibe möglichst viele Reimwörter dazu auf.

   Beispiel: *Nase – Hase*

3. Schreibe mit den Reimwörtern Paarreime auf.

   Beispiel: Und im Feld rümpft sich der Hase,
              über die Dummheit des Jägers die Nase.

4. Ergänze in den folgenden Zitaten über das Schreiben und Lesen die fehlenden Buchstaben.

   Eine strenge und unumstö____liche Regel, was man le____en sollte

   und wa____ nicht, ist albern. Man sollte alles le____en. Mehr als die

   Hälfte un____erer heutigen Bildung verdanken wir dem, was man

   nicht lesen ____ollte.

   (Oscar Wilde, irischer Schriftsteller, 1854 – 1900)

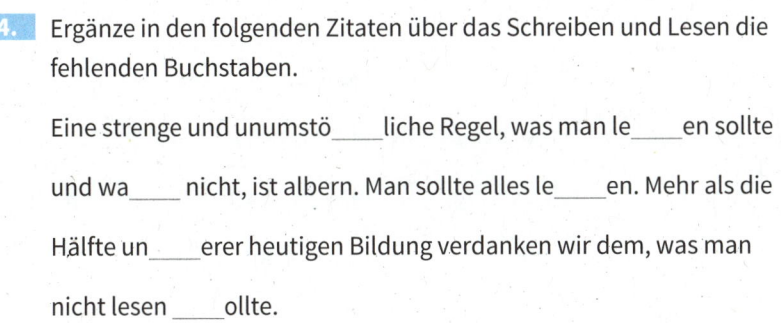

Ich befa_____e mich nicht mit Rechtschreibung und Interpunktion.

(Michel de Montaigne, frz. Politiker und Philosoph, 1533 – 1592)

Der Papierkorb ist der be_____te Freund des Schriftstellers.

(Isaac Bashevis Singer, poln.-amerik. Schriftsteller, 1902 – 1991)

Mit einem Buch auf dem Scho_____ war ich glücklich. Ich fürchtete nicht_____ mehr au_____er

einer Unterbrechung.

(Charlotte Brontë, brit. Schriftstellerin, 1816 – 1855)

„Schriftsteller werden berühmt"

Die Wahrheit ist, dass _____elbst Bestsellerautoren im Jargon der Medien nur sogenannte

C-Promis sind: Nur eine Meldung wert, wenn man freien Platz füllen mu_____ – allenfalls der Tod

des Autors i_____t eine Nachricht. E_____ gibt Au_____nahmen (Nobelprei_____träger und einige

wenige be_____onders skandalträchtige Autoren oder besonders gut au_____ehende Autorin-

5 nen), aber der normale Autor kommt in den Medien so gut wie nicht vor. Und auf der Stra_____e

erkannt wird er auch nicht. Wer berühmt werden will, geht be_____er zum Fern_____ehen, statt

zu schreiben.

(Andreas Eschbach, deutscher Schriftsteller, geb. 1959)

R 5. Übe mit dem folgenden Text die Schreibweise der s-Laute.
- Setze die passenden Buchstaben in den Text ein.
- Markiere dann die verschiedenen Schreibweisen des stimmlosen s-Lautes jeweils mit einer anderen Farbe (z. B. ss = rot, ß = blau, s = grün).
- Unterstreiche die Wörter mit einem stimmhaften s-Laut.

Sylvia Englert (geb. 1970)
Schreib' _____ doch einfach auf!

Sich gro_____e Mengen von Informationen zu merken fällt nicht leicht – die Lö_____ung ist, sie

schriftlich aufzuzeichnen. Erste Schreibversuche finden sich schon auf den Wänden von Höhlen,

in denen die Vorfahren des Homo sapiens hausten. Al_____ die Indianer Amerika

be_____iedelten, benutzten sie als Gedächtni_____stütze für ihre überlieferten Geschichten

5 comicartige Folgen von kleinen Bild_____ymbolen (Piktogramme), die sie auf Birkenrinde zeich-

neten. In Ägypten schrieb man mit Pin_____eln und Ru_____-Tinte auf Papyrus, in

Me_____opotamien drückte man ein spitze_____ Stöckchen in Tontafeln und hatte dafür schon eine abstrakte Schriftsprache erfunden, die Keil-

schrift. Im alten Rom benutzte man, wenn' ____

10 schnell gehen sollte, Wach____täfelchen.

In Rom konnten sich die Bürger übrigen____ schon

sehr früh über Tage____ereigni____e informieren:

Die sogenannte Acta Diurna, eine Art frühe Zeitung, wurde an öffentlichen Plätzen ausgehängt.

Allerdings war sie eine eher langweilige Lektüre, etwa so wie das „Amt____blatt" heute. Zu den

15 echten Vorläufern der heutigen Pre____e zählten die privaten Briefe von Händlern, Pro-

fe____oren und Fürsten; Kaufleute waren eine Art wandelnde Nachrichtenquelle. Auch Flugblät-

ter gab es, auf denen aber mei____t nur eine Nachricht verkündet wurde.

Die gesprochene Sprache aufzuschreiben stellte ____ich als gute Idee heraus, denn nun konnte

man sie auch transportieren. Jetzt war es möglich, sich über weite Strecken mitzuteilen: In

20 Ägypten verbreiteten kleine Tontäfelchen die Nachricht von der Krönung des Pharao Ramses II.

Julius Caesar nutzte Botentauben, um Gallien unter Kontrolle zu halten. In Afrika und Südame-

rika benutzen manche Völker heute noch die „Nachrichtentrommel": Mit ihr kann man sich in

unüber____ichtlichem Gelände über mehrere Kilometer Entfernung die neue____ten Ereig-

ni____e mitteilen.

25 Wer schreiben konnte, hatte Macht – das war damal____ in allen Ländern so. Oft beherrschten

nur Priester die____e schwierige Kunst, und auch in Mitteleuropa waren es die Mönche, die als

Gelehrte Wi____en bewahrten. In Ägypten waren Schreiber hochgeschätzte Fachleute, die

wegen der vielen komplizierten Symbole eine lange Au____bildung in ihrem Beruf brauchten.

Im Auftrag des Pharao produzierten sie flei____ig Gericht____protokolle, Briefe, Rechnungen

30 und Verträge.

Obwohl das Wort „Papier" von der ägyptischen Pflanze Papyrus abgeleitet ist, wurde das, wa____

wir heute als Papier kennen, in China erfunden und verbreitete sich er____t im 13. Jahrhundert

in Mitteleuropa. Zu die____er Zeit konnten die mei____ten Deutschen, bi____ hin zum Adel,

nicht le____en und schreiben. Sogar viele Könige unterschrieben mit einem Kreuz. Al____o

35 übermittelte man Informationen mithilfe von Bildern: Wer die Bibel nicht le____en konnte, der

schaute sich die Bilder in den Kirchenfen____tern oder Wandmalereien an und reimte sich so die

Geschichte der Kreuzigung zusammen. Deutsch le____en zu können nützte lange Zeit auch

nicht gerade viel: In Deutschland waren die mei____ten Texte bi____ zum 15. Jahrhundert

lateinisch geschrieben.

Teste dich selbst! – s-Laute

1. Ergänze bei folgenden Wörtern die Buchstaben *ss* oder *ß*.

Genu____   Ma____stab   Wa____er   Bu____e   mü____en

flü____ig   Fu____ball   Ru____   Schu____   Flo____e

2. Ergänze im folgenden Text die fehlenden Buchstaben.

Mit ungefähr acht Jahren erschien mir das Schreiben als das grö____te Wunder auf die____em

Planeten. Wie konnte man mit den immer gleichen 26 Buchstaben so viele Türen zu so vielen

fremden Welten öffnen? Es war mir unbegreiflich. Ich erinnere mich daran, wie ich die Tür zu

meinem Kinderzimmer zuwarf, mich mit einer Au____gabe von Grimms Märchen auf den Knien

5 in einen Se____el kauerte und mit Herzklopfen zu le____en begann. Kaum zu fa____en, was

die____e Buchstaben in meinem Gehirn anzurichten vermochten und wie sie mich immer tiefer

in eine Welt der sprechenden Pferdeköpfe, der Zwerge, Rie____en und Prinze____innen zogen.

Wie konnte das sein? Es war doch blo____ ein bi____chen Fliegendreck auf wei____em Papier.

(Doris Dörrie, dt. Regisseurin und Schriftstellerin, geb. 1955)

3. Ergänze die folgenden Rechtschreibregeln.

a) Man unterscheidet den _____ und _____ s-Laut.

b) Den stimmhaften s-Laut schreibt man immer mit ____.

c) Den stimmlosen s-Laut kann man auf ____ verschiedene Weisen schreiben und

zwar ____, ____ und ____.

d) Nach einem _____ oder einem Doppellaut schreibt man den s-Laut mit ß.

e) Nach einem _____ schreibt man den s-Laut mit ss.

mögliche Punkte: 31 / erreichte Punkte: ____

Genau auf die Bedeutung achten! – Wortgruppen und Zusammensetzungen richtig schreiben

Das musst du wissen

1. **Wortgruppen** schreibst du **getrennt**. Bei einer Wortgruppe behalten die einzelnen Wörter ihre Bedeutung (*Sie kam vor Freude strahlend nach Hause*).

2. Eine **Zusammensetzung** ist eine Verbindung, bei der mehrere Wörter eine neue Bedeutung bilden. Zusammensetzungen schreibst du **zusammen** (*Freudestrahlend kam Alex nach Hause*).

Weiter solltest du dir folgende Regeln merken:

3. **Verbindungen aus einem Verb und einem Nomen/Substantiv** schreibst du **in der Regel getrennt** (*Sie möchte Fahrrad fahren*). Als Nominalisierung/Substantivierung schreibst du sie aber groß und zusammen (*Wir fahren zum Bergsteigen*).

4. **Verbindungen aus zwei Verben** werden **getrennt** geschrieben (*Wollen wir schwimmen gehen?*).

5. **Verbindungen mit dem Hilfsverb *sein*** werden immer **getrennt** geschrieben (*Wir sollten fertig sein*).

---

1. Welche der in dem Kasten oben aufgeführten Regeln musst du bei der Schreibweise der fett gedruckten Ausdrücke anwenden? Schreibe die passende Ziffer in den Kasten.

a) Wenn du um 14.00 Uhr **zurück bist** ⬚ , haben wir noch genügend Zeit für ein Beratungsgespräch.

b) Weil Pauline im Urlaub sehr viel **Fahrrad fahren** ⬚ will, bringt sie ihr Rad zum Händler, um es kontrollieren zu lassen.

c) Vor nahezu 3 000 Jahren begannen die Griechen damit, Theaterstücke **aufzuschreiben** ⬚ und auf speziellen Bühnen **aufzuführen** ⬚ .

d) Es ist nicht ratsam, von dem Mauervorsprung **herunterzuspringen** ⬚ .

e) Solltest du mich noch einmal einfach so **stehen lassen** ⬚ , kündige ich dir die Freundschaft auf.

f) Adjektive und Adverbien werden **kleingeschrieben** ⬚ .

g) In welchem Alter hast du **lesen gelernt** ⬚ ?

h) Schülerinnen und Schüler, die am Wandertag **Schlittschuh laufen** ⬚ oder **Ski fahren** ⬚ wollen, müssen sich in eine gesonderte Liste eintragen.

i) Jule ist es nicht **schwergefallen** ⬚ , sich bei ihrem Freund zu entschuldigen.

j) Paul ist bei dem Wettkampf leider **schwer gestürzt** ⬚ .

k) Auf eine definitive Aussage ließ er sich nicht **festnageln** ⬚ .

l) Das Schnitzel war so groß, dass er seinen Teller nicht **leer essen** ⬚ konnte.

2. Tragt die in Klammern gesetzten Verbindungen in der richtigen Form in die Lücken ein.

a) _____ (FLEISCHFRESSEN) Pflanzen wachsen in den Tropen, einige

Arten gibt es jedoch auch in unseren Regionen zu kaufen.

b) Mit einem Spezialschwamm kannst du dein Fahrradgestänge _____

(BLANKPUTZEN).

c) Der Ätna gehört zu den Vulkanen, die immer wieder _____

(FEUERSPEIEN).

d) Das, was sie gemacht hat, sollte ihr _____ (LEIDTUN).

e) Wenn du zu lange ungeschützt in der Sonne _____ (LIEGENBLEIBEN),

kannst du deine Haut dauerhaft schädigen.

f) In ca. einer Stunde werde ich mit den Hausaufgaben _____

(FERTIGSEIN), dann können wir _____ (EISESSEN).

g) Wenn du bei einem Referat _____ (FREISPRECHEN), ist dir die

Aufmerksamkeit des Publikums eher gewiss, als wenn du alles abliest.

h) Wenn alles _____ (VORBEISEIN), werde ich ein paar Tage ausspannen.

i) Im klassischen Griechenland saßen die Zuschauer auf _____

(ANSTEIGEN) Stufen, die das Bühnenhaus im Halbrund _____

(UMSCHLIESSEN).

j) Das Gerät ließ sich nur sehr schwer _____ (HANDHABEN), deshalb

beschloss sie, es _____ (ZURÜCKGEBEN).

k) Seine Eltern haben ihm verboten, so lange _____ (FERNSEHEN).

l) Wiederholt versuchte er, ihr Vertrauen _____ (WIEDERGEWINNEN).

„Fünf-Minuten-Diktate" – Texte zum Üben

1. Arbeitet so mit den folgenden Texten:
- Klärt die Schreibweise der in Großbuchstaben gedruckten Wörter. Schreibt sie in der richtigen Schreibweise auf.
- Führt anschließend mit dem Text ein Selbst- oder Partnerdiktat durch.

Tipp: Lest euch dazu vorher noch einmal die Hinweise in der Lernbox auf S. 123 durch.

Was berichtet die Sage vom Minotaurus?

Eine interessante kretische Sage rankt sich um den SOGENANNTEN Minotaurus, einen Königssohn, der halb Stier, halb Mensch war. Aus Scham hielt der König Minos ihn in einem UNTERIRDISCHEN Labyrinth versteckt. Die Bezeichnung Labyrinth ist ABGELEITET von „labrys", einer DOPPELSCHNEIDIGEN Axt, die zwei Hörner hatte, genau wie die Stiere, die damals SOOFT
5 den Göttern geopfert wurden, um diese gnädig ZUSTIMMEN.
Überall auf Kreta stößt man auf das Hörnermotiv und selbst die Zinnen des Palastes haben diese Form. Manchmal konnte man das Monstrum in dem unterirdischen Labyrinth brüllen und gegen die Wände RENNENHÖREN, SOFERN man der Sage GLAUBENSCHENKT. Wahrscheinlich versuchte man, auf diese Weise das Grollen und die Erdstöße der bei den Bewohnern Kretas so
10 gefürchteten Erdbeben ZUERKLÄREN.

Welche Religion hatten die alten Griechen?

Im antiken Griechenland wurden Götter verehrt, die angeblich auf dem Berg Olymp wohnten. Man brachte ihnen viele Opfer, um sie GNÄDIGZUSTIMMEN und um das WOHLERGEHEN des Staates ZUSICHERN. Die Götter waren allmächtig und für einen Sterblichen gab es keine größere Sünde als den Hochmut, sich auf die gleiche Stufe wie die Götter ZUSTELLEN.
5 Da die Zukunft in den Händen der Götter lag, konnten sie auch VORAUSSAGEN, was den Menschen BEVORSTAND. Um die Zukunft ZUERFAHREN, befragte man Orakel. Das berühmteste Orakel befand sich in Delphi. Im Zentrum des Tempels gab es eine Öffnung, aus der manchmal vulkanische Dämpfe AUFSTIEGEN. Alles, was die INMITTEN dieser Dämpfe sitzende Priesterin sagte, hielt man für die Worte des Gottes Apoll.

Wie wurden die Mumien im alten Ägypten behandelt?

Im alten Ägypten wurden die Körper wichtiger Personen nach ihrem Tod EINBALSAMIERT, um ihnen ein Leben nach dem Tod ZUERMÖGLICHEN. Die meisten Organe wurden entfernt, SODASS der VERWESUNGSPROZESS nicht beginnen konnte. SOBALD dieses geschehen war, wurde die Leiche mit WOHLRIECHENDEN Desinfektionsmitteln ABGERIEBEN.
5 Dann wurde sie von Kopf bis Fuß in WOHLRIECHENDE Tücher gehüllt und in einen prunkvollen Sarg gelegt. Als Grabstätten für die DAMALIGEN Könige dienten die Pyramiden. Der ägyptischen Religion zufolge reichte es jedoch nicht aus, den Körper ZU ERHALTEN, auch ein LANGWIERIGES Ritual musste AUSGEFÜHRT werden, damit wirklich SICHERGESTELLT war, dass der Tote in der anderen Welt WEITERLEBEN würde.

Teste dich selbst! – Getrennt- und Zusammenschreibung

1. Trage in die Lücken die richtige Schreibweise der fett gedruckten Ausdrücke ein.

Steinmarder

Vor diesem bösen Beißer müssen **Auto/fahrer** (1) _____ **Angst/haben**

(2) _____. Denn der von den Steinmardern verursachte Schaden ist **riesen/groß**

(3) _____. Die **Reparatur/kosten** (4) _____ können zu 70

Millionen Euro **zusammen/gefasst** (5) _____werden, wobei die **Folge/**

₅ **schäden** (6) _____ an den Motoren nicht **mit/gerechnet** (7) _____

_____ sind. Wenn in manchen **Vorort/straßen** (8) _____

im Mai und Juni **flächen/deckend** (9) _____ geparkte Autos **still/gelegt**

(10) _____ werden, sieht man manchmal, wie Nachbarn **wut/entbrannt**

(11) _____ **zusammen/kommen** (12) _____, und hört, wie

₁₀ gängige Gegenmaßnamen **aus/getauscht** (13) _____ werden. Dazu gehört

es zum Beispiel, **Hunde/haare** (14) _____, **Motten/kugeln** (15) _____

_____ oder Knoblauchzehen im **Motor/raum** (16) _____ zu platzie-

ren, also eigentlich alles, was stinkt und **bitter/schmeckt** (17) _____. Für die

betroffenen Autofahrer ist es sicherlich kein Trost, wenn ihnen der Marder ein gestohlenes **Hühner/**

₁₅ **ei** (18) _____ oder auch einen toten Vogel auf dem **Luft/filter**

(19) _____ **zurück/lässt** (20) _____. Als Schutz gegen

Marderbisse empfehlen Experten vor allem gehärtete Überzüge für Kabel und Schläuche, eine **regel/**

mäßige (21) _____ **Motor/wäsche** (22) _____ oder auch die

Benutzung öffentlicher **Verkehrs/mittel** (23) _____.

mögliche Punkte: 46 / erreichte Punkte: _____

Lehm, Kies, Sand ... – das Komma bei Aufzählungen

Das musst du wissen

- Du setzt ein **Komma zwischen Wörter, Wortgruppen** und **Sätzen** (auch Neben-/ Gliedsätzen), wenn diese **aufgezählt** werden.
- Steht zwischen den Aufzählungen **und, oder** oder *sowie*, setzt du **kein Komma**.

Beispiele: *Sie isst am liebsten Fisch, Salat, Gemüse und Brot.*
Ich lese, Carla arbeitet, Kim schläft und Jonas kauft ein.
Ich bleibe, weil es schneit, kein Bus mehr fährt und es mir bei euch gefällt.

1.   Setze die fehlenden Kommas und unterstreiche die Aufzählungen.

Tunnelbau heute

a) Die Tunnel von U-Bahnen Autobahnen und Eisenbahnen wurden früher von Hand unter härtesten Bedingungen und mit Hunderten von Arbeitern gebaut.

b) Heute erledigen gigantische 1 000 Tonnen schwere 150 Meter lange und mit einem kaum zu zerstörenden Bohrkopf ausgestattete Tunnelbohrmaschinen diese Arbeit.

c) In einer Stadt wie London müssen dabei andere U-Bahn-Linien Versorgungseinrichtungen Abwasserkanäle und unterirdische Flüsse umgangen werden.

d) Voraussetzung eines Tunnelbauvorhabens ist immer die genaue Kenntnis der geologischen Beschaffenheit des Geländes die Untersuchung der Bodenmechanik die Einschätzung auftretender Drücke sowie eine Analyse der Gesteinszusammensetzung.

e) Der U-Bahn-Tunnel wird mit Beton ausgekleidet die Stromversorgungsleitungen werden installiert Beleuchtungsanlagen werden eingebaut und Belüftungsanlagen werden eingerichtet.

f) Als die längsten Tunnel der Welt gelten der Tunnel der U-Bahn-Linie 3 der chinesischen Stadt Guangzhou mit 67,30 km ein Tunnel der U-Bahn-Linie 10 in Peking mit 54,80 km der Seikantunnel der japanischen Eisenbahn mit 53,85 km und der Eurotunnel unter dem Ärmelkanal zwischen Frankreich und England mit 49,94 km.

Und, oder, weder … noch … – das Komma bei nebenordnenden und entgegensetzenden Konjunktionen

Das musst du wissen

- Werden einzelne Wörter, Wortgruppen und Sätze durch eine **nebenordnende Konjunktion** verbunden, steht in der Regel **kein Komma**. Solche nebenordnenden Konjunktionen sind z. B. *und, oder, beziehungsweise, sowie, entweder … oder, sowohl … als auch, weder … noch.*
  Beispiel: *Sie will weder etwas essen noch trinken.*

- Bei **Konjunktionen** wie *aber, sondern, jedoch, doch, nicht nur … sondern auch*, die einen **Gegensatz ausdrücken**, musst du ein **Komma setzen**. Diese Konjunktionen heißen auch entgegensetzende Konjunktionen.
  Beispiel: *Wir schreiben die Arbeit nicht heute, sondern erst nächste Woche.*

1. Setze die fehlenden Kommas.

a) Das Gehirn von Schimpansen ist nur ein Drittel so groß wie das menschliche aber trotzdem besitzen sie eine erstaunliche Intelligenz.

b) Schimpansen können nicht nur Probleme lösen sondern haben auch richtige Aha-Erlebnisse.

c) Sie spitzen sowohl zum Jagen als auch zum Stochern in Termitenbauten Stöcke an.

d) Dieses Verhalten ist weder angeboren noch wird es den Jungen beigebracht.

e) Ein Schimpanse kann die Zeichensprache von Menschen lernen aber er wird nie wie ein Mensch sprechen.

f) Sowohl der hochstehende Kehlkopf als auch die anders gebaute Luftröhre verhindern beim Schimpansen ein wirkliches Sprechen.

g) Mithilfe der Zeichensprache äußern Schimpansen nicht nur Wünsche sondern unterhalten sich auch mit Menschen.

h) Sie beantworten jede Frage ihres Trainers aber sie zeigen niemals Zweifel.

i) Schimpansen sind intelligent jedoch zeigt sich hier die Grenze ihrer Intelligenz.

j) Sie können nichts hinterfragen sondern nehmen die Dinge einfach hin.

Das Spiel wird verlegt, weil … – Kommasetzung in einfachen Satzgefügen

Das musst du wissen

- **Haupt- und Neben-/Gliedsatz** bilden ein **Satzgefüge**. Sie werden immer durch **Kommas** voneinander getrennt. Dabei kann der Neben-/Gliedsatz vor dem Hauptsatz oder dahinter stehen oder in den Hauptsatz eingefügt sein.
- Ein **Neben-/Gliedsatz** kann **nie allein** stehen, die **Personalform des Verbs** steht hier **immer am Ende**.
- Neben-/Gliedsätze können unterschiedlich eingeleitet werden:
  - durch eine **unterordnende Konjunktion** (*weil, als, nachdem, obwohl, indem …*).
    Beispiel: *Sie möchte gerne Erzieherin werden, <u>weil</u> sie Kinder mag.*
  - durch ein **Relativpronomen** (*der, die, das, welcher, welche, welches*). Das Relativpronomen kann auch eine Präposition bei sich haben (*an dem, mit dem, von dem …*).
    Beispiel: *Lennart, <u>der</u> Nils Freund ist, hält immer zu ihm.*
  - durch ein **Fragewort** (*wann, wie, wer, ob …*).
    Beispiel: *Die Zuschauer fragen sich, <u>wie</u> ihre Mannschaft das Spiel noch gewinnen kann.*

1. Trage in die folgenden Sätze die fehlenden Kommas ein.
- Unterstreiche den Hauptsatz.
- Kreise die Einleitung des Neben-/Gliedsatzes ein.

Abenteuerlicher Flug nach Schweden

a) Schon die Fahrt mit dem Bus von Paderborn zum Flughafen am Niederrhein war außergewöhnlich da der Busfahrer sich nur auf seinen angeblichen Orientierungssinn verließ.

b) Am Ende kostete uns dies wenigstens eine Dreiviertelstunde Verspätung die ziemlich nervenaufreibend war.

c) Da wir zu dem Zeitpunkt noch nichts von den kommenden Problemen wussten haben wir uns alle beschwert.

d) Weil der Flughafen recht übersichtlich war lief nach Ankunft am Flugschalter alles glatt und wir saßen alle glücklich und zufrieden auf unseren Sitzen.

e) Dem einen oder anderen Schüler wurden dann aber doch die Knie weich als der Flieger abhob.

f) Man konnte nur noch die Lichter der Städte erkennen da schon der Abend nahte.

g) Immer mehr Schüler schliefen ein auch wenn die Sitze nicht sehr bequem waren.

h) So bemerkten wir auch nicht dass der Pilot irgendwann die Richtung änderte und wieder heimatlichen Kurs nahm.

i) Entsprechend groß war die Verwunderung als wir dann wieder am Niederrhein landeten.

j) Wegen technischer Probleme war der Pilot der noch neu in seinem Beruf war auf Nummer sicher gegangen und umgekehrt.

k) So mussten wir erst eine ganze Zeit warten bis ein neuer Flug gestartet werden konnte.

2. In dem folgenden Auszug aus einer Argumentation zum Thema „Schuluniformen" fehlen die Kommas in den Satzgefügen. Trage sie ein und kreise das Einleitungswort des Neben-/Gliedsatzes ein.

Tipp: Es fehlen fünf Kommas.

Besonders wichtig ist dass durch die Einführung einer Schuluniform das Gemeinschaftsgefühl in den Klassen erhöht wird. Ausschlaggebend ist dafür dass aufgrund der einheitlichen Kleidung der Konkurrenzdruck untereinander und der Neid entfallen. In unserer Klasse nehmen zum Beispiel immer wieder einige Schülerinnen und Schüler
5 nicht am Sportunterricht teil weil sie nicht die „angesagten" Markenschuhe besitzen. Die positive Wirkung einer einheitlichen Schulkleidung ist demnach dass sich niemand ausgeschlossen fühlen muss.
Schwerer als das Bedürfnis nach individueller Kleidung wiegt sicher dass sich viele Schülerinnen und Schüler oft ausgegrenzt fühlen. Dieser Ausgrenzung kann durch die
10 Einführung einer einheitlichen Schulkleidung ein Ende gesetzt werden.

3. Trage auch in den folgenden Textauszügen die fehlenden Kommas ein.

Delfine und ihre Kommunikation

Über die Delfine wissen wir sehr viel weil sich schon sehr viele Forscher mit ihnen beschäftigt haben. Das ist auch verständlich. Delfine sind populär weil sie attraktiv sind als intelligent und als menschenfreundlich gelten. [...] An der australischen Küste kommen frei lebende Delfine sogar zu regelmäßigen Begegnungen mit Badegästen an den Strand.

5 Obwohl viele Beobachtungen über die Kommunikation von Delfinen gemacht wurden sind

bisher nur wenige Aufzeichnungen im freien Wasser gelungen.
(4 Kommas)

Besonderes Glück hatte eine Studentengruppe aus Kiel die vor der spanischen Küste von einer

Plattform aus erstmals Video- und Tonaufnahmen machen konnte. In der Bucht lebten zahlrei-

che Hornhechte die auf Delfine große Anziehungskraft ausübten. Das Revier unter Wasser ist

offenbar klar umrissen weil über einen Beobachtungszeitraum von drei langen Sommermonaten

5 sich die Delfine hier regelmäßig einfinden, um zu jagen.
(3 Kommas)

Selten zuvor wurden die Kommunikationslaute frei lebender Delfine aus so großer Nähe aufge-

nommen. Es sind Signale die meist mit einer hohen Frequenz beginnen danach abfallen und

wieder ansteigen. Offenbar sind sie von Bedeutung wenn Delfine koordiniert in Formation

schwimmen. Sozusagen durch Verabredung auf Signalpfiff lösen sich zwei Delfine aus dem

5 Verband die in den dichten Pulk der Hornhechte vorstoßen.
(4 Kommas)

Von ganz anderer Qualität sind die Ortungslaute die in der Wirkungsweise eines Echolots auf

den Fischschwarm treffen sodass sie zum Sender zurückkehren. Richtung und Intensität der

Schallwellen informieren den Jäger darüber wo der Standort der Beute ist. Aber nicht genug

damit! Wenn der Delfin seine Schallstrahlen so verändert dass daraus niedrigfrequente Schall-

5 stöße werden können sie zur betäubenden oder tödlichen Waffe werden. Taucher die häufiger

solche Szenen beobachteten haben davon berichtet. Vom Schallstrahl der Delfine getroffene

Fische erzitterten erlahmten und wurden geschnappt.
(8 Kommas)

HS → NS 1 → NS 2 – Kommasetzung in komplexen Satzgefügen

Das musst du wissen

- Mit einem **Komma** trennst du auch einen **Neben-/Gliedsatz** ab, der nicht von einem Hauptsatz, sondern **von einem anderen Neben-/Gliedsatz** abhängt.
- In diesem Fall spricht man von einem **komplexen Satzgefüge**.

Beispiel:

Man sollte auf Flugreisen möglichst verzichten,
     (Hauptsatz)

             weil die Umweltbelastung,   *immer größer wird.*
    Konjunktion   (Nebensatz 1)   (Nebensatz 1)

                   die durch den Flugverkehr verursacht wird,
                               (Nebensatz 2)
        Relativpronomen

1. Unterstreicht in den folgenden Sätzen jeweils die unterschiedlichen Neben-/Gliedsätze und den Hauptsatz mit verschiedenen Farben.

a) Die Unterkunft, die wir gebucht haben, bevor wir losgefahren sind, erwies sich als katastrophal.

b) Um das Hotel, das mitten in der Stadt lag, die von vielen Menschen besucht wird, führte eine Hauptstraße.

c) Viele Autofahrer, die auf der Hauptstraße fuhren, weil sie die schnellste Verbindung in die Stadt war, hupten unaufhörlich.

d) Wir waren entsetzt, als wir merkten, dass wir auch nachts keine Ruhe finden würden.

e) Obwohl unser Zimmer, das sich entgegen unseren Wünschen im Erdgeschoss befand, zum Hinterhof lag, drang der Lärm hinein.

f) Weil wir nicht wollten, dass wir keine Nacht Ruhe finden, baten wir die Reiseleitung um ein Zimmer in einem anderen Hotel.

g) Weil jedoch kein Zimmer frei war, das unserer Preisvorstellung entsprach, mussten wir noch zwei Tage in dem Lärm ausharren.

2. Setze in den folgenden Sätzen die fehlenden Kommas.

a) Weil die Hinfahrt die über zehn Stunden dauerte sehr anstrengend war schliefen wir direkt nach der Ankunft erst einmal zwei Stunden.

b) Obwohl es sehr heiß war weil es Mittag war und die Sonne schien schliefen wir tief und fest.

c) Danach gingen wir weil wir auf das Meer schauen wollten das nur wenige Schritte vom Hotel entfernt lag an den Strand.

d) Da wir unsere Badehosen die noch im unausgepackten Koffer lagen nicht mitgenommen hatten konnten wir nicht sofort schwimmen gehen.

e) In den nächsten Tagen die voller Sonnenschein waren wie auch der Wetterbericht vorhergesagt hatte gingen wir mit großer Freude ins Wasser.

3. Wähle aus den Aufgaben 1 und 2 zwei komplexe Satzgefüge aus und zeichne nach dem Beispiel in der Lernbox auf S. 132 die Satzbaumuster dieser Satzgefüge.

Er hat die Absicht, <u>sein Fahrrad zu verkaufen</u> – das Komma bei Infinitivgruppen

Das musst du wissen

Eine **Infinitivgruppe** umfasst ein **Verb im Infinitiv mit *zu*** und **weiteren Wörtern**. In folgenden Fällen musst du eine Infinitivgruppe mit einem **Komma** vom übergeordneten Satz abtrennen:

● Ein **Substantiv/Nomen oder ein anderes Wort** im übergeordneten Satz **bezieht sich auf die Infinitivgruppe**.

Beispiele: *Ich hatte nicht die **Absicht**, die Hausaufgaben zu vergessen.*
                *Ich bedauere **es**, zu spät gekommen zu sein.*

● Die **Infinitivgruppe** wird mit ***um, anstatt, statt, ohne, außer, als*** eingeleitet.

Beispiele: *Wir sollten uns treffen, **um** für die Arbeit zu üben.*
                *Er schoss den Ball selbst, **anstatt** zu dem freien Mann zu spielen.*

1. Arbeitet so mit den folgenden Sätzen:
- Unterstreicht die Infinitivgruppe.
- Kreist den Ausdruck im übergeordneten Satz, auf den sich die Infinitivgruppe bezieht, oder die Wörter *um, ohne, anstatt, außer, statt* ein.
- Setzt die fehlenden Kommas.

Beispiel: Niemand hatte vor Antritt der langen Busreise ⬚daran⬚ gedacht, <u>sich ausreichend mit Reiseproviant zu versorgen</u>.

Eine anstrengende Busfahrt

a) Auch die Möglichkeit sich entspannt hinzusetzen war nicht immer gegeben.

b) So baten schon bald die ersten Schüler darum eine Pause zu machen.

c) Der Busfahrer musste aber daran denken seine vorgeschriebenen Ruhezeiten einzuhalten.

d) So schnell kam es also nicht infrage eine Rast zu machen.

e) Zum Glück hatten mehrere Schüler DVDs mitgenommen um sich die Zeit zu verkürzen.

f) Nach längeren Diskussionen gelang es sich auf einen Film zu einigen.

g) Der Film half den Schülern dabei sich über die Unbequemlichkeiten hinwegzutrösten.

h) So waren alle darüber erstaunt vom Busfahrer zu hören dass die lang ersehnte Pause anstehe.

i)   Alle stürmten in die Raststätte und keiner dachte daran nach dem Zeitpunkt der Weiterfahrt

zu fragen.

j)   Der Anblick des Fast-Food-Restaurants verleitete viele Schüler dazu sich dort erst einmal

verköstigen zu lassen.

k)   Die Lehrer hatten alle Mühe damit die Schüler wieder in den Bus zu bekommen.

l)   Nach einer langen Fahrt freuten wir uns darüber am Ziel zu sein.

m)   Keiner mochte zu dem Zeitpunkt daran denken sich wieder auf den Heimweg machen zu

müssen.

2.   Trage in dem folgenden Text zu dem Film „Das Wunder von Bern" die fehlenden Kommas bei
den Infinitivgruppen ein.

Das Wunder von Bern – Der Inhalt

Während der Bergarbeiter Richard Lubanski aus

Essen in russischer Gefangenschaft war, hat seine

Familie gelernt ohne ihn auszukommen. Bei

seiner Rückkehr 1954 muss er feststellen, dass

5 sein ältester Sohn ein Kommunist ist, seine

Tochter mit Soldaten flirtet und sein elfjähriger

Sohn Matthias (Rufname Mattes), den er noch nie

gesehen hat, den Fußballer Helmut Rahn als Idol

hat, den Richard gar nicht kennt. Bei aller Mühe

10 schafft er es zunächst nicht sich in seine Familie wieder einzufügen.

Währenddessen gelingt es der deutschen Nationalmannschaft bei der Weltmeisterschaft als

Außenseiter bis ins Endspiel zu kommen. Helmut Rahn ist jedoch frustriert, weil der Trainer ihn

zunächst nicht aufstellt. Langsam bessert sich das Verhältnis zwischen Richard und Mattes, und

auch Helmut Rahn ist im Finale gegen Ungarn aufgestellt, in dem er das entscheidende Tor zum

15 3:2-Endstand schießt, mit dem Deutschland die Sensation gelingt zum ersten Mal Weltmeister zu

werden.

(4 Kommas)

Kommatraining – Texte zum Üben

1. Tragt in den folgenden Texten alle fehlenden Kommas ein. Ihr könnt mit den Texten auch Selbst- oder Partnerdiktate durchführen.

Die Farbe Weiß

Wortgeschichtlich ist Weiß mit anderen indoeuropäischen Wörtern verbunden die „licht" „leuchtend" und „hell" bedeuten. In bildhaften Wortzusammensetzungen ist der Sinn erweitert zu „makellos" „unbefleckt". Ein weißer Fleck auf einer Landkarte bezeichnete früher eine unerforschte Gegend heute ist generell etwas Unbekanntes damit gemeint. Wer eine weiße

5 Weste hat hat sich nichts vorzuwerfen.
(5 Kommas)

Schwarzes Schaf

Bei Schafzüchtern sind schwarze oder gefleckte Schafe weniger erwünscht weil ihre Wolle nicht die gewünschte Qualität hat und zur Stoffbearbeitung wozu auch das Färben gehört unbrauchbar ist.
(3 Kommas)

Graue Maus

Hier ist nicht von einem Tier die Rede sondern von einer menschlichen Person die klein und unauffällig ist wie eine Maus und diesen Eindruck häufig noch durch unauffällige Kleidung unterstützt.
(2 Kommas)

Blauer Brief

Dahinter verbirgt sich ein Warnschreiben (vor allem von der Schule an die Eltern). Im 19. Jahrhundert wurden in Preußen königliche Kabinettsorders aber auch Mahnschreiben an Beamte und Offiziere die ihre Versetzung in den Ruhestand beantragen sollten in blauen Umschlägen verschickt.
(3 Kommas)

Teste dich selbst! – Kommas richtig setzen

1. An welchen Stellen der Sätze musst du ein Komma setzen? Trage dort ein Komma ein, wo deiner Meinung nach eines gesetzt werden muss.

(zu errei-chende Punkte / eigene Punkte)

a) Für eine schnelle Antwort ( ) wäre ich Ihnen sehr dankbar.

b) Aus diesem Grund sind Pinguine gute Testobjekte für das Studium von Ausmaß ( ) Dauer und Bedingungen der Kältegewöhnung.

c) Ein Unternehmen sollte ( ) was es an Gewinn erwirtschaftet ( ) zu einem Teil wieder neu investieren.

d) Vonseiten der Regierung ( ) hielt sich niemand ( ) nicht einmal der ( ) Pressesprecher ( ) dafür zuständig ( ) uns eine konkrete Prognose ( ) mitzuteilen.

e) Bei Vertragsabschluss ist es das Beste ( ) alle Nebenabsprachen schriftlich niederzulegen.

f) Im Zusammenhang mit der steigenden Umweltverschmutzung ( ) nehmen die Verhandlungen mit Unternehmen ( ) vor allem mit Großunternehmen ( ) beträchtlich zu.

g) Wir gehen davon aus ( ) nun unsererseits ( ) alles getan zu haben ( ) um Ihre Zustimmung zu erhalten.

h) Sicherlich ist es nicht leicht ( ) und vielleicht sogar eine Gefahr ( ) Vorhersagen auf diesem Gebiet zu wagen ( ) dennoch halten wir eine Prognose für erforderlich.

i) Eine abschließende Bewertung der hier vorgestellten Verfahren ( ) ist auf den letzten Seiten zu finden.

j) Es wurde immer heißer ( ) aber die Sonne ( ) die hoch am Himmel stand ( ) wollte nicht mehr aufhören zu scheinen.

k) Er dachte nach ( ) und dachte nach.

l) Der Ausdruck „rosa Brille" ( ) wird ( ) seit dem 20. Jahrhundert dazu verwendet ( ) zum Ausdruck zu bringen ( ) dass man sich über irgendetwas ( ) oder über einen Menschen angenehmere Vorstellungen macht ( ) als es der Wirklichkeit entspricht.

24 / ____

2. Ergänze bei dem folgenden Text die Kommas.

Feuerwehr befreite ein Schaf aus einer misslichen Lage

Die Feuerwehr die es am Freitagabend mit einer einzigartigen Rettungsaktion zu tun hatte befreite ein Schaf aus einem Kanalrohr.

Als der Schäfer seine kleine Herde zählte vermisste er ein zwei Monate altes Schaf. Schließlich hörte er nachdem er zuvor vergeblich die Weide abgesucht hatte aus einem unvergitterten

5 Kanalrohr das ängstliche Blöken des Schafes. Mithilfe eines Videowagens wurde schließlich das Tier aufgespürt das unterirdisch 200 Meter weit gelaufen war und nun hilflos im Kanal feststeckte. Weil kaum zu erwarten war dass es selbst rückwärts geht und aus dem Kanal zurückfindet musste etwas geschehen.

Nachdem das Rohr freigelegt und ein Loch hineingeschlagen war konnte schließlich ein Feuer-

10 wehrmann das Tier an den Hinterbeinen ins Freie ziehen. Der Einsatzleiter taufte das Tier

10 / _____ Florian weil so der Schutzpatron der Feuerwehr heißt.

3. Setze bei den folgenden Meinungsäußerungen zu dem Film „Das Wunder von Bern" die fehlenden Kommas.

Das Wunder von Bern – Meinungen

a) Mich hat der Film deshalb sehr überzeugt weil es dem Regisseur gelungen ist das Geschehen von Beginn an bis zum Schluss aus der Perspektive des Jungen darzustellen.
(Jonathan)

b) Ich würde gerne erfahren was aus den ungarischen Spielern geworden ist. Soweit ich weiß haben viele es nicht überwinden können dieses Endspiel zu verlieren.
(Christoph)

c) Sönke Wortmann zeigt dass es auch mit einem eher geringen Budget möglich ist einen hervorragenden Film zu drehen.
(Aus der Presse)

d) Das Werk des Regisseurs Sönke Wortmann wird dem Anspruch gerecht Dokumentation und erfundene Geschichte in einem Werk zu vereinen ohne langweilig zu sein.

9 / _____ (Aus der Presse)

mögliche Punkte: 43 / erreichte Punkte: _____

Textquellenverzeichnis

(Die Ziffern in Klammern verweisen auf die Lösungsbeilage.)

S. 6 (1): „Unsichtbare Beifahrer". Aus: http://www.dlr.de/next/desktopdefault.aspx/tabid-6750/11092_read-25302/ [letzter Zugriff: 15.02.2019]; **S. 14:** Erich Junge: Der Sieger. Aus: Paul Nentwig: Die moderne Kurzgeschichte im Unterricht, 6. Aufl., Westermann Verlag, Braunschweig 1978 (dort: Westermanns Monatshefte 1958, Nr. 5); **S. 21, S. 29/30:** Erich Kästner: Die Wälder schweigen. Aus: Ders.: Zeitgenossen, haufenweise. Gedichte, Hanser Verlag, München 1998, S. 257; **S. 26:** Christian Morgenstern: Sieh nicht, was andere tun. Aus: ders.: Gesammelte Werke, Piper Verlag, München 1967, zitiert nach: Gedichte, zusammengestellt von Fritz Bachmann u.a., Hirschgraben, Frankfurt/M. o. J., S. 44; **S. 27:** Clemens Brentano: Abendständchen. Aus: Ders.: Gedichte, Erzählungen, Märchen, Manesse Verlag, Zürich 1958, zitiert nach: Gedichte, zusammengestellt von Fritz Bachmann u.a., Hirschgraben, Frankfurt/M. o. J., S. 98; **S. 27:** Joachim Ringelnatz: Die Ameisen. Aus: Ders.: Das Gesamtwerk in sieben Bänden, Diogenes Verlag, Zürich 1994; **S. 84 (30):** Unser Kalender. Nach: Bernd-R. Zabel: Diktat Plus. Erarbeitung/Übung/Integration – 150 Diktate mit Arbeitsvorschlägen für Klasse 5 – 10, Schöningh Verlag, Paderborn 1987, S. 120; **S. 87 (31):** Wirbelstürme. Nach: Bernd-R. Zabel: Diktat Plus. Erarbeitung/Übung/Integration – 150 Diktate mit Arbeitsvorschlägen für Klasse 5 – 10, Schöning Verlag, Paderborn 1987, S. 115; **S. 90 (32):** Der Smutje. Nach: Bernd-R. Zabel: Diktat Plus. Erarbeitung/Übung/Integration – 150 Diktate mit Arbeitsvorschlägen für Klasse 5 – 10, Schöningh Verlag, Paderborn 1987, S. 110; **S. 101:** Wörterbuchauszüge (brisant – Brite; Brodem – Bromid; Broschüre – Brotmesser). Aus: Duden. Die deutsche Rechtschreibung, Bd. 1, 25. Auflage, Bibliographisches Institut, Mannheim 2010, S. 295 f.; **S. 108:** Wie funktioniert ein Aufzug? Aus: Klaus Jansen, Allgemeinwissen für Schüler. 555 Fragen und Antworten, Arena Verlag, Würzburg 2005, S. 163; **S. 108:** Wie funktioniert ein Flaschenzug? Aus: Allgemeinwissen für Schüler. 555 Fragen und Antworten, Arena Verlag, Würzburg 2005, S. 161 f.; **S. 108:** Wie zieht ein Kran eine Last hoch? Aus: Klaus Jansen, Allgemeinwissen für Schüler. 555 Fragen und Antworten, Arena Verlag, Würzburg 2005, S. 162 f.; **S. 109:** Wie wird Stahl erzeugt? Aus: Allgemeinwissen für Schüler. 555 Fragen und Antworten, Arena Verlag, Würzburg 2005, S. 154; **S. 109:** Warum fühlen sich einige Stoffe kühler an als andere? Aus: Klaus Jansen, Allgemeinwissen für Schüler. 555 Fragen und Antworten, Arena Verlag, Würzburg 2005, S. 150 f.; **S. 109:** Was ist Reibung? Aus: Klaus Jansen, Allgemeinwissen für Schüler. 555 Fragen und Antworten, Arena Verlag, Würzburg 2005, S. 159; **S. 110 (38):** Delfinsprache. Nach: Günter Karweina: Wir wissen wenig über die Sprache der Delfine. Aus: Ders.: Der sechste Sinn der Tiere, Gruner & Jahr, Hamburg 1982; **S. 110 (39):** Kein Geschnatter. Nach: Günter Karweina: Wir wissen wenig über die Sprache der Delfine. Aus: Ders.: Der sechste Sinn der Tiere, Gruner & Jahr, Hamburg 1982; **S. 119 (42):** Oscar Wilde: „Eine strenge und unumstößliche Regel …" Zitiert nach: Daniel Keel, Daniela Kampa: Warum lesen? Warum nicht? Gedanken und Sprüche, Diogenes, Zürich 2008; **S. 120 (42):** Michel de Montaigne: „Ich befasse mich nicht mit Rechtschreibung …" Zitiert nach: Daniel Keel, Daniela Kampa: Warum lesen? Warum nicht? Gedanken und Sprüche, Diogenes, Zürich 2008; **S. 120 (42):** Isaac Bashevis Singer: „Der Papierkorb …" Zitiert nach: Daniel Keel, Daniela Kampa: Warum lesen? Warum nicht? Gedanken und Sprüche, Diogenes, Zürich 2008; **S. 120 (42):** Charlotte Brontë: „Mit einem Buch auf dem Schoß …" Zitiert nach: Daniel Keel, Daniela Kampa: Warum lesen? Warum nicht? Gedanken und Sprüche, Diogenes, Zürich 2008; **S. 120 (42):** Andreas Eschbach: „Schriftsteller werden berühmt". Zitiert nach: http://www.andreaseschbach.de/schreiben/schreiben.html [letzter Zugriff: 15.02.2019]; **S. 120 (42):** Sylvia Englert: Schreib's doch einfach auf. Aus: Dies.: Medienmacher. Nachrichten, Soaps und Online-Magazine, Ellermann Verlag, Hamburg 2002, S. 9 ff.; **S. 122 (43):** Doris Dörrie: „Mit ungefähr acht Jahren …" Zitiert nach: Daniel Keel, Daniela Kampa: Warum lesen? Warum nicht? Gedanken und Sprüche, Diogenes, Zürich 2008; **S. 125:** Was berichtet die Sage vom Minotaurus? Nach: Klaus Jansen, Allgemeinwissen für Schüler. 555 Fragen und Antworten, Arena Verlag, Würzburg 2005, S. 215 f.; **S. 125:** Welche Religion hatten die alten Griechen? Nach: Klaus Jansen, Allgemeinwissen für Schüler. 555 Fragen und Antworten, Arena Verlag, Würzburg 2005, S. 218 f.; **S. 125:** Wie wurden die Mumien im alten Ägypten behandelt? Nach: Klaus Jansen, Allgemeinwissen für Schüler. 555 Fragen und Antworten, Arena Verlag, Würzburg 2005, S. 213 f.; **S. 130 (47):** Delfine und ihre Kommunikation. Nach: Peter Baumann/Dieter Kaiser: Die Sprache der Tiere, Deutsche Verlagsanstalt, Stuttgart 1992; **S. 136 (48 f.):** Die Farbe Weiß – Blauer Brief. Aus: Wolfgang Seidel: Woher kommt das schwarze Schaf? Was hinter den Wörtern steckt, Deutscher Taschenbuch Verlag, München 2007.

Bildquellenverzeichnis

|akg-images GmbH, Berlin: Forman, Werner 125. |alamy images, Abingdon/Oxfordshire: PictureLux/The Hollywood Archive 83. |Berghahn, Matthias, Bielefeld: 27, 42, 42, 42, 42, 42, 42, 42, 43, 43, 43, 60, 65, 85. |DLR Deutsches Zentrum für Luft- und Raumfahrt, Köln: Quelle: DLR/Markus-Steur.de 9. |Domke, Franz-Josef, Hannover: 46. |EDITION XXL GmbH, Fränkisch-Crumbach: Quelle: 978-3-86313-545-4 Bilder-Rätsel-Spaß 69, 69. |fotolia.com, New York: JohanSwanepoel 99. |Getty Images, München: Lonely Planet Images/Dydynski, Krzysztof 131. |Kassing, Reinhild, Kassel: 2, 2, 2, 4, 4, 4, 4, 4, 4, 4, 4, 5, 5, 5, 5, 5, 5, 5, 5, 5, 5, 16, 100, 100, 100, 100, 100, 100, 100, 101, 102, 102, 102, 102, 103, 103, 104, 108, 111, 115, 117, 119, 119, 119, 120, 121, 123, 125. |Molkerei Ammerland eG, Wiefelstede-Dringenburg: 56. |OKAPIA KG - Michael Grzimek & Co., Frankfurt/M.: NAS/Migdale, Lawrence 110; Science Source/Kuklin, Susan 128. |Picture-Alliance GmbH, Frankfurt/M.: augenklick/firo Sportphoto 65; blickwinkel/Delpho, M. 126; dpa 76; dpa/Carstensen, Jörg 122; dpa/DB Nasa 87; dpa/epa AFP 76; dpa/epa efe/Bolivar, Alejandro 96; dpa/Hager, Christian 90; dpa/Hollemann, Holger 102; dpa/Mars Rover Celebrates 78; dpa/Weissbrod, Bernd 103; dpa/Wolfraum, Heiko 71; imageBROKER/Lubenow, Sabine 116; imageBROKER/Niehoff, Ulrich 73; Okapia/Meier, Bruno 38; Picture Press/NASA/VRS 82; Süddeutsche Zeitung Photo/Simon, Johannes 109; www.bildagentur-online.com 108; ZB/Pleul, Patrick 79. |S. Fischer Verlag GmbH, Frankfurt/Main: Marie-Aude Murail/Tobias Scheffel: Simpel 114. |stock.adobe.com, Dublin: alexugalek 21; auremar 45; Georghiou, Christos 75; goodluz 33; pabisiak 119; Studio Romantic 40; vaclav 94. |ullstein bild, Berlin: imagebroker.net/Frey, Thomas 127; TopFoto 77; United Archives/KPA 103. |Vodafone Deutschland, Düsseldorf: 52. |Wild Bunch AG, Berlin: DVD: DAS WUNDER VON BERN © Senator Film 2003 135.